Guttentagsche Sammlung
Nr. 231 Deutscher Reichsgesetze Nr. 231
Kommentare und erläuterte Textausgaben

Gewerbesteuergesetz

vom 1. Dezember 1936 (RGBl. I S. 979)

unter Berücksichtigung
der Dritten Verordnung zur Durchführung des Gewerbesteuergesetzes vom 31. Januar 1940 in der Fassung des § 211 Abs. 2 der Verordnung zur Durchführung der §§ 17 bis 19 des Steueranpassungsgesetzes vom 16. Dezember 1941, sowie der Zweiten Verordnung über die Erhebung der Gewerbesteuer in vereinfachter Form vom 16. November 1943 und der Gewerbesteuer-Richtlinien für 1943

Textausgabe
mit kurzen Erläuterungen
von

Dr. Hermann Wagelaar
Wirtschaftsprüfer

Berlin 1947
Walter de Gruyter & Co.
vormals G. J. Göschen'sche Verlagshandlung — J. Guttentag, Verlagsbuchhandlung — Georg Reimer — Karl J. Trübner — Veit & Comp.

Archiv-Nr. 21 1 231.

Vorwort.

Die vorliegende Ausgabe des Gewerbesteuergesetzes vom 1. Dezember 1936 enthält bei den einzelnen Paragraphen jeweils die einschlägigen Bestimmungen der Dritten Verordnung zur Durchführung des Gewerbesteuergesetzes, der Zweiten Verordnung über die Erhebung der Gewerbesteuer in vereinfachter Form und der Gewerbesteuer-Richtlinien für 1943, soweit alle diese Bestimmungen jetzt noch Gültigkeit haben. Außerdem ist die neueste Rechtsprechung des Reichsfinanzhofs berücksichtigt.

Mit Rücksicht auf die derzeitigen Verhältnisse, insbesondere auf die Papierknappheit, konnten die Erläuterungen nur kurz gehalten werden. Auf eine eingehende Kommentierung konnte aber auch um so eher verzichtet werden, weil die abgedruckten Durchführungsbestimmungen und Richtlinien eine ausführliche Erläuterung der einzelnen Paragraphen des Gesetzes bringen. Ich gebe mich deshalb der Hoffnung hin, daß dieses Buch in der vorliegenden Form den ersten Bedürfnissen der Praxis dienen kann.

Einer weiteren Auflage wird es vorbehalten sein, die Erläuterungen zu vertiefen und eventuelle neue Anordnungen der Alliierten Kontrollbehörde, die bisher hinsichtlich des Gewerbesteuergesetzes noch nicht ergangen sind, zu berücksichtigen.

Der Verfasser.

Inhaltsübersicht.

Abkürzungsverzeichnis.

AO.	= Reichsabgabenordnung.
Dritte GewStDV.	= Dritte Verordnung zur Durchführung des Gewerbesteuergesetzes vom 31. Januar 1940.
EinfGRealStG.	= Einführungsgesetz zu den Realsteuergesetzen vom 1. Dezember 1936.
EStG.	= Einkommensteuergesetz 1934.
GenG.	= Gesetz über die Erwerbs- und Wirtschaftsgenossenschaften.
GewStG.	= Gewerbesteuergesetz.
GewStVV.	= Verordnung über die Erhebung der Gewerbesteuer in vereinfachter Form vom 31. März 1943.
GewStR. 1943	= Gewerbesteuer-Richtlinien für 1943.
KStG.	= Körperschaftsteuergesetz 1934.
RBewG.	= Reichsbewertungsgesetz 1934.
RdF.	= Reichsminister der Finanzen.
RFH.	= Reichsfinanzhof.
RFM.	= Erlaß des Reichsministers der Finanzen.
RGBl.	= Reichsgesetzblatt.
RStBl.	= Reichssteuerblatt.
StAnpG.	= Steueranpassungsgesetz.
Zweite GewStVV.	= Zweite Verordnung über die Erhebung der Gewerbesteuer in vereinfachter Form vom 16. November 1943.

Einleitung.

Im Rahmen der großen Reichssteuerreform des Jahres 1920 wurde durch das Landessteuergesetz vom 30. März 1920 (später Finanzausgleichgesetz genannt) die Gewerbesteuer neben der Grund- und Gebäudesteuer den Ländern zur Ausschöpfung zugewiesen, mit der ausdrücklichen Befugnis, sie ganz oder zum Teil den Gemeinden zu überlassen. Sämtliche deutsche Länder führten daraufhin Gewerbesteuer ein, und es entstanden insgesamt 16 verschiedene Gewerbesteuergesetze. Die Besteuerung der Gewerbebetriebe erfolgte in den einzelnen Ländern nach ganz verschiedenen Gesichtspunkten. Als Besteuerungsgrundlage dienten der Ertrag, das Kapital, die Lohnsumme, der Umsatz, zum Teil je für sich allein, zum Teil in Verbindung untereinander. Als Bemessungszeitraum wurde in den meisten Ländern das Kalenderjahr bzw. Wirtschaftsjahr bestimmt, welches vor dem Erhebungszeitraum, dem Rechnungsjahr, endete. In den einzelnen Ländern, z. B. Preußen, war die Gewerbesteuer eine reine Gemeindesteuer; in den süddeutschen Ländern Baden, Württemberg und Bayern war sie eine Landessteuer, zu der die Gemeinden und Gemeindeverbände Zuschläge erhoben; in den Hansestädten Bremen, Hamburg und Lübeck war sie eine reine Landessteuer. So ergab sich ein buntes Bild von Gewerbesteuergesetzen, was zur unausbleiblichen Folge hatte, daß in einzelnen Ländern oder Gemeinden die

Gewerbebetriebe steuerlich wesentlich besser gestellt waren als in den anderen. Diese Tatsache wiederum wurde von Einfluß auf die Standortwahl der Gewerbebetriebe.

Durch die Notverordnung vom 1. Dezember 1930 (RGBl. I S. 517) wurde der Versuch gemacht, die Gewerbesteuergesetze zu vereinheitlichen. Diese Notverordnung, das sog. Gewerbesteuerrahmengesetz, sollte vom 1. April 1932 an für alle deutschen Länder verbindlich werden; es hat sich jedoch nicht durchsetzen können. Durch das Gesetz vom 1. Januar 1935 (RGBl. I S. 23) wurde auf die allgemeine Einführung des Gewerbesteuerrahmengesetzes verzichtet und für den 1. April 1937 eine Neuregelung der Gewerbesteuer angekündigt.

Das Gewerbesteuergesetz vom 1. Dezember 1936 (RGBl. I S. 979) hat dann das Gewerbesteuerrecht einheitlich für das gesamte Reichsgebiet geregelt. Durch das Einführungsgesetz zu den Realsteuergesetzen (EinfGRealStG.) vom 1. Dezember 1936 (RGBl. I S. 961) wurde verordnet, daß die Gemeinden ab 1. April 1937 die Gewerbesteuer nur nach dem Gewerbesteuergesetz vom 1. Dezember 1936 und die Grundsteuer ab 1. April 1938 nur nach dem Grundsteuergesetz vom 1. Dezember 1936 erheben können. Dadurch ist u. a. erreicht, daß Betriebsgrundstücke nur durch eine Realsteuer, nämlich die Grundsteuer, erfaßt werden.

Das neue Gewerbesteuergesetz hält an dem Realsteuercharakter der Gewerbesteuer fest. Es unterwirft der Steuer die stehenden Gewerbebetriebe. Die Wandergewerbebetriebe waren auf Grund des Wandergewerbesteuergesetzes vom

10. Dezember 1939 der Wandergewerbesteuer unterworfen. Das Wandersteuergesetz ist jedoch ab 1. Januar 1943 aufgehoben worden. Von diesem Zeitpunkt an unterliegen die Wandergewerbebetriebe ebenfalls dem Gewerbesteuergesetz vom 1. Dezember 1936. Der Gewerbesteuer unterliegen nicht der Betrieb der Land- und Forstwirtschaft und die Ausübung eines freien Berufes.

Zur Durchführung des Gewerbesteuergesetzes sind bisher drei Verordnungen erlassen, die Erste Verordnung vom 26. Februar 1937 (RGBl. I S. 257), die Zweite Verordnung vom 20. Februar 1938 (RGBl. I S. 209) und die Dritte Verordnung vom 31. Januar 1940 (RGBl. I S. 284). Über die Erhebung der Gewerbesteuer in vereinfachter Form wurde eine Verordnung vom 31. März 1943 (RGBl. I S. 237) und eine Zweite Verordnung vom 16. November 1943 (RGBl. I S. 684) erlassen. Der RdF. erlies am 4. April 1944 die Gewerbesteuerrichtlinien für 1943.

Alle diese Bestimmungen haben noch Geltung, soweit sie nicht zeitlich überholt sind, oder gegen den nunmehr gültigen allgemeinen Grundsatz verstoßen, daß alle deutschen Steuergesetze ohne Unterschied der Rasse, des Glaubens, der Staatsangehörigkeit oder der politischen Einstellung anzuwenden sind. Durch den Alliierten Kontrollrat ist das Gewerbesteuergesetz vom 1. Dezember 1936 bisher nicht abgeändert worden.

Abschnitt I: Allgemeines.

§ 1.

Steuerberechtigte.

Die Gemeinden sind berechtigt, eine Gewerbesteuer als Gemeindesteuer zu erheben.

1. Bis zum Inkrafttreten des vorliegenden Gesetzes war die Gewerbesteuer eine Landessteuer. Den Gemeinden und Gemeindeverbänden hatte man aber das Recht zugestanden, Zuschläge zu dieser Landessteuer zu erheben. Steuergläubiger waren daher die Länder, die Gemeinden und die Gemeindeverbände.

Mit dem Inkrafttreten des vorliegenden Gesetzes ist dieser Zustand geändert worden. Die Gewerbesteuer ist ein Reichsgesetz geworden, Steuergläubiger sind jetzt nur noch die Gemeinden.

2. Die Festsetzung und Erhebung der Gewerbesteuer nach dem Gewerbeertrag und Gewerbekapital ist den Finanzämtern übertragen. Das Aufkommen an Gewerbesteuer fließt jedoch den Gemeinden zu. Die Erhebung der Lohnsummensteuer verbleibt grundsätzlich den Gemeinden

GewStVV.

§ 1.

(1) Die Festsetzung und die Erhebung der Gewerbesteuer nach dem Gewerbeertrag und dem Gewerbekapital auf Grund des Gewerbesteuergesetzes vom 1. Dezember 1936 (RGBl. I S. 979) obliegen den Finanzämtern. Vorschriften, die dieser Regelung entgegenstehen, sind ab 1. April 1943 nicht mehr anzuwenden.

(2) . . . . .

§ 10.

(1) . . . . .

(2) . . . . .

(3) . . . . .

(4) Die Festsetzung und die Erhebung der Gewerbesteuer für die Wandergewerbebetriebe obliegen, abweichend von der Vorschrift des § 1, schon ab 1. Januar 1943 den Finanzämtern.

(5) . . . . .

GewStR. 1943.

1. Steuerberechtigung.

(1) Die Berechtigung zur Erhebung der Gewerbesteuer steht nach dem GewStG. nur den Gemeinden zu. Wegen des Begriffs der Gemeinde Hinweis auf die Deutsche Gemeindeordnung vom 30. Januar 1935, RGBl. I S. 49. Gutsbezirke neuen Rechts (Hinweis auf die §§ 1 und 7 der Verordnung über gemeindefreie Grundstücke und Gutsbezirke vom 15. November 1938, RGBl. I S. 1631) stehen gewerbesteuerlich den Gemeinden gleich. Befinden sich Betriebstätten in einem Gutsbezirk alten Rechts oder auf einem anderen gemeindefreien Grundstück, kann die oberste Landesbehörde Bestimmungen über die Erhebung der Gewerbesteuer treffen. Hinweis auf § 4 Absatz 2 GewStG. und § 15 der Dritten GewStDV.

(2) Das Wesen der Gewerbesteuer als einer Gemeindesteuer wird nicht dadurch berührt, daß ihre Festsetzung und Erhebung auf Vereinfachungsgründen vorübergehend den Finanzämtern übertragen worden ist. Hinweis auf Abschnitt 4.

2. Verwaltung der Gewerbesteuer.

(1) Die Verwaltungsaufgaben auf dem Gebiet der Gewerbesteuer nach dem Gewerbeertrag und dem Gewerbekapital fallen nach der Regelung, die durch die Realsteuerreform vom 1. Dezember 1936 getroffen worden ist, zum Teil den Finanzämtern und zum Teil den Gemeinden zu. Für die Feststellung der Besteuerungsgrundlagen und für die Festsetzung und Zerlegung der einheitlichen Steuermeßbeträge sind die Finanzämter zuständig. Die Festsetzung und Erhebung der Gewerbesteuer einschließlich der Entscheidung über Stundung, Niederschlagung und Erlaß obliegen den hebeberechtigten Gemeinden. Die Verwaltung der Lohnsummensteuer ist fast ausschließlich Aufgabe der Gemeinden. Die Finanzämter werden auf dem Gebiet der Lohnsummensteuer nur in Ausnahmefällen tätig. Hinweis auf die §§ 27 und 35 GewStG.

(2) Für die Festsetzung und die Zerlegung des einheitlichen Gewerbesteuermeßbetrags ist § 73 Absatz 2 AO. gemäß das Betriebsfinanzamt zuständig. Das ist § 72 Ziffer 2 AO. gemäß das Finanzamt, in dessen Bezirk sich bei einem inländischen Betrieb die Geschäftsleitung und bei inländischen Betriebstätten eines ausländischen Betriebs die inländische Betriebstätte oder bei mehreren inländischen Betriebstätten die wirtschaftlich bedeutendste der inländischen Betriebstätten befindet. Wird die Geschäftsleitung eines inländischen Gewerbebetriebs verlegt, geht die Zuständigkeit für die Festsetzung der Gewerbesteuermeßbeträge auf das Finanzamt über, in dessen Bezirk die Geschäftsleitung verlegt worden

ist. Das gleiche gilt für die Verlegung der (wirtschaftlich bedeutendsten) inländischen Betriebstätte eines ausländischen Gewerbebetriebs. Die Zuständigkeit des Finanzamtes wechselt nach diesen Grundsätzen auch dann, wenn die Geschäftsleitung (die wirtschaftlich bedeutendste inländische Betriebstätte) verlegt wird. Es kann in diesen Fällen aber eine anderweite Regelung der Zuständigkeit § 78 Absatz 1 AO. gemäß zweckmäßig sein.

(3) Die Ermittlung des gewerblichen Gewinns und die Festsetzung des einheitlichen Gewerbesteuermeßbetrags sind grundsätzlich bei einem Finanzamt vereinigt. Das gilt auch für den Fall, daß ein Einzelunternehmer seinen Wohnsitz und die Geschäftsleitung seines Betriebs in den Bezirken verschiedener Finanzämter und verschiedener Gemeinden hat. In diesem Fall ist nach § 6 der Verordnung über die Zuständigkeit im Besteuerungsverfahren vom 3. Januar 1944, RGBl. I S. 11, RStBl. 1944 S. 17 Nr. 19 der Gewinn aus dem gewerblichen Betrieb durch das Betriebsfinanzamt festzustellen.

(4) Die einheitlichen Gewerbesteuermeßbeträge sind grundsätzlich in einem Arbeitsgang mit der Veranlagung zur Einkommensteuer oder Körperschaftsteuer, der einheitlichen Gewinnfeststellung oder der gesonderten Feststellung des Gewinns aus dem gewerblichen Betrieb festzusetzen.

(5) Die ausgefertigten Gewerbesteuermeßbeträge sind den hebeberechtigten Gemeinden sofort nach der Festsetzung laufend zuzuleiten. Diese stellen dem Steuerpflichtigen den Steuermeßbescheid zusammen mit dem Steuerbescheid zu. Die Gemeinde erhält auch dann einen Bescheid (Freistellungsbescheid) § 210 Absatz 3 und § 212a Absatz 2 AO. gemäß, wenn ein Gewerbesteuermeßbetrag nicht festzusetzen ist. Der Freistellungsbescheid (der Bescheid, daß ein Steuermeßbetrag nicht festzusetzen ist) lautet auf null Reichsmark. Er ist dem Steuerpflichtigen mit dem Bescheid über die Freistellung von der Gewerbesteuer nur bekanntzugeben, wenn der Steuerpflichtige Vorauszahlungen geleistet oder die Erteilung eines Bescheids beantragt hat. Entsprechend ist zu verfahren, wenn die Festsetzung des Gewerbesteuermeßbetrags berichtigt oder im Rechtsmittelverfahren geändert wird. Ist in der Rechtsmittelentscheidung der neue Steuermeßbetrag nicht ziffernmäßig angegeben, ist der neue Steuermeßbetrag der Gemeindebehörde durch besonderen Vordruck mitzuteilen. Ist der einheitliche Steuermeßbetrag zu zerlegen, so hat das Finanzamt den Steuermeßbescheid nicht der Gemeinde zuzuleiten, sondern dem Steuerpflichtigen bekanntzugeben. Der Steuerpflichtige erhält außer dem Steuermeßbescheid einen Zerlegungsbescheid (§ 386 Absatz 3 AO.). Das Finanz-

amt hat den Inhalt des Zerlegungsbescheids auch den beteiligten Gemeinden mitzuteilen (§ 386 Absatz 4 AO.).

(6) Wegen der Besonderheiten für die Dauer der Erhebung der Gewerbesteuer nach dem Gewerbeertrag und dem Gewerbekapital durch die Finanzämter Hinweis auf Abschnitt 4.

3. Meldewesen.

(1) Die Betriebsanmeldungen für gewerbliche Betriebe (Betriebstätten), die § 165d Absatz 2 AO. gemäß zu erstatten sind, sind bei der Gemeindebehörde zu bewirken, in deren Bezirk der gewerbliche Betrieb oder die Betriebstätte eröffnet wird. Die Gemeindebehörde hat die Anmeldung an das zuständige Finanzamt weiterzuleiten.

(2) Die Anordnungen im Absatz 1 gelten auch für die Betriebsabmeldung und die Betriebsummeldung. Die Betriebsabmeldung ist bei Einstellung eines gewerblichen Betriebs oder bei Schließung einer gewerblichen Betriebstätte zu erstatten. Meldepflichtig ist der bisherige Unternehmer. Es ist jedoch in den Fällen, in denen der Betrieb wegen der Kriegsverhältnisse stillgelegt wird (Hinweis auf Abschnitt 13 Absatz 3 zu § 2), nicht erforderlich, daß der Betrieb abgemeldet wird. Es genügt in diesen Fällen, daß der Steuerpflichtige die Stillegung des Betriebs glaubhaft macht. Beim Wechsel des Unternehmers eines gewerblichen Betriebs oder einer gewerblichen Betriebstätte ist eine Betriebsummeldung vorzunehmen. Meldepflichtig ist der neue Unternehmer.

(3) Wird eine Betriebsanmeldung, Betriebsabmeldung oder Betriebsummeldung nicht ordnungsmäßig bewirkt, kann das Finanzamt § 202 AO. gemäß Zwangsmittel anwenden. Außer dem Finanzamt ist auch die Gemeindebehörde zur Anwendung von Zwangsmitteln befugt.

(4) Wenn eine Gemeinde Vordrucke für Betriebsanmeldungen, Betriebsabmeldungen oder Betriebsummeldungen herstellen läßt, hat sie die Kosten selbst zu tragen. Die Kosten werden nicht durch das Reich ersetzt.

(5) Die Anordnungen in den Absätzen 1 bis 4 werden nicht dadurch berührt, daß die Gewerbesteuer nach dem Gewerbeertrag und dem Gewerbekapital bis auf weiteres von den Finanzämtern erhoben wird. Hinweis auf den folgenden Abschnitt 4.

4. Vereinfachungsmaßnahmen.

a) Übergang der Festsetzung und der Erhebung der Gewerbesteuer auf die Finanzämter.

(1) § 1 GewStVV. bestimmt, daß die Festsetzung und die Erhebung der Gewerbesteuer nach dem Gewerbeertrag und dem Gewerbekapital auf Grund des Gewerbesteuergesetzes

vom 1. Dezember 1936 ab 1. April 1943 grundsätzlich den Finanzämtern obliegen. Diese Regelung dient dem Gebot der Vereinfachung und der Einsparung von Arbeitskräften. Das Aufkommen an Gewerbesteuer fließt nach wie vor den Gemeinden zu. Es wird § 7 GewStVV. gemäß auf die Gemeinden verteilt.

(2) Die Festsetzung und die Erhebung der Gewerbesteuer nach dem Gewerbeertrag und dem Gewerbekapital für die Zeit ab 1. April 1943 obliegen uneingeschränkt den Finanzämtern.

(3) . . . . .

(4) . . . . .

(5) . . . . .

(6) . . . . .

(7) Die Festsetzung und die Erhebung der Gewerbesteuer nach dem Gewerbeertrag und dem Gewerbekapital für die Wandergewerbebetriebe obliegen schon ab 1. Januar 1943 den Finanzämtern.

(8) Die Erhebung der Lohnsummensteuer verbleibt auch nach dem 31. März 1943 grundsätzlich den Gemeinden.

b) Stundung, Niederschlagung und Erlaß der Gewerbesteuer.

(9) Soweit die Finanzämter auf Grund der Vorschrift im § 1 GewStVV. für die Erhebung der Gewerbesteuer nach dem Gewerbeertrag und dem Gewerbekapital zuständig sind, obliegt ihnen auch die Entscheidung über Stundung, Niederschlagung und Erlaß, wenn nicht wegen der Höhe der Steuerrückstände der Oberfinanzpräsident zu entscheiden hat. Eine Mitwirkung der Gemeinden bei der Entscheidung kommt nicht in Betracht. Auch die Vorschrift im § 127 Absatz 2 AO., nach der das Finanzamt dem Steuerpflichtigen die Stundung der Gewerbesteuer insoweit nicht versagen kann, als die steuerberechtigte Gemeinde sich dem Finanzamt gegenüber mit der Stundung einverstanden erklärt hat, ist während der Geltungsdauer der GewStVV. nicht anzuwenden.

(10) Billigkeitsmaßnahmen kommen bei der Gewerbesteuer wegen ihres Charakters als Objektsteuer nur in ganz besonders gelagerten Ausnahmefällen in Betracht. Liegt ein solcher Fall vor und schuldet ein Steuerpflichtiger dem Finanzamt sowohl Gewerbesteuer als auch andere Steuern, sind bei der Entscheidung über Stundung und Erlaß die Belange des Reichs und der Gemeinden in gleicher Weise zu berücksichtigen. Der Erlaß oder die Stundung ist grundsätzlich im Verhältnis der Gewerbesteuerrückstände zu den anderen Steuerrückständen auf die Gewerbesteuer und die anderen Steuern zu verteilen, wenn nicht besondere, in der Eigenart der be-

treffenden Steuer liegende Gründe nur den Erlaß oder die Stundung einer bestimmten Steuer rechtfertigen.

Beispiele:

A. Ein Steuerpflichtiger schuldet 1000 Reichsmark Einkommensteuer und 500 Reichsmark Gewerbesteuer. Er mußte wegen eines Unfalls seinen Gewerbebetrieb einstellen. Er befindet sich in wirtschaftlicher Notlage und bittet, ihm einen Teil seiner Steuerschulden zu erlassen. Das Finanzamt hält einen Erlaß in Höhe von 600 Reichsmark für gerechtfertigt. Es sind 400 Reichsmark von den Einkommensteuerrückständen und 200 Reichsmark von den Gewerbesteuerrückständen zu erlassen.

B. Ein Steuerpflichtiger, der Gewerbesteuer und Einkommensteuer schuldet, beantragt einen Steuererlaß, weil ihm durch Krankheit seiner Mutter außergewöhnliche Aufwendungen erwachsen seien, die bei der Einkommensteuerveranlagung § 33 EStG. gemäß nicht berücksichtigt worden sind. Ein Erlaß kommt — wenn er nach dem Gesamtbild der Verhältnisse überhaupt möglich ist — nur bei der Einkommensteuer in Betracht.

(11) Bei der Beurteilung der Frage, ob Billigkeitsmaßnahmen wegen einer besonderen Auswirkung der Kriegsverhältnisse geboten sind, ist das folgende zu beachten: Soweit die Auswirkung der Kriegsverhältnisse zu einer Verminderung des Gewerbeertrags führt, werden Billigkeitsmaßnahmen in der Regel nicht erforderlich sein, weil bei dem Veranlagungssystem des § 2 GewStVV. die Verminderung des Gewerbeertrags ohne weiteres zu einer entsprechenden Verminderung der Gewerbeertragsteuer für den laufenden Erhebungszeitraum führt. Dagegen werden die bezeichneten Verhältnisse die Höhe der Gewerbekapitalsteuer in der Regel nicht oder zunächst nicht beeinflussen. Daraus können sich insbesondere bei solchen Unternehmen, bei denen die Gewerbesteuer zu einem wesentlichen Teil auf der Besteuerungsgrundlage des Gewerbekapitals beruht, unbillige Härten ergeben. Solche Härten sind durch Billigkeitsmaßnahmen zu beseitigen. Als besondere Auswirkungen der Kriegsverhältnisse kommen in diesem Zusammenhang zum Beispiel in Betracht: Einschränkung des Gewerbebetriebs und Stillegung der eigentlichen gewerblichen Tätigkeit bei Fortbestehen der Gewerbesteuerpflicht (Hinweis auf Abschnitt 13 Absatz 4 zu § 2).

c) **Verfahren.**

(12) Für die Festsetzung des einheitlichen Steuermeßbetrags bleibt es in allen Fällen bei dem bisherigen Verfahren. Es ist einerlei, ob es sich bei der Festsetzung um eine erstmalige Festsetzung oder um eine Änderung handelt und ob die Festsetzung einen Erhebungszeitraum betrifft, der vor dem 1. April 1943 geendet hat oder nach dem 31. März 1943 beginnt.

(13) .....

(14) .....

(15) Die Festsetzung und die Erhebung der Gewerbesteuer nach dem Gewerbeertrag und dem Gewerbekapital obliegen wie die Festsetzung des einheitlichen Steuermeßbetrags dem Betriebsfinanzamt*). Die Zuständigkeit für die Festsetzung und die Erhebung der Gewerbesteuer der Wandergewerbebetriebe beurteilt sich, wenn für den Betrieb eine Betriebstätte im Inland nicht unterhalten wird, nach den Vorschriften über die Zuständigkeit für die Besteuerung nach dem Einkommen. Hinweis auf § 73a AO.

(16) Die Festsetzung des einheitlichen Steuermeßbetrags ist mit der Steuerfestsetzung in den Fällen, in denen sie dem Finanzamt obliegt, zu verbinden. Hinweis auf Abschnitt 2 Absatz 4.

(17) Die Erhebung der Gewerbesteuer durch die Finanzkassen und die Buchführung über die Gewerbesteuer in der Veranlagungstelle und in der Finanzkasse sind durch meinen Erlaß vom 15. April 1943, RStBl. 1943 S. 345 Nr. 310 geregelt.

§ 2.

Steuergegenstand.

(1) Der Gewerbesteuer unterliegt jeder stehende Gewerbebetrieb, soweit er im Inland betrieben wird. Unter Gewerbebetrieb ist ein gewerbliches Unternehmen im Sinn des Einkommensteuergesetzes zu verstehen. Im Inland betrieben wird ein Gewerbebetrieb, soweit für ihn im Inland oder auf einem in einem inländischen Schiffsregister eingetragenen Kauffahrteischiff eine Betriebsstätte unterhalten wird.

*) Hinweis auf Abschnitt 2 Absätze 2 und 3.

(2) Als Gewerbebetrieb gilt stets und in vollem Umfang die Tätigkeit

1. der offenen Handelsgesellschaften, Kommanditgesellschaften und anderer Gesellschaften, bei denen die Gesellschafter als Unternehmer (Mitunternehmer) des Gewerbebetriebs anzusehen sind;
2. der Kapitalgesellschaften (Aktiengesellschaften, Kommanditgesellschaften auf Aktien, Gesellschaften mit beschränkter Haftung, Kolonialgesellschaften, bergrechtliche Gewerkschaften), der Erwerbs- und Wirtschaftsgenossenschaften und der Versicherungsvereine auf Gegenseitigkeit. Ist ein solches Unternehmen dem Willen eines anderen inländischen Unternehmens derart untergeordnet, daß es keinen eigenen Willen hat, so gilt es als Betriebstätte dieses Unternehmens.

(3) Als Gewerbebetrieb gilt auch die Tätigkeit der sonstigen juristischen Personen des privaten Rechts und der nichtrechtsfähigen Vereine, soweit sie einen wirtschaftlichen Geschäftsbetrieb (ausgenommen Land- und Forstwirtschaft) unterhalten.

1. Die Gewerbesteuer ist eine Realsteuer. Steuerpflichtig ist daher der Gewerbebetrieb als solcher, nicht der Inhaber des Gewerbebetriebes. Er ist Steuerschuldner. Eine Definition des Begriffes „Gewerbebetrieb" gibt das Gesetz nicht. Es verweist nur auf die einschlägigen Bestimmungen des Einkommensteuerrechtes. Nicht als Gewerbebetrieb gelten der eigentliche Betrieb einer Land- und Forstwirtschaft, ferner die selbständige Arbeit im Sinne des § 18 EStG. und die bloße Verwaltung eines eigenen Vermögens.

2. Wenn auch der Gewerbesteuer gem. § 2 des Gesetzes nur der stehende Gewerbebetrieb unterliegt, so werden

doch ab 1. Januar 1943 die Wandergewerbebetriebe hinsichtlich des Gewerbeertrages und des Gewerbekapitals ebenfalls nach dem Gewerbesteuergesetz versteuert. Wandergewerbebetriebe unterliegen jedoch nicht der Lohnsummensteuer.

3. Offene Handelsgesellschaften, Kommanditgesellschaften und andere Gesellschaften, bei denen die Gesellschafter als Unternehmer (Mitunternehmer) anzusehen sind, z. B. die Gesellschaft des Bürgerlichen Rechtes gem. § 705 BGB, gelten als Gewerbebetrieb, vorausgesetzt, daß ein Gewerbebetrieb vorliegt.

Schließen sich dagegen z. B. zwei Angehörige eines freien Berufes zur gemeinsamen Ausübung ihrer Praxis zusammen, so liegt ein Gewerbebetrieb nicht vor. Dasselbe gilt für eine OHG., die ausschließlich Landwirtschaft betreibt.

4. Aktiengesellschaften, Kommanditgesellschaften auf Aktien, Gesellschaften mit beschränkter Haftung, Kolonialgesellschaften, bergrechtliche Gewerkschaften, Erwerbs- und Wirtschaftsgenossenschaften, Versicherungsvereine auf Gegenseitigkeit sind stets gewerbesteuerpflichtig, ohne Rücksicht darauf, welche Tätigkeit sie ausüben. Ist eine Kapitalgesellschaft aber Organ eines anderen Unternehmens, so entfällt für sie die Gewerbesteuerpflicht, vorausgesetzt, daß es sich bei dem übergeordneten Unternehmen, das selbst aber keine Kapitalgesellschaft zu sein braucht, um einen Gewerbebetrieb handelt. Eine Organschaft liegt nur vor, wenn eine Kapitalgesellschaft nach dem Gesamtbild der tatsächlichen Verhältnisse finanziell, wirtschaftlich und organisatorisch so in ein anderes gewerbliches Unternehmen eingegliedert ist, daß es keinen eigenen Willen hat.

5. Soweit sonstige juristische Personen des privaten Rechts, die nicht im Abs. 2 Ziff. 2 aufgeführt sind, und nicht rechtsfähige Vereine einen wirtschaftlichen Geschäftsbetrieb unterhalten, sind sie ebenfalls gewerbesteuerpflichtig.

Zum § 2 des Gesetzes.

Dritte GewStDV. § 1.

Betriebe der öffentlichen Hand.

(1) Unternehmen von Körperschaften des öffentlichen Rechts sind gewerbesteuerpflichtig, wenn sie als stehende Gewerbebetriebe anzusehen sind.

(2) Unternehmen von Körperschaften des öffentlichen Rechts, die überwiegend der Ausübung der öffentlichen Gewalt dienen (Hoheitsbetriebe), gehören nicht zu den Gewerbebetrieben. Eine Ausübung der öffentlichen Gewalt ist insbesondere anzunehmen, wenn es sich um Leistungen handelt, zu deren Annahme der Leistungsempfänger auf Grund gesetzlicher oder behördlicher Anordnung verpflichtet ist. Hoheitsbetriebe sind z. B. Forschungsanstalten, Wetterwarten, Schlachthöfe, Friedhöfe, Anstalten zur Nahrungsmitteluntersuchung, zur Desinfektion, zur Leichenverbrennung, zur Müllbeseitigung, zur Straßenreinigung und zur Abführung von Spülwasser und Abfällen.

(3) Versorgungsbetriebe von Körperschaften des öffentlichen Rechts und öffentlich-rechtliche Versicherungsanstalten unterliegen der Gewerbesteuer. Das gilt auch dann, wenn sie mit Zwangs- oder Monopolrechten für ein Gebiet des Deutschen Reichs ausgestattet sind.

§ 2.

Organgesellschaft.

Eine Kapitalgesellschaft ist dem Willen eines gewerblichen Unternehmens derart untergeordnet, daß sie keinen eigenen Willen hat (Organgesellschaft), wenn sie nach dem Gesamtbild der tatsächlichen Verhältnisse finanziell, wirtschaftlich und organisatorisch in dieses Unternehmen eingegliedert ist.

§ 3.

Aufgabe, Auflösung und Konkurs.

(1) Ein Gewerbebetrieb, der aufgegeben oder aufgelöst wird, bleibt Steuergegenstand bis zur Beendigung der Aufgabe oder Abwicklung.

(2) Die Gewerbesteuerpflicht wird durch die Eröffnung des Konkursverfahrens über das Vermögen des Unternehmers nicht berührt.

§ 4.

Lotsen.

Die Tätigkeit der Lotsen unterliegt der Gewerbesteuer. Das gilt nicht, wenn die Lotsen Beamte oder Angestellte im öffentlichen oder privaten Dienst sind.

§ 5.

Betriebstätten auf Schiffen.

Ein Gewerbebetrieb wird gewerbesteuerlich insoweit nicht im Inland betrieben, als für ihn eine Betriebstätte auf einem Kauffahrteischiff unterhalten wird, das im sogenannten regelmäßigen Liniendienst ausschließlich zwischen ausländischen Häfen verkehrt, auch wenn es in einem inländischen Schiffsregister eingetragen ist.

§ 6.

Binnen- und Küstenschiffahrtsbetriebe.

Bei Binnen- und Küstenschiffahrtsbetrieben, die feste örtliche Anlagen oder Einrichtungen zur Ausübung des Gewerbes nicht unterhalten, gilt eine Betriebstätte in dem Ort als vorhanden, der als Heimathafen (Heimatort) im Schiffsregister eingetragen ist.

Zu den §§ 2 und 3 des Gesetzes.

§ 7.

Wirtschaftlicher Geschäftsbetrieb.

(Überholt.)

§ 8.

Genossenschaften.

Für die Ermittlung des Gewerbeertrags der Genossenschaften gilt die Verordnung über die Körperschaftsteuer der Erwerbs- und Wirtschaftsgenossenschaften vom 8. Dezember 1939 (RGBl. I S. 2391).

GewStVV.

§ 10.

(1) Das Gesetz über die Besteuerung des Wandergewerbes vom 10. Dezember 1937 (RGBl. I S. 1348) tritt für die Zeit ab 1. Januar 1943 außer Kraft.

(2) Die Wandergewerbebetriebe unterliegen, soweit sie im Inland betrieben werden, ab 1. Januar 1943 der Gewerbesteuer nach dem Gewerbeertrag und dem Gewerbekapital auf Grund des Gewerbesteuergesetzes vom 1. Dezember 1936.

(3) Unter einem Wandergewerbebetrieb ist ein gewerbliches Unternehmen im Sinn des Einkommensteuergesetzes zu verstehen, zu dessen Ausübung es nach den Vorschriften der Gewerbeordnung für das Deutsche Reich und den Ausführungsbestimmungen dazu eines Wandergewerbescheins bedarf. Wird im Rahmen eines einheitlichen Gewerbebetriebs sowohl ein stehendes Gewerbe als auch ein Wandergewerbe betrieben, so ist der Betrieb in vollem Umfang als stehendes Gewerbe zu behandeln.

(4) . . . . .

(5) . . . . .

Zweite GewStVV.

§ 1.

Unternehmerwechsel.

Ein Gewerbebetrieb, der im ganzen auf einen anderen Unternehmer übergeht, gilt in jedem Fall als durch den bisherigen Unternehmer eingestellt. Er ist als durch den anderen

Unternehmer neu gegründet anzusehen, wenn er nicht mit einem bereits bestehenden Gewerbebetrieb vereinigt wird. Zeitpunkt der Einstellung (Satz 1) und Zeitpunkt der Neugründung (Satz 2) ist der Zeitpunkt des Unternehmerwechsels.

GewStR. 1943.

1. Stehendes Gewerbe und Wandergewerbe.

(1) § 2 GewStG. gemäß unterliegt der Gewerbesteuer nur das stehende Gewerbe. Das Wandergewerbe unterlag bisher der Wandergewerbesteuer auf Grund des Wandergewerbesteuergesetzes (WGewStG.) vom 10. Dezember 1937, RGBl. I S. 1348, RStBl. 1937 S. 1254 Nr. 1005. Die Besteuerung des stehenden Gewerbes und des Wandergewerbes ist durch § 10 GewStVV. vereinheitlicht worden. Das Wandergewerbesteuergesetz ist für die Zeit ab 1. Januar 1943 aufgehoben worden. Die Wandergewerbebetriebe unterliegen ab diesem Zeitpunkt der Gewerbesteuer nach dem Gewerbeertrag und dem Gewerbekapital. Die Unterscheidung zwischen Wandergewerbe und stehendem Gewerbe ist aber auch künftig von Bedeutung, weil für die Gewerbesteuer der Wandergewerbetreibenden Besonderheiten gelten. Die Wandergewerbebetriebe unterliegen insbesondere nicht der Lohnsummensteuer. Die Gewerbesteuer nach dem Gewerbeertrag und dem Gewerbekapital wird bei den Wandergewerbebetrieben nach einem für alle Betriebe einheitlichen Hebesatz (Hinweis auf Abschnitt 5 Absatz 23 zu § 16) erhoben.

(2) Der Begriff des Wandergewerbebetriebs ist im § 10 Absatz 3 GewStVV. bestimmt. Diese Begriffsbestimmung weicht von der bisherigen Begriffsbestimmung im § 2 WGewSTG. ab. Sie gleicht den Begriff des Wandergewerbes an den Begriff des stehenden Gewerbes an. Es ist ab 1. Januar 1943 für die Annahme eines Wandergewerbebetriebs Voraussetzung, daß es sich bei dem Betrieb um ein gewerbliches Unternehmen im Sinn des Einkommensteuergesetzes handelt. Demgemäß gelten zum Beispiel Angestellte, die für ihren Arbeitgeber im Umherziehen Waren feilbieten und dazu einen Wandergewerbeschein brauchen, nicht mehr als Wandergewerbetreibende. Liegt ein gewerbliches Unternehmen im Sinn des Einkommensteuergesetzes vor, ist auf Grund der Vorschriften der Gewerbeordnung (GO.), insbesondere auf Grund des § 55 GO., zu prüfen, ob es zur Ausübung des Unternehmens eines Wandergewerbescheins bedarf. Es kann dabei grundsätzlich darauf abgestellt werden, ob der Steuerpflichtige für den betreffenden Erhebungszeitraum einen Wandergewerbeschein gelöst hat.

(3) Jeder Gewerbebetrieb, der nicht unter den Begriff des Wandergewerbes (Absatz 2) fällt, ist ein stehendes Gewerbe.

Es kommt vor, daß Wandergewerbe und stehendes Gewerbe im Rahmen eines einheitlichen Betriebs betrieben werden. Ein solcher Betrieb ist ab 1. Januar 1943 in vollem Umfang als stehendes Gewerbe zu behandeln. Hinweis auf § 10 Absatz 3 Satz 2 GewStVV.

2. Begriff des Gewerbebetriebs (§ 2 Absatz 1 GewStG.).

(1) § 7 Absatz 2 der Verordnung zur Durchführung der §§ 17 bis 19 des Steueranpassungsgesetzes vom 16. Dezember 1941, RMinBl. 1941 S. 299, RStBl. 1941 S. 937 Nr. 962 bestimmt den Begriff Gewerbebetrieb wie folgt:

„Eine selbständige, nachhaltige Betätigung, die mit Gewinnabsicht unternommen wird und sich als Beteiligung am allgemeinen wirtschaftlichen Verkehr darstellt, ist Gewerbebetrieb, wenn die Betätigung weder als Ausübung von Land- und Forstwirtschaft noch als Ausübung eines freien Berufs noch als eine andere selbständige Arbeit im Sinn des Einkommensteuerrechts anzusehen ist. Die Gewinnabsicht (das Streben nach Gewinn) braucht nicht der Hauptzweck der Betätigung zu sein. Ein Gewerbebetrieb liegt, wenn seine Voraussetzungen im übrigen gegeben sind, auch dann vor, wenn das Streben nach Gewinn (die Gewinnabsicht) nur ein Nebenzweck ist."

Der Begriff Gewerbebetrieb wird in der bezeichneten Verordnung in demselben Sinn verwendet wie im § 2 Absatz 1 Satz 2 GewStG. Es ist deshalb auch für die Abgrenzung des Gewerbebetriebs im Sinn des § 2 Absatz 1 Satz 2 GewStG. von der obigen Begriffsbestimmung auszugehen.

(2) Betriebe der öffentlichen Hand sind gewerbesteuerpflichtig, wenn sie alle Voraussetzungen erfüllen, die an den Begriff des Gewerbebetriebs (Absatz 1) geknüpft sind.

Die Werkstätten von Strafanstalten und Fürsorgeerziehungsanstalten erfüllen nicht alle oben bezeichneten Voraussetzungen und unterliegen deshalb nicht der Gewerbesteuer. Das gleiche gilt im allgemeinen für Krüppel-, Blinden- und Taubstummenanstalten, Altersheime und ähnliche Einrichtungen, und zwar auch dann, wenn sie nicht der öffentlichen Hand gehören, aber zu einem wesentlichen Teil von Gemeinden oder Gemeindeverbänden zur Unterbringung von Personen in Anspruch genommen werden, die in der Fürsorge der Gemeinden oder Gemeindeverbände stehen. Wegen der Krankenanstalten Hinweis auf Abschnitt 6 Absatz 3 zu § 3. Versorgungsbetriebe von Körperschaften des öffentlichen Rechts und öffentlichrechtliche Versicherungsanstalten sind jedoch immer als Gewerbebetriebe anzusehen (§ 1 Absatz 3 der Dritten GewStDV.). Auch öffentliche Kreditanstalten stellen Gewerbebetriebe dar. Wegen der Verpachtung von Gewerbebetrieben der öffentlichen Hand gelten die Ausführungen im Abschnitt 5 Absatz 4.

(8) Bei Lotsen, die nicht in einem Beamten- oder Angestelltenverhältnis stehen, bedarf es keiner Prüfung, ob die Voraussetzungen für die Annahme eines Gewerbebetriebs gegeben sind. Ihre Tätigkeit unterliegt § 4 der Dritten GewStDV. gemäß immer der Gewerbesteuer.

3. Selbständigkeit.

(1) Voraussetzung für die Annahme eines Gewerbebetriebs ist die Selbständigkeit der Tätigkeit. Die Person muß die Tätigkeit auf eigene Rechnung und auf eigene Verantwortung ausüben. Die Frage, ob Selbständigkeit oder Unselbständigkeit vorliegt, ist nach den Grundsätzen des Einkommensteuerrechts und des Umsatzsteuerrechts zu prüfen. Der unselbständige Tätige unterliegt der Lohnsteuer. Die Frage der Selbständigkeit muß deshalb in der Regel schon bei der Heranziehung zur Einkommensteuer entschieden worden sein. Die für die Einkommensteuer getroffene Entscheidung ist aber für die Gewerbesteuer nicht bindend.

(2) Hausgewerbetreibende und Zwischenmeister unterliegen als selbständige Gewerbetreibende im Gegensatz zu Heimarbeitern, deren Tätigkeit als unselbständige Arbeit anzusehen ist, der Gewerbesteuer. Die Begriffe des Hausgewerbetreibenden und des Zwischenmeisters sind im § 26 der Dritten GewStDV. umschrieben. Der Begriff des Heimarbeiters ergibt sich aus § 3 Absatz 1 des Gesetzes über die Heimarbeit vom 30. Oktober 1939, RGBl. I S. 2145. Danach ist Heimarbeiter, wer, ohne Gewerbetreibender zu sein, in einer eigenen Wohnung oder selbst gewählten Betriebstätte allein oder unter Mithilfe von Familienangehörigen im Sinn des genannten Gesetzes im Auftrag und für Rechnung von Gewerbetreibenden oder Zwischenmeisters gewerblich arbeitet. Für die Unterscheidung von Hausgewerbetreibenden und Heimarbeitern ist von dem Gesamtbild des einzelnen Falls auszugehen. Es ist zu prüfen, wer die Gefahr des Unternehmens, insbesondere auch wegen wertvoller Betriebsmittel, trägt. Die Tatsache der Zahlung von Sozialversicherungsbeiträgen durch den Auftraggeber ist für die Entscheidung der Gewerbesteuerpflicht ohne Bedeutung. Hinweis auf das RFH.-Urteil vom 14. September 1938, RStBl. 1938 S. 1141 Nr. 1111.

•(3) Natürliche Personen können zum Teil selbständig, zum Teil nichtselbständig sein, zum Beispiel Versicherungsagenten. Versicherungsvertreter, die Versicherungsverträge selbst vermitteln (sogenannte Spezialagenten), sind in vollem Umfang als steuerlich selbständig anzusehen. Das gilt auch dann, wenn sie neben Provisionsbezügen ein mäßiges festes Gehalt bekommen. Soweit ein Spezialagent nebenbei auch Verwaltungsaufgaben und die Einziehung von Prämien oder Beiträgen übernommen hat, sind die Einnahmen daraus als Entgelte für selbständige Nebentätigkeit zu behandeln. Es ist dabei einerlei, ob sich zum Beispiel Inkassoprovisionen auf Versicherungen beziehen, die der Spezialagent selbst geworben hat, oder auf andere Versicherungen. Die sogenannten Generalagenten dagegen sind in der Regel nichtselbständig. weil sie eine verwaltende und beaufsichtigende Tätigkeit ausüben. Als Generalagenten sind die Personen des Versicherungs-Außendienstes anzusehen, die der Direktion einer Versicherungsunternehmung unmittelbar unterstellt sind, eine vorwiegend verwaltende, organisatorische und beaufsichtigende Tätigkeit ausüben und einem Stab von Vertretern übergeordnet sind, die der Versicherungsunternehmung als Agenten verpflichtet sind. Dafür, ob die verwaltende, organisatorische und beaufsichtigende Tätigkeit überwiegt, ist das Gesamtbild der Tätigkeit maßgebend. Personen, die der Fachgruppe Versicherungsgeneralagenten in der Reichsgruppe Versicherungen angehören, sind steuerlich in der Regel als Generalagenten anzusehen. Hinweis auf meinen Erlaß vom 20. Februar 1943, RStBl. 1943 S. 234 Nr. 186. Wenn ein Generalagent neben seiner verwaltenden Tätigkeit auch eine werbende Tätigkeit (Vermittlungs- und Abschlußtätigkeit) entfaltet, ist steuerlich grundsätzlich eine Aufteilung der Tätigkeit vorzunehmen. Hinweis auf die RFH.-Urteile vom 82. September 1938, RStBl. 1939 S. 88 Nr. 77, vom 15. Februar 1939, RStBl. 1939 S. 544 Nr. 490, vom 24. Mai 1939, RStBl. 1939 S. 940 Nr. 935 und vom 27. Oktober 1943, RStBl. 1944 S. 156 Nr. 131.

(4) Wegen der Behandlung der Einnahmen eines selbständigen Gewerbetreibenden aus einer Nebentätigkeit Hinweis auf die Abschnitte 35 und 40 der Einkommensteuer-Ergänzungsrichtlinien (EStER. 1943).

(5) Die Annahme eines Gewerbebetriebs setzt neben der persönlichen Selbständigkeit des Unternehmers die sachliche Selbständigkeit des Betriebs voraus. Demgemäß kann zum Beispiel auch eine Personengesellschaft, die in den Organismus eines anderen Unternehmens derart eingegliedert ist, daß sie den Weisungen dieses Unternehmens zu folgen verpflichtet ist, nicht selbständig zur Gewerbesteuer herangezogen werden. Ihr Gewerbeertrag und ihr Gewerbekapital gelten als Gewerbeertrag und Gewerbekapital des beherrschenden Unternehmens. Hinweis auf das RFH.-Urteil vom 10. September 1941, RStBl. 1941 S. 772 Nr. 790. Wegen der Organgesellschaften Hinweis auf Abschnitt 10.

4. Abgrenzung des Gewerbebetriebs gegenüber der selbständigen Arbeit.

(1) Die selbständige Arbeit im Sinn des § 18 EStG. unterliegt nicht der Gewerbesteuer. § 18 EStG. gemäß sind unter selbständiger Arbeit die Tätigkeit der freien Berufe, die Tätigkeit der Einnehmer der Deutschen Reichslotterie und eine sonstige selbständige Arbeit zu verstehen. Es ist im Gesetz nicht abschließend umschrieben, was im einzelnen als freier Beruf und was als sonstige selbständige Arbeit anzusehen ist. Das Einkommensteuergesetz beschränkt sich auf eine Aufzählung der wesentlichsten Erscheinungsformen der freien Berufe und erläutert auch den Begriff der sonstigen selbständigen Arbeit nur durch die Anführung von Beispielen. Es können deshalb auch Tätigkeiten unter den Begriff der selbständigen Arbeit fallen, die im § 18 EStG. nicht ausdrücklich bezeichnet sind. Es ist aber Voraussetzung, daß diese Tätigkeiten tatsächlich einer der im § 18 Absatz 1 Ziffern 1 und 3 EStG. aufgeführten Tätigkeiten ähnlich sind. Hinweis auf das RFH.-Urteil vom 15. Juli 1942, RStBl. 1942 S. 989 Nr. 862 und die dort bezeichneten RFH.-Urteile. Wegen der Grenzen zwischen künstlerischem Schaffen und Gewerbebetrieb Hinweis auf das RFH.-Urteil vom 25. Januar 1939, RStBl. 1939 S. 354 Nr. 324 und wegen der Grenzen zwischen wissenschaftlicher Tätigkeit und Gewerbebetrieb Hinweis auf das RFH.-Urteil vom 22. April 1942, RStBl. S. 545 Nr. 400. Bei der entgeltlichen Ausübung von Musik zu Unterhaltszwecken, bei der die Darbietung einer künstlerischen Leistung nicht im Vordergrund steht, handelt es sich nicht um die Ausübung eines freien Berufs. Die Ausübung solcher Musik durch selbständige Musiker ist deshalb in der Regel als gewerbliche Tätigkeit anzusehen. Wegen der Musikkapellen Hinweis auf Abschnitt 6 Absatz 3.

(2) Eine Tätigkeit kann regelmäßig nur dann als freier Beruf oder als sonstige selbständige Arbeit im Sinn des § 18 EStG. anerkannt werden, wenn sie im wesentlichen auf der persönlichen Arbeitskraft des Steuerpflichtigen beruht. Das muß auch dann noch angenommen werden, wenn der Berufsträger zur Unterstützung seiner eigenen Arbeit Hilfskräfte, und zwar auch vorgebildete Hilfskräfte, in sachlich begrenztem Umfang beschäftigt. Es ist jedoch nicht angängig, daß Hilfskräfte die Hauptarbeit, das heißt die geistig führende Tätigkeit, übernehmen. Der Berufsträger muß die Möglichkeit haben, auf Grund der eigenen Fachkenntnisse und der Kenntnisse des Einzelfalls die erforderlichen Entscheidungen selbst zu treffen. Er muß auch die Verantwortung selbst tragen. Es widerspricht dem Wesen der selbständigen Arbeit im Sinn des § 18 EStG., wenn Hilfskräften nicht nur technische und

vorbereitende, sondern auch entscheidende und verantwortliche Aufgaben überlassen werden. Die Angehörigen eines freien Berufs werden deshalb zu Gewerbetreibenden, wenn sie sich zu den Arbeiten, deren Vornahme sonst regelmäßig die Ausübung eines freien Berufs bedeutet, der Hilfe anderer Arbeitskräfte bedienen, die die Tätigkeit des Berufsträgers ersetzen sollen oder eine Vervielfältigung seiner Arbeitskraft bedeuten. Es ist dabei nicht entscheidend, daß die Arbeiten der Hilfskräfte der Arbeit des Berufsträgers gleichwertig sind, sondern daß sie dieser Arbeit gleichgeartet sind. Es ist einerlei, ob es sich bei den Hilfskräften um Angestellte, Gewerbetreibende oder Angehörige freier Berufe handelt. Hinweis auf die RFH.-Urteile

vom 8. März 1939, RStBl. 1939 S. 577 Nr. 532,
vom 26. Februar 1941, RStBl. 1941 S. 893 Nr. 435,
vom 4. September 1940, RStBl. 1941 S. 665 Nr. 681,
vom 27. August 1941, RStBl. 1941 S. 721 Nr. 732,
vom 26. August 1942, RStBl. 1942 S. 1066 Nr. 948 und
vom 3. Februar 1943, RStBl. 1943 S. 434 Nr. 401.

Wegen des Eintritts der Gewerbesteuerpflicht bei Architekten Hinweis insbesondere auf die RFH.-Urteile vom 6. Januar 1943, RStBl. 1943 S. 227 Nr. 178 und vom 3. März 1943, RStBl. 1943 S. 315 Nr. 281. Die Tätigkeit der Rechtsanwälte ist auch dann noch der selbständigen Arbeit im Sinn des § 18 EStG. zuzurechnen, wenn sie Anwaltsassessoren zur Ausbildung beschäftigen oder wenn sie einen jungen Anwalt, mit dem sie eine Anwaltsgemeinschaft bilden wollen, zunächst nicht am Gewinn beteiligen, sondern ihm eine feste Vergütung zahlen. Bei Ärzten, die Assistenzärzte beschäftigen, kann grundsätzlich davon ausgegangen werden, daß die Beschäftigung der Assistenzärzte der Zurechnung der Tätigkeit des Arztes zur selbständigen Arbeit im Sinn des § 18 EStG. nicht entgegensteht. Wegen des Betriebs einer Krankenanstalt durch einen Arzt Hinweis auf Absatz 7.

(3) Die Frage, inwieweit die Beschäftigung von vorgebildeten Hilfskräften noch als unschädlich angesehen werden kann, muß unter sorgfältiger Abwägung der gesamten Umstände des einzelnen Falls und mit einer gewissen Großzügigkeit beurteilt werden. Hat die Beschäftigung der vorgebildeten Hilfskräfte ihren Grund nicht in der Vielzahl der übernommenen Aufträge, sondern darin, daß der Berufsträger zur Erledigung einiger weniger umfangreicher und unteilbarer Aufträge trotz vollen Einsatzes seiner eigenen Arbeitskraft auf die Mitarbeit vorgebildeter Hilfskräfte angewiesen ist, ist die Tätigkeit des Berufsträgers auch dann noch der selbständigen Arbeit zuzurechnen, wenn die Tätigkeit der Mitarbeiter in dem einen oder anderen Fall über die für die

Tätigkeit von Hilfskräften gezogenen Grenzen (Hinweis auf Absatz 2) hinausgehen sollte. Es würde dem Sinn der Freistellung der freien Berufe von der Gewerbesteuer widersprechen, wenn gerade die führenden Vertreter des einzelnen freien Berufs nur deshalb zur Gewerbesteuer herangezogen würden, weil ihnen die bedeutenden Aufträge erteilt werden, bei deren Erledigung sie auf eine weitgehende Mitarbeit vorgebildeter Hilfskräfte nicht verzichten können.

(4) Ist es zweifelhaft, ob bei bildenden Künstlern, insbesondere bei Architekten und Gebrauchsgraphikern, die in den Absätzen 2 und 3 bezeichneten Voraussetzungen für die Freistellung von der Gewerbesteuer erfüllt sind, kann das Finanzamt die Reichskammer der bildenden Künste um eine gutachtliche Stellungnahme über das Wesen der Tätigkeit des Berufsträgers und der seiner Mitarbeiter bitten.

(5) Der Betrieb einer Unterrichtsanstalt, in der zu einem erheblichen Teil fremde Lehrkräfte verwendet werden, ist nicht Ausübung eines freien Berufs. Hinweis auf Absatz 2 und auf das RFH.-Urteil vom 9. März 1938, RStBl. 1938 S. 430 Nr. 309. Privatschulen, die von der Schulaufsichtsbehörde als den öffentlichen Schulen gleichwertig anerkannt sind, sind jedoch von der Gewerbesteuer freizustellen, weil sie in der Regel nicht mit der Absicht der Gewinnerzielung arbeiten. Das gleiche gilt für diejenigen privaten Schulen, die zwar nicht ausdrücklich als den öffentlichen Schulen gleichwertig anerkannt sind, denen aber von der Gemeinde oder vom Staat oder von Körperschaften des öffentlichen Rechts Zuschüsse gewährt werden.

(6) Die freie Berufstätigkeit ist nur dann nicht zur Gewerbesteuer heranzuziehen, wenn sie sich ausschließlich als freie Berufstätigkeit darstellt. Bei einem Zusammentreffen von gewerblicher und freiberuflicher Tätigkeit ist zu prüfen, ob beide Tätigkeiten sachlich und wirtschaftlich zusammengehören. Ist das der Fall, ist die Tätigkeit in vollem Umfang als gewerbliche zu behandeln, es sei denn, daß die gewerbliche Tätigkeit im Verhältnis zur freiberuflichen Tätigkeit nur ganz unbedeutend ist. Freiberufliche Tätigkeit und Gewerbebetrieb gehören sachlich und wirtschaftlich nicht zusammen, wenn sich die beiden Betätigungen nur auf gemeinsamem Wissensgebiet berühren und deshalb sich gegenseitig so fördern, wie es Theorie und Praxis zu tun pflegen. Hinweis auf das RFH.-Urteil vom 8. Juli 1942, RStBl. 1942 S. 907 Nr. 737. Wenn neben der freien Berufstätigkeit und völlig unabhängig von ihr ein Gewerbe betrieben wird, wenn also ein wirtschaftlicher Zusammenhang zwischen beiden Tätigkeiten nicht besteht, ist die Heranziehung zur Gewerbesteuer auf die gewerbliche Tätigkeit zu beschränken. Hinweis auf das RFH.-

Urteil vom 17. August 1938, RStBl. 1938 S. 915 Nr. 849. Die Frage, ob ein einheitlicher Betrieb oder mehrere Betriebe oder Berufe vorliegen, ist nach den gleichen Grundsätzen zu entscheiden, wie die Frage, ob mehrere Gewerbebetriebe desselben Unternehmers zusammen oder getrennt zur Gewerbesteuer heranzuziehen sind. Hinweis auf Abschnitt 11.

(7) Von den Grundsätzen im Absatz 6 ist auch beim Betrieb einer Krankenanstalt durch einen Arzt auszugehen. Eine Heranziehung zur Gewerbesteuer kommt in diesem Fall nicht in Betracht, wenn der Betrieb der Krankenanstalt als zum freien Beruf gehörig anzusehen ist, weil er ein notwendiges Hilfsmittel für die ärztliche Tätigkeit ist (Hinweis auf das RFH.-Urteil vom 15. März 1939, RStBl. 1939 S. 853 Nr. 833), oder wenn die Krankenanstalt § 11 der Dritten GewStDV. gemäß von der Gewerbesteuer befreit ist (Hinweis auf Abschnitt 6 Absatz 8 zu § 3).

(8) Die Tätigkeit der Einnehmer der Deutschen Reichslotterie gilt § 18 Absatz 1 Ziffer 2 EStG. gemäß nur dann als selbständige Arbeit, wenn sie nicht als Gewerbebetrieb anzusehen ist. § 14 der Dritten GewStDV. gemäß unterliegt aber die Tätigkeit auch dann nicht der Gewerbesteuer, wenn es sich um einen Gewerbebetrieb im Sinn des § 2 HGB. handelt oder die Tätigkeit des Lotterieeinnehmers sich als Hilfs- oder Nebengeschäft eines Gewerbebetriebs darstellt. Diese Regelung beschränkt sich auf die Einnehmer der Deutschen Reichslotterie. Die Gewerbesteuerpflicht der Einnehmer anderer Lotterien wird dadurch nicht berührt. Hinweis auf Abschnitt 2 zu § 3.

5. Abgrenzung des Gewerbebetriebs gegenüber der Nutzung von Kapitalvermögen und gegenüber der Vermietung und Verpachtung.

(1) Die bloße Verwaltung eigenen Vermögens ist regelmäßig keine gewerbliche Tätigkeit. Vermögensverwaltung liegt in der Regel vor, wenn Vermögen genutzt wird, zum Beispiel wenn Kapitalvermögen verzinslich angelegt oder unbewegliches Vermögen vermietet oder verpachtet wird. Die Nutzung des Vermögens kann sich als Gewerbebetrieb oder als land- und forstwirtschaftlicher Betrieb darstellen, wenn mit Gewinnabsicht eine selbständige, nachhaltige und nach außen hin hervortretende Tätigkeit entfaltet wird. Hinweis auf § 7 Absatz 4 der Verordnung zur Durchführung der §§ 17 bis 19 des Steueranpassungsgesetzes vom 16. Dezember 1941, RMinBl. 1941 S. 299, RStBl. 1941 S. 937 Nr. 962. Die Nutzung von Kapitalvermögen kann demgemäß einen Gewerbebetrieb darstellen, wenn durch Entfaltung einer berufsmäßigen, nach außen hin hervortretenden und den Beteiligten

erkennbaren Tätigkeit die Erzielung eines besonderen Gewinns beabsichtigt wird, zum Beispiel beim Ausleihen eigener Gelder gegen Zinsen im Rahmen eines bankmäßigen oder ähnlichen Betriebs.

(2) Die Vermietung und Verpachtung von Grundbesitz stellt auch dann noch eine bloße Vermögensnutzung dar, wenn der vermietete Grundbesitz sehr umfangreich ist, der Verkehr mit vielen Mietparteien eine erheblichere Verwaltungsarbeit erforderlich macht oder die vermieteten Räume gewerblichen Zwecken dienen. Um der Tätigkeit des Grundstücksbesitzers gewerblichen Charakter zu geben, müssen besondere Umstände hinzutreten. Diese können zum Beispiel darin bestehen, daß die Verwaltung des Grundbesitzes infolge des ständigen und schnellen Wechsels der Mieter eine Tätigkeit erfordert, die über das Maß der Tätigkeit hinausgeht, wie sie sonst bei den üblichen langfristigen Vermietungen erforderlich ist, oder daß der Grundstücksbesitzer den Mietern gegenüber besondere Verpflichtungen übernimmt, die über die bloße Vermietungstätigkeit hinausgehen, zum Beispiel Herrichtung des Gebäudes für die besondere Art der Vermietung, Übernahme der Reinigung der vermieteten Räume. Das entscheidende Merkmal liegt also darin, daß zu der bloßen Nutzungsüberlassung eine fortgesetzte Tätigkeit tritt, wie sie der Begriff des Gewerbes erfordert. Ein Gewerbebetrieb ist deshalb in der Regel gegeben bei der Vermietung von Ausstellungsräumen, Messeständen, Garagen, Tennisplätzen und bei der ständig wechselnden kurzfristigen Vermietung von Sälen, zum Beispiel für Konzerte, unter Umständen auch bei der Vermietung von Bürohäusern. Auch bei einem Tatbestand, der sich äußerlich zunächst als reine Vermögensverwaltung darstellt, dürfen aber die Vorgänge, die zu den gegenwärtigen Verhältnissen geführt haben, und die wirtschaftlichen Zusammenhänge nicht unbeachtet bleiben. Es kann deshalb zum Beispiel in Betracht kommen, ein Fabrikgrundstück, dessen Eigentümer das darin betriebene gewerbliche Unternehmen auf eine von ihm gegründete und beherrschte Kapitalgesellschaft übertragen hat, die das Fabrikgrundstück pachtet, als Gewerbebetrieb des Eigentümers zu behandeln. Hinweis auf das RFH.-Urteil vom 1. Juli 1942, RStBl. 1942 S. 1081 Nr. 971.

(3) Die Vermietung (auch Untervermietung) möblierter Zimmer ist keine gewerbliche Tätigkeit. An dieser Beurteilung ändert sich auch dann nichts, wenn Vergütungen für die Benutzung der Einrichtung, für Frühstück, Reinigung der Räume und dergleichen besonders in Rechnung gestellt werden oder in der Miete enthalten sind. Die Beherbergung in Gaststätten ist stets ein Gewerbebetrieb. Eine Gaststätte ist ge-

geben, wenn ein Unternehmer Wohn- oder Schlafräume zur vorübergehenden Beherbergung von Fremden bereit hält (§ 37 UStDV. 1938).

(4) Die Verpachtung eines Gewerbebetriebs ist grundsätzlich nicht als Gewerbebetrieb anzusehen. Hinweis auf das RFH.-Urteil vom 24. März 1937, RStBl. 1937 S. 939 Nr. 660. Dagegen wird die Gewerbesteuerpflicht des gesamten Betriebs nicht dadurch berührt, daß ein Teilbetrieb oder Teile eines Gewerbebetriebs verpachtet werden, zum Beispiel bei der Verpachtung brauereieigener Gastwirtschaften durch eine Brauerei.

6. Gewerbebetrieb kraft Rechtsform (§ 2 Absatz 2 GewStG.).

(1) Das Gewerbesteuergesetz hat den Kreis der gewerbesteuerpflichtigen Tätigkeiten über den eigentlichen Gewerbebegriff (Abschnitt 2) hinaus erweitert. § 2 Absatz 2 GewStG. gemäß gilt die Tätigkeit der Personengesellschaften, Kapitalgesellschaften, Erwerbs- und Wirtschaftsgenossenschaften und der Versicherungsvereine auf Gegenseitigkeit stets und in vollem Umfang als Gewerbebetrieb. Es besteht dabei ein Unterschied zwischen den Personengesellschaften einerseits und den Kapitalgesellschaften, den Erwerbs- und Wirtschaftsgenossenschaften und den Versicherungsvereinen auf Gegenseitigkeit anderseits.

(2) Bei den Personengesellschaften wird vorausgesetzt, daß die Gesellschafter als Unternehmer des „Gewerbebetriebs" anzusehen sind. Es muß deshalb bei den Personengesellschaften ein Gewerbebetrieb im Sinn des § 2 Absatz 1 GewStG. gegeben sein. Eine Offene Handelsgesellschaft, die ausschließlich Landwirtschaft betreibt, ist nicht gewerbesteuerpflichtig; die Gesellschafter können nicht als Unternehmer eines Gewerbebetriebs angesehen werden. Eine Offene Handelsgesellschaft, die ein Gewerbe betreibt und daneben Einkünfte aus Land- und Forstwirtschaft oder aus Vermietung und Verpachtung oder aus Kapitalvermögen bezieht, unterliegt uneingeschränkt der Gewerbesteuer. Teile des Gewerbeertrags und des Gewerbekapitals werden nicht ausgegliedert.

(3) Personengesellschaften im Sinn des § 2 Absatz 2 Ziffer 1 GewStG. sind außer den Offenen Handelsgesellschaften und Kommanditgesellschaften diejenigen sonstigen Gesellschaften, bei denen die Gesellschafter als Unternehmer (Mitunternehmer) des Gewerbebetriebs anzusehen sind, zum Beispiel die Reederei und die bürgerlich-rechtliche Gesellschaft, bei der die Erreichung der gemeinsamen Zwecke (§ 705 BGB.) in der Ausübung einer gewerblichen Tätigkeit besteht. Beispiele: Gemeinschaftlicher Betrieb eines Handwerks durch mehrere Handwerker, Zusammenschluß mehrerer Handels-

betriebe zu einer Betriebsgemeinschaft. Auch selbständige Musikkapellen, die entgeltlich tätig werden, sind Gesellschaften bei denen die einzelnen Musiker als Mitunternehmer eines Gewerbebetriebs anzusehen sind, vorausgesetzt, daß dabei die Darbietung einer künstlerischen Leistung nicht im Vordergrund steht. Hinweis auf Abschnitt 4 Absatz 1. Eine Personengesellschaft ist in diesem Fall anzunehmen, wenn eine gemeinsame Kasse geführt wird, wenn also das Entgelt an den Kapellmeister oder an den sonst mit der Vertretung der Kapelle nach außen beauftragten Musiker entrichtet wird und dieser die auf die einzelnen Musiker entfallenden Beträge an diese ausschüttet.

(4) Zu den Personengesellschaften gehören beim Vorliegen bestimmter Voraussetzungen auch die großen Arbeitsgemeinschaften, insbesondere im Baugewerbe. Hinweis auf meinen Erlaß vom 5. Juni 1942, RStBl. 1942 S. 617 Nr. 488 und auf das RFH.-Urteil vom 7. Oktober 1942, RStBl. 1942 S. 1044 Nr. 922. Eine der Voraussetzungen für die Behandlung einer baugewerblichen Arbeitsgemeinschaft als Personengesellschaft ist nach meinem bezeichneten Erlaß, daß die Arbeitsgemeinschaft voraussichtlich länger als zwei Jahre bestehen wird. Bei der Entscheidung der Frage, ob diese Voraussetzung erfüllt ist, ist darauf abzustellen, ob die Ausführung des Bauauftrags, zu der die Arbeitsgemeinschaft gebildet worden ist, voraussichtlich einen Zeitraum von mehr als zwei Jahren beanspruchen wird. Es ist demgemäß außer Betracht zu lassen, daß die Arbeitsgemeinschaft nach Ausführung des Bauauftrags nur wegen der Gewährleistungsfrist fortbesteht, bis diese Frist abgelaufen ist.

(5) Bei den Kapitalgesellschaften (Aktiengesellschaften, Kommanditgesellschaften auf Aktien, Gesellschaften mit beschränkter Haftung, Kolonialgesellschaften, bergrechtlichen Gewerkschaften), den Erwerbs- und Wirtschaftsgenossenschaften und den Versicherungsvereinen auf Gegenseitigkeit ist nicht zu prüfen, ob ihre Tätigkeit im einzelnen Fall ein Gewerbe darstellt. Es wird im § 2 Absatz 2 GewStG. unterstellt, daß Gesellschaften in den bezeichneten Rechtsformen stets und in vollem Umfang gewerblich tätig sind. Die Gewerbesteuerpflicht ist bei diesen Unternehmen nur an die Rechtsform geknüpft Hinweis auf das RFH.-Urteil vom 13. Dezember 1938, RStBl. 1939 S. 543 Nr. 483. Die Art der von ihnen tatsächlich ausgeübten Tätigkeit ist für die Beurteilung der Gewerbesteuerpflicht ohne Bedeutung.

(6) Die für die Kapitalgesellschaften geltenden Vorschriften sind auch für die Besteuerung der Kartelle und der Syndikate maßgebend. Kartelle und Syndikate in Form der Doppelgesellschaft bilden für die Gewerbesteuer einen ein-

heitlichen Steuergegenstand. Wegen Einzelheiten zur Besteuerung der Kartelle und der Syndikate Hinweis auf die Verordnung über Körperschaftsteuer, Vermögensteuer und Gewerbesteuer der Kartelle und der Syndikate vom 20. Dezember 1941, RGBl. I S. 791, RStBl. 1941 S. 953 Nr. 977 und auf meine Erlasse vom 20. Dezember 1941, RStBl. 1941 S. 954 Nr. 978 und vom 20. Februar 1943, RStBl. 1943 S. 201 Nr. 147.

(7) Die Vorschrift im § 2 Absatz 2 Ziffer 2 GewStG. gilt auch für ausländische Unternehmen, die im Inland eine Betriebstätte unterhalten und die in ihrer Rechtsform einem inländischen Unternehmen der im § 2 Absatz 2 Ziffer 2 GewStG. bezeichneten Art entsprechen. Hinweis auf das RFH.-Urteil vom 4. April 1939, RStBl. 1939 S. 854 Nr. 834.

7. Gewerbebetrieb kraft wirtschaftlichen Geschäftsbetriebs (§ 2 Absatz 3 GewStG.).

(1) Die juristischen Personen des privaten Rechts, die nicht im § 2 Absatz 2 Ziffer 2 GewStG. aufgezählt sind, und die nichtrechtsfähigen Vereine unterliegen der Gewerbesteuer, soweit sie einen wirtschaftlichen Geschäftsbetrieb unterhalten. Der im § 2 Absatz 3 GewStG. verwendete Begriff des wirtschaftlichen Geschäftsbetriebs stimmt nach Inhalt und Umfang mit dem Begriff des wirtschaftlichen Geschäftsbetriebs im Sinn des § 3 Ziffer 6 GewStG überein. Die für die Anwendung dieser Vorschrift maßgebende Begriffsbestimmung war zunächst im § 7 der Dritten GewStDV. enthalten. Diese Begriffsbestimmung ist durch die Begriffsbestimmung im § 7 Absatz 3 der Verordnung zur Durchführung der §§ 17 bis 19 des Steueranpassungsgesetzes vom 16. Dezember 1941, RMinBl. 1941 S. 299, RStBl. 1941 S. 937 Nr. 962 überholt. Es gilt nunmehr auch für die Anwendung der Vorschrift im § 2 Absatz 3 GewStG. das folgende:

„Eine selbständige, nachhaltige Betätigung, die ohne Gewinnabsicht unternommen wird, ist wirtschaftlicher Geschäftsbetrieb, wenn durch die Betätigung Einnahmen oder andere wirtschaftliche Vorteile erzielt werden und die Betätigung über den Rahmen einer Vermögensverwaltung hinausgeht."

Wegen des Begriffs der Vermögensverwaltung Hinweis auf Abschnitt 5 Absatz 1.

(2) Der Begriff des wirtschaftlichen Geschäftsbetriebs umfaßt auch die Land- und Forstwirtschaft. Durch § 2 Absatz 3 GewStG. ist aber ein wirtschaftlicher Geschäftsbetrieb, der sich auf die Land- und Forstwirtschaft erstreckt, von der Gewerbesteuer befreit. Bewirtschaftet zum Beispiel eine rechtsfähige Stiftung landwirtschaftlichen Grundbesitz oder Forstbesitz, ist dieser Betrieb nicht gewerbesteuerpflichtig.

(3) Der Begriff des wirtschaftlichen Geschäftsbetriebs (Absatz 1) umfaßt nicht den Begriff des Gewerbebetriebs (Hinweis auf Abschnitt 2). Ein Gewerbebetrieb, den eine der Körperschaften, die im § 2 Absatz 3 GewStG. bezeichnet sind, unterhält, unterliegt nach § 2 Absatz 1 GewStG. der Gewerbesteuer. Durch § 2 Absatz 3 GewStG. wird die Gewerbesteuerpflicht erweitert und auf wirtschaftliche Geschäftsbetriebe ausgedehnt, die keinen Gewerbebetrieb im Sinn des § 2 Absatz 1 GewStG. bilden.

(4) Im Gegensatz zu den Gewerbetreibenden kraft Rechtsform (Hinweis auf Abschnitt 6) beschränkt sich die Gewerbesteuerpflicht bei den im § 2 Absatz 3 GewStG. bezeichneten Steuerpflichtigen auf den wirtschaftlichen Geschäftsbetrieb. Unterhält zum Beispiel ein Verein einen wirtschaftlichen Geschäftsbetrieb und verwaltet er daneben noch Vermögen, das mit dem wirtschaftlichen Geschäftsbetrieb nicht in Zusammenhang steht, kann die Gewerbesteuerpflicht auch dann nicht auf die Vermögensverwaltung erstreckt werden, wenn sie gleich dem wirtschaftlichen Geschäftsbetrieb der Erfüllung des Satzungszwecks des Vereins dient.
Hinweis auf das RFH.-Urteil vom 13. Dezember 1938, RStBl. 1939 S. 330 Nr. 315.

(5) Die folgenden Betätigungen gehen über den Rahmen einer Vermögensverwaltung hinaus:

1. der Betrieb einer Kantine, einer Volksküche oder eines Kasinos;
2. der Betrieb einer Druckerei oder die Herausgabe einer Zeitschrift;
3. die Erhebung von Eintrittsgeld bei Veranstaltung einer Festlichkeit;
4. der Betrieb eines Kreditinstituts oder eines Versicherungsunternehmens;
5. der Betrieb (das Unterhalten) einer Unterstützungskasse (einer Hilfskasse), deren Aufgabe es ist, unter gewissen Voraussetzungen, zum Beispiel in Fällen der Not, der Arbeitslosigkeit oder des Alters, Unterstützung zu gewähren. Dazu gehören insbesondere Pensionskassen, Witwenkassen, Sterbekassen und Krankenkassen.

Hinweis auf § 7 Absatz 5 der Verordnung zur Durchführung der §§ 17 bis 19 des Steueranpassungsgesetzes vom 16. Dezember 1941, RMinBl. 1941 S. 299, RStBl. 1941 S. 937 Nr. 962. Betätigungen dieser Art gelten demgemäß, wenn sie nicht bereits einen Gewerbebetrieb im Sinn des § 2 Absatz 1 GewStG. bilden, stets als Gewerbebetrieb im Sinn des § 2 Absatz 3 GewStG. Hinweis auf das RFH.-Urteil vom 26. Oktober 1943, RStBl. 1943 S. 850 Nr. 894.

(6) Lotsenvereinigungen in der Form einer Körperschaft im Sinn des § 2 Absatz 3 GewStG. unterhalten insoweit einen wirtschaftlichen Geschäftsbetrieb, als sie die Verteilung der Lotsengelder gegen einen Verwaltungskostenbeitrag übernehmen.

(7) Die Vorschrift im § 2 Absatz 3 GewStG. ist auf nichtrechtsfähige Stiftungen nicht anzuwenden. Hinweis auf das RFH.-Urteil vom 9. November 1943, RStBl. 1944 S. 131 Nr. 94.

8. Inland.

(1) Das Gewerbe unterliegt der Gewerbesteuer, soweit es im Inland betrieben wird.

(2) .....

9. Betriebstätte.

(1) Der Begriff der Betriebstätte ergibt sich aus § 16 StAnpG. Betriebstätte ist danach jede feste örtliche Anlage oder Einrichtung, die der Ausübung des Betriebs eines stehenden Gewerbes dient. Der Begriff der festen örtlichen Anlage oder Einrichtung erfordert keine besonderen Räume oder gewerblichen Vorrichtunpen. Es genügt, wenn der Unternehmer über einen bestimmten Raum oder über eine bestimmte Fläche die Verfügungsgewalt hat, die für die Ausübung seiner gewerblichen Tätigkeit ausreicht. Demgemäß sind zum Beispiel fest zugewiesene Standplätze von Straßenhändlern als Betriebstätte anzusehen. Hinweis auf den RFH.-Beschluß vom 15. April 1942, RStBl. 1942 S. 469 Nr. 335.

(2) Wegen der Annahme einer Betriebstätte bei Binnen- und Küstenschiffahrtsbetrieben, die feste örtliche Anlagen oder Einrichtungen zur Ausübung des Gewerbes nicht unterhalten, Hinweis auf § 6 der Dritten GewStDV. Hat der Unternehmer eines Binnen- oder Küstenschiffahrtsbetriebs an Land eine Wohnung, werden sich dort in der Regel Tätigkeiten vollziehen, die dem Gewerbebetrieb unmittelbar dienen. In diesem Fall ist die Wohnung des Unternehmers als Betriebstätte anzusehen, so daß § 6 der Dritten GewStDV. nicht anzuwenden ist

(3) § 16 Absatz 2 Ziffer 3 StAnpG. gemäß gelten als Betriebstätten auch Bauausführungen, deren Dauer zwölf Monate überstiegen hat oder voraussichtlich übersteigen wird. Wegen des Begriffs der Bauausführungen Hinweis auf das RFH.-Urteil vom 2. Juli 1940, RStBl. 1940 S. 668 Nr. 558 und auf den RFH.-Beschluß vom 21. Januar 1942, RStBl. 1942 S. 66 Nr. 77. Werden in Zusammenhang mit Bauausführungen feste örtliche Anlagen errichtet, wie Baubuden, Baukantinen, Geräteschuppen, Unterkunftsbaracke usw.,

begründen auch diese eine Betriebstätte nur dann, wenn die Bauausführung länger als zwölf Monate bestanden hat oder voraussichtlich bestehen wird. Hinweis auf den RFH.-Beschluß vom 22. Januar 1941, RStBl. 1941 S. 90 Nr. 114. Baubuden usw., die in Zusammenhang mit Arbeiten errichtet werden, die nicht zu den eigentlichen Bauausführungen gehören (zum Beispiel Montagearbeiten, Anstreicherarbeiten), begründen auch dann keine Betriebstätte, wenn sie eine feste örtliche Anlage darstellen und Stabilität des Betriebs gegeben ist. Hinweis auf den RFH.-Beschluß vom 17. September 1941, RStBl. 1941 S. 764 Nr. 777.

(4) Eine Betriebstätte bilden nur solche festen örtlichen Anlagen oder Einrichtungen, in denen sich dauerndTätigkeiten, wenn auch bloße Hilfs- oder Nebenhandlungen vollziehen, die dem Gewerbebetrieb unmittelbar dienen. Ob die Tätigkeiten im einzelnen kaufmännischer, buchhalterischer, technischer oder handwerklicher Art sind, ist unerheblich. Es ist nicht erforderlich, daß in der Betriebstätte Verhandlungen mit Dritten geführt oder Geschäftsabschlüsse getätigt werden. Betriebstätten können auch rein mechanische Anlagen sein, zum Beispiel Verkaufsautomaten. Es fehlt aber an einer Betätigung für Zwecke eines Gewerbeunternehmens, wenn die örtlichen Anlagen oder Einrichtungen ausschließlich Wohnzwecken (zum Beispiel Arbeiterhäuser), Erholungszwecken (zum Beispiel Genesungsheime und Kinderheime des Betriebs), Sportzwecken oder ähnlichen Zwecken dienen. Demgemäß begründet zum Beispiel auch der bloße Besitz von Grundvermögen im Inland für eine ausländische Kapitalgesellschaft noch keine Betriebstätte. Hinweis auf das RFH.-Urteil vom 27. Mai 1941, RStBl. 1941 S. 393 Nr. 434.

(5) Als Betriebstätten gelten § 16 Absatz 2 Ziffer 2 StAnpG. gemäß auch Geschäftseinrichtungen, die dem ständigen Vertreter des Unternehmers zur Ausübung des Gewerbes dienen. Ständiger Vertreter ist eine Person, die auf Grund eines persönlichen Abhängigkeitsverhältnisses für den Unternehmer tätig wird, so daß ihre Handlungen als solche des Unternehmers erscheinen. Persönliche Abhängigkeit bedeutet Bindung an die geschäftlichen Weisungen des vertretenen Unternehmers. Sie ist ohne weiteres beim Vorliegen eines Angestelltenverhältnisses auf Grund eines Dienstvertrags vorhanden. Sie kann aber auch ohne Vorliegen eines Angestelltenverhältnisses auf anderer Rechtsgrundlage beruhen. Auch eine selbständige Person, zum Beispiel ein Handlungsagent (§ 84 HGB.), kann ständiger Vertreter in diesem Sinn sein. Hinweis auf das RFH.-Urteil vom 23. April 1941, RStBl. 1941 S. 355 Nr. 390. Ständiger Vertreter kann nicht nur eine natürliche Person, sondern auch eine juristische Person, insbesondere eine

Kapitalgesellschaft, sein. Hinweis auf den RFH.-Beschluß vom 19. Dezember 1939, RStBl. 1940 S. 25 Nr. 28. Ist eine Person nach diesen Grundsätzen als ständiger Vertreter des Unternehmers anzusehen, hängt die Annahme einer Betriebstätte des Vertretenen von der weiteren Voraussetzung ab, daß eine Geschäftseinrichtung des Vertretenen besteht, die dem ständigen Vertreter zur Ausübung des Gewerbes dient. Diese Voraussetzung ist grundsätzlich nicht gegeben, wenn der ständige Vertreter seine Tätigkeit in Räumlichkeiten ausübt, die dem vertretenen Unternehmer weder als Eigentümer noch als Mieter gehören. Demgemäß ist die Betriebstätte, die einem ständigen Vertreter gehört, der selbständiger Gewerbetreibender (zum Beispiel Handlungsagent im Sinn des § 84 HGB.) ist, nur eine Betriebstätte des Vertreters und nicht auch eine Betriebstätte des vertretenen Unternehmers. Auch die Wohnung des unselbständigen Handlungsgehilfen, der ständiger Vertreter ist, ist im allgemeinen keine Betriebstätte des vertretenen Geschäftsherrn. Die Räumlichkeiten, in denen der ständige Vertreter seine geschäftliche Tätigkeit ausübt, sind jedoch, ohne daß sie dem Vertretenen als Eigentümer oder Mieter zu gehören brauchen, als dessen Betriebstätte anzusehen, wenn dem Vertretenen über diese Räumlichkeiten eine gewisse, nicht nur vorübergehende Verfügungsgewalt zusteht. Es ist dabei einerlei, ob der ständige Vertreter Angestellter oder selbständiger Gewerbetreibender ist. Hinweis auf das RFH.-Urteil vom 26. September 1939, RStBl. 1939 S. 1227 Nr. 1297 und auf die RFH.-Beschlüsse vom 19. Dezember 1939, RStBl. 1940 S. 25 Nr. 28 und S. 26 Nr. 29 und vom 11. März 1942, RStBl. 1942 S. 801 Nr. 626.

(6) § 15 Absatz 2 StAnpG. gemäß sind bestimmte ausländische Unternehmen unter gewissen Voraussetzungen im Sinn der Steuergesetze so zu behandeln, als befände sich ihre Geschäftsleitung im Inland. Der danach angenommene Ort der Geschäftsleitung im Inland stellt für die Gewerbesteuer keine Betriebstätte dar, weil es an einer festen örtlichen Anlage oder Einrichtung des ausländischen Unternehmens an diesem Ort fehlt.

10. Organgesellschaften.

(1) Der Begriff der Organschaft im Gewerbesteuerrecht (Hinweis auf § 2 der Dritten GewStDV.) entspricht dem Begriff der Organschaft im Umsatzsteuerrecht und im Körperschaftsteuerrecht. Die zu diesen Steuerarten ergangene Rechtsprechung über das Organverhältnis kann deshalb für die Gewerbesteuer übernommen werden. Die Organgesellschaft ist aber im Gewerbesteuerrecht im Gegensatz zum Körperschaftsteuerrecht nicht persönlich steuerpflichtig, sondern Betriebstätte des beherrschenden Unternehmens.

(2) Das übergeordnete Unternehmen, das keine Kapitalgesellschaft zu sein braucht, muß selbst einen Gewerbebetrieb haben, in den der Betrieb der Organgesellschaft wie eine Geschäftsabteilung eingegliedert ist. Ein Handeln der Untergesellschaft auf eigene Rechnung und Gefahr muß im Innenverhältnis ausgeschlossen sein. Die Bindung an den Willen des übergeordneten Unternehmens muß verbindlich festgelegt sein oder in ständiger Übung bestehen.

(3) Die Organschaft ermöglicht es, Gewinne und Verluste verschiedener Unternehmen auszugleichen und dadurch die Steuer zu vermindern. Die Anerkennung der Organschaft darf nicht dazu führen, dem Steuerpflichtigen unberechtigte steuerliche Vorteile zu verschaffen. Ein Organverhältnis kann beim Vorliegen der gesetzlichen Voraussetzungen nur anerkannt werden, wenn es einem berechtigten wirtschaftlichen Bedürfnis entspricht. Die Voraussetzung der wirtschaftlichen Eingliederung ist nicht gegeben, wenn das übergeordnete Unternehmen und die Organgesellschaft ohne betrieblichen Zusammenhang in verschiedenen Wirtschaftszweigen tätig sind.

(4) Es kommt vor, daß beim Bestehen eines Organverhältnisses Abmachungen oder Weisungen vorliegen, nach denen Gewinne und Verluste der Untergesellschaft ausgeschlossen sind. Dieser Gewinn- und Verlustausschluß ist jedoch keine unbedingte Voraussetzung für die Annahme eines Organverhältnisses. Er ist deshalb für die Gewerbesteuer ohne Bedeutung. Hinweis auf das RFH.-Urteil vom 12. Dezember 1939, RStBl. 1940 S. 29 Nr. 33.

11. Mehrheit von Betrieben.

(1) Hat ein Gewerbetreibender mehrere Betriebe der gleichen Art (zum Beispiel eine Maschinenfabrik und eine Spinnerei), ist jeder Betrieb für sich zu besteuern. Hinweis auf § 2 Absatz 1 GewStG., wonach Steuergegenstand der einzelne Gewerbebetrieb ist. Das gilt auch dann, wenn die mehreren Betriebe in derselben Gemeinde liegen. Es ist aber ein einheitlicher Gewerbebetrieb anzunehmen, wenn ein Gewerbetreibender in derselben Gemeinde verschiedene gewerbliche Tätigkeiten ausübt und die verschiedenen Betriebszweige nach der Verkehrsauffassung und nach den Betriebsverhältnissen als Teil eines Gewerbebetriebs anzusehen sind. Beispiele: Gastwirtschaft und Bäckerei, Fleischerei und Speisewirtschaft. Es gelten dabei die gleichen Grundsätze wie für die Bewertung (§ 2 RBewG.).

(2) Hat ein Gewerbetreibender mehrere Betriebe der gleichen Art, ist zu prüfen, ob die mehreren Betriebe eine wirtschaftliche Einheit darstellen. Die Vermutung spricht

bei der Vereinigung mehrerer gleichartiger Betriebe in der Hand eines Unternehmers, insbesondere, wenn sie sich in derselben Gemeinde befinden, für das Vorliegen eines einheitlichen Gewerbebetriebs. Auch wenn die Betriebe sich in verschiedenen Gemeinden befinden, kann ein einheitlicher Gewerbebetrieb vorliegen, wenn die wirtschaftlichen Beziehungen sich über die Grenzen der politischen Gemeinden hinaus erstrecken. Betriebe sind als gleichartig anzusehen, wenn sie sachlich, insbesondere wirtschaftlich, finanziell oder organisatorisch innerlich zusammenhängen. Hinweis auf die RFH.-Urteile vom 28. September 1938, RStBl. 1938 S. 1117 Nr. 1070 und vom 21. Dezember 1938, RStBl. 1939 S. 372 Nr. 838.

(3) Die gleichen Grundsätze sind anzuwenden, wenn Eheleute je für sich gewerbliche Betriebe unterhalten. Handelt es sich dabei um gleichartige oder wirtschaftlich zusammengehörige Betriebszweige, ist ein einheitlicher Gewerbebetrieb anzunehmen, bei dem die beiden Ehegatten als Mitunternehmer anzusehen sind, zum Beispiel wenn der Ehemann Waren herstellt, die die Ehefrau verkauft.

(4) Die Tätigkeit der Unternehmen im Sinn des § 2 Absatz 2 GewStG. (Personengesellschaften, Kapitalgesellschaften usw.) gilt stets und in vollem Umfang als ein Gewerbebetrieb. Auch die gewerbesteuerpflichtige Tätigkeit der unter § 2 Absatz 3 GewStG. fallenden sonstigen juristischen Personen des privaten Rechts und der nichtrechtsfähigen Vereine bildet stets einen Gewerbebetrieb. Das gilt auch, wenn von ihnen mehrere wirtschaftliche Geschäftsbetriebe unterhalten werden. Hinweis auf das RFH.-Urteil vom 14. Juni 1938, RStBl. 1938 S. 909 Nr. 837.

12. Beginn der Steuerpflicht.

(1) Bei Einzelgewerbetreibenden und bei Personengesellschaften beginnt die Gewerbesteuerpflicht in dem Zeitpunkt, in dem erstmals alle Voraussetzungen erfüllt sind, die zur Annahme eines Gewerbebetriebs erforderlich sind. Hinweis auf Abschnitt 2 und Abschnitt 6 Absätze 2 bis 4. Bloße Vorbereitungsverhandlungen, zum Beispiel die Anmietung eines Geschäftslokals, das erst hergerichtet werden muß, oder die Errichtung eines Fabrikgebäudes, in dem die Warenherstellung aufgenommen werden soll, begründen die Gewerbesteuerpflicht noch nicht. Bei Unternehmen, die im Handelsregister einzutragen sind, ist der Zeitpunkt der Eintragung im Handelsregister ohne Bedeutung für den Beginn der Gewerbesteuerpflicht.

(2) Bei Kapitalgesellschaften und den anderen Unternehmen im Sinn des § 2 Absatz 2 Ziffer 2 GewStG. beginnt

die Steuerpflicht mit dem Beginn ihrer Tätigkeit. Jede Tätigkeit, auch eine geringfügige Vermögensverwaltung, löst die Gewerbesteuerpflicht aus (Hinweis auf Abschnitt 6 Absatz 5). Die Steuerpflicht beginnt bei ihnen regelmäßig mit dem Abschluß des Gesellschaftsvertrags. In diesem Zeitpunkt ist Vermögen auf die Gesellschaft übergegangen, das verwaltet werden muß. Der Zeitpunkt des Beginns der satzungsmäßigen Tätigkeit und der Zeitpunkt der Eintragung im Handelsregister sind unbeachtlich. Hinweis auf das RFH.-Urteil vom 23. Mai 1939, RStBl. 1939 S. 774 Nr. 743.

(3) Bei den sonstigen juristischen Personen des privaten Rechts und den nichtrechtsfähigen Vereinen (§ 2 Absatz 3 GewStG.) beginnt die Steuerpflicht bei Vorliegen aller anderen Voraussetzungen mit der Aufnahme eines wirtschaftlichen Geschäftsbetriebs.

(4) Die Gewerbesteuerpflicht beginnt bei Unternehmen, für die der Grund für die Befreiung von der Gewerbesteuer wegfällt, im Zeitpunkt des Wegfalls des Befreiungsgrundes.

13. Erlöschen der Steuerpflicht.

(1) Die Gewerbesteuerpflicht erlischt bei Einzelgewerbetreibenden und bei Personengesellschaften mit der tatsächlichen Einstellung des Betriebs. Die Einstellung liegt nicht erst dann vor, wenn der Betrieb für alle Zeiten, sondern schon dann, wenn er für eine gewisse Dauer aufgegeben wird. Die Einstellung darf aber nicht von vornherein nur als vorübergehend gedacht sein. Es ist dabei zu beachten, daß bei den sogenannten Saisonbetrieben, insbesondere beim Bauhandwerk, den Bauindustrien, den Kurortbetrieben aller Art oder den Zuckerfabriken, die Einstellung des Betriebs während der toten Zeit nicht eine Einstellung in dem eben behandelten Sinn, sondern nur eine vorübergehende Unterbrechung (Ruhen) des Gewerbebetriebs bedeutet, durch die die Gewerbesteuerpflicht nicht berührt wird. Hinweis auf § 23 Absatz Satz 3 GewStG. Die tatsächliche Einstellung des Betriebs t anzunehmen mit der völligen Aufgabe jeder werbenden Tätigkeit. Die Versilberung der vorhandenen Betriebsgegenstände und die Einziehung einzelner rückständiger Forderungen aus der Zeit vor der Betriebseinstellung können nicht als Fortsetzung einer aufgegebenen Betriebstätigkeit angesehen werden. Hinweis auf die RFH.-Urteile vom 29. Juni 1938, RStBl. 1938 S. 910 Nr. 839, vom 24. August 1938, RStBl. 1938 S. 911 Nr. 840 und vom 14. September 1938, RStBl. 1939 S. 5 Nr. 3.

(2) Die Frage der Beendigung der Gewerbesteuerpflicht Absatz 1 gemäß darf nicht allein nach äußeren Merkmalen beurteilt werden. Die Einstellung der Werbetätigkeit oder

andere nach außen in die Erscheinung tretende Umstände (zum Beispiel Entlassung der Gefolgschaft, Einstellung des Einkaufs) bedeuten nicht immer die tatsächliche Einstellung des Betriebs. Es müssen auch die inneren Vorgänge berücksichtigt werden. Auch wenn ein Unternehmen wesentlichen Einschränkungen unterliegt oder bei einer nur äußerlichen Betrachtung als eingestellt erscheint, kann doch gewerbesteuerlich eine Betriebseinstellung nicht anerkannt werden, wenn sich das Unternehmen in der erkennbaren Absicht, nachhaltig Erträge zu erzielen, weiter betätigt. Hinweis auf die RFH.-Urteile vom 19. März 1941, RStBl. 1941 S. 386 Nr. 426, vom 14. Mai 1941, RStBl. 1941 S. 698 Nr. 715 und vom 19. Mai 1943, RStBl. 1943 S. 605 Nr. 585.

(3) Es spricht bei Unternehmen im Sinn des Absatzes 1, die infolge der Kriegsverhältnisse stillgelegt worden sind, eine Vermutung dafür, daß nicht nur ein vorübergehendes Ruhen, sondern eine Einstellung des Betriebs mit der Folge des Erlöschens der Gewerbesteuerpflicht vorliegt.

(4) Bei den Kapitalgesellschaften und den anderen Unternehmen im Sinn des § 2 Absatz 2 Ziffer 2 GewStG. erlischt die Gewerbesteuerpflicht — anders als bei Einzelkaufleuten und Personengesellschaften — nicht schon mit dem Aufhören der gewerblichen Betätigung, sondern mit dem Aufhören jeglicher Tätigkeit überhaupt. Das ist grundsätzlich der Zeitpunkt, in dem das Vermögen an die Gesellschafter verteilt worden ist.

(5) Bei den sonstigen juristischen Personen des privaten Rechts und den nichtrechtsfähigen Vereinen (§ 2 Absatz 3 GewStG.) erlischt die Steuerpflicht mit der tatsächlichen Einstellung des wirtschaftlichen Geschäftsbetriebs.

(6) Die Aufgabe des Betriebs bei Einzelgewerbetreibenden, die Auflösung und die Abwicklung bei Personengesellschaften und Unternehmen im Sinn des § 2 Absatz 2 Ziffer 2 GewStG. und die Eröffnung des Konkursverfahrens bei Unternehmen aller Art ändern § 3 der Dritten GewStDV. gemäß an der Gewerbesteuerpflicht nichts. Das Erlöschen der Gewerbesteuerpflicht beurteilt sich auch in diesen Fällen ausschließlich nach den Grundsätzen, die in den Absätzen 1 bis 5 behandelt sind. Hinweis auf das RFH.-Urteil vom 20. November 1940, RStBl. 1941 S. 225 Nr. 240. Die Beendigung der Abwicklung und damit das Aufhören der Gewerbesteuerpflicht eines aufgelösten Unternehmens im Sinn des Absatzes 4 fallen demgemäß regelmäßig mit dem Zeitpunkt zusammen, in dem das Vermögen an die Gesellschafter verteilt wird. Werden jedoch bei dieser Verteilung Vermögensbeträge zur Begleichung von Schulden zurückbehalten, bleibt das Unternehmen gewerbesteuerpflichtig, bis die Schulden beglichen sind. Das gilt

nicht, wenn es sich bei den Schulden um Steuern handelt, die erst nach der Beendigung der Abwicklung festgesetzt werden können. Hinweis auf das RFH.-Urteil vom 12. Dezember 1939, RStBl. 1940 S. 435 Nr. 294. Entsprechend ist der Abwicklungszeitraum einer in Konkurs befindlichen Kapitalgesellschaft als abgeschlossen anzusehen, wenn die förmliche Beendigung des Konkursverfahrens nur dadurch gehindert wird, daß die Höhe der Steuern, die erst nach dem Ablauf des Abwicklungszeitraums festgesetzt werden können, noch nicht bekannt ist. Hinweis auf das RFH.-Urteil vom 5. März 1940, RStBl. 1940 S. 476 Nr. 333.

(7) Die Gewerbesteuerpflicht erlischt nicht nur mit dem Aufhören des Gewerbebetriebs (Absätze 1 bis 6), sondern auch mit dem Eintritt eines Befreiungsgrundes. Hinweis auf das RFH.-Urteil vom 23. Februar 1943, RStBl. 1943 S. 801 Nr. 838.

(8) Steuergegenstand ist bei der Gewerbesteuer der Gewerbebetrieb als solcher. Die Steuerpflicht wird deshalb nicht dadurch berührt, daß ein Wechsel in der Person des Unternehmers eintritt, vorausgesetzt, daß der neue Unternehmer das Unternehmen im wesentlichen unverändert fortführt. Es wechselt in diesem Fall nur der Steuerschuldner. Hinweis auf Abschnitt 1 zu § 5. Für die Zeit der Geltungsdauer der Zweiten GewStVV. gilt eine abweichende Regelung. Hinweis auf Abschnitt 14.

14. Vereinfachungsmaßnahmen .....

Aus der Rechtsprechung des RFH.

Zu § 2 GewStG.

Vermietung der Ausstellungsräume in einem Messepalast als Gewerbebetrieb trotz vorübergehender Einstellung der Messeveranstaltungen.

(RFH.-Urteil vom 23. Januar 1944 VI 15/44, RStBl. 1944 Nr. 420.)

Es liegt keine künstlerische, sondern gewerbliche Tätigkeit vor, wenn schadhafte billige Nippfiguren oder einfache Gebrauchsgegenstände (Teller, Tassen, Schüsseln und dergleichen) repariert werden. Wenn diese Tätigkeit in erheblichem Umfang neben der Restaurierung von Kunstgegenständen ausgeübt wird, so unterliegt der Betrieb in vollem Umfang der Gewerbesteuer.

(RFH-Urteil vom 21. Juni 1944 VI 94/44, RStBl. 1944 Nr. 629.)

Eintritt der Gewerbesteuerpflicht bei Architekten.

(RFH-Urteil vom 6. Januar 1943 VI 385/42, RStBl. 1943 Nr. 178.)

Ein Baukünstler, der seine ganze persönliche Arbeitskraft der Planung und Durchführung eines einzigen Bauvorhabens widmet, kann entsprechend dem Zweck des § 18 Absatz 1 Ziffer 1 EStG. auch dann nicht als Gewerbetreibender behandelt werden, wenn er die Bearbeitung sogenannter zweitrangiger, in der Hauptsache technischer Fragen qualifizierten Mitarbeitern überläßt.

(RFH-Urteil vom 3. März 1943 VI 382/42, RStBl. 1943 Nr. 281.)

Wird von einer GmbH., die Organ einer Brauerei AG. ist und von letzterer die ihr gehörige Gastwirtschaft unter Übernahme der Konzession gepachtet hat, ein Geschäftsführer bestellt, der den wesentlichen Teil des Gewinns erhält und für Verluste und Schulden weitgehend haftet, so kann der Geschäftsführer steuerlich Gewerbetreibender sein.

(RFH.-Urteil vom 14. April 1943 VI 427/42, RStBl. 1943, Nr. 513.)

Tätigkeit einer Baugemeinschaft als gewerblicher Betrieb.

(RFH.-Urteil vom 19. November 1941 VI 389/41, RStBl. 1942 Nr. 48.)

Zweigstellensteuer.

(RFH.-Urteil vom 11. März 1942 VI 36/42, RStBl. 1942 Nr. 401.)

Gewerbesteuerpflicht der an den Bahnhöfen tätigen Gepäckträger.

(RFH.-Urteil vom 29. April 1942 VI 108/42, RStBl. 1942 Nr. 437.)

Bei der Entscheidung der Frage, ob ein Angestelltenverhältnis oder eine Unternehmergemeinschaft vorliegt, kommt es weniger auf den Inhalt der vertraglichen Abmachungen als auf die tatsächliche Gestaltung der Beziehungen der Beteiligten untereinander an.

(RFH.-Urteil vom 18. März 1942 VI 236/41, RStBl. 1942 Nr. 489.)

Erzielt eine Personengesellschaft bei Veräußerung der Anteile einer ihr als Organ angegliederten GmbH. einen Veräußerungsgewinn, so kann sie mit diesem insoweit nicht zur Gewerbesteuer herangezogen werden, als er sich aus nicht ausgeschütteten Gewinnen der GmbH. zusammensetzt, die bereits in den Vorjahren versteuert worden sind.

(RFH.-Urteil vom 6. Mai 1942 VI 210/41, RStBl. 1942 Nr. 683.)

Freiberufliche, insbesondere wissenschaftliche und schriftstellerische Tätigkeit und gewerbliche Tätigkeit als einheitlicher Gewerbebetrieb?)

(RFH.-Urteil vom 8. Juli 1942 VI 178/42, RStBl. 1942 Nr. 737.)

Wann liegt ein einheitlicher Gewerbebetrieb vor, wenn neben einer Gärtnerei, die als Gewerbebetrieb anzusehen ist, noch ein landwirtschaftlicher Betrieb besteht?

(RFH.-Urteil vom 19. August 1942 VI 455/41, RStBl 1942 Nr. 1004.)

Gewerbesteuerpflicht von Kopfschlächtergemeinschaften.

(RFH.-Urteil vom 14. August 1940 VI 234/40, RStBl. 1941 Nr. 47.)

Wann wird ein Gärtnereibetrieb, der nachhaltig fremde Erzeugnisse zukauft und zahlreiche Verkaufsstellen unterhält, zum Gewerbebetrieb?

(RFH.-Urteil vom 25. September 1940 VI 259/40, RStBl. 1941 Nr. 116.)

Werbeberater sind regelmäßig gewerbesteuerpflichtig.

(RFH.-Urteil vom 13. November 1940 VI 405/40, RStBl. 1941 Nr. 190.)

Wenn eine Ortskrankenkasse und ein Ärzteverein sich in einer Gesellschaft des bürgerlichen Rechts zur Errichtung eines Röntgeninstituts zusammenschließen, so ist das Institut ohne weiteres gewerbesteuerpflichtig.

(RFH.-Urteil vom 8. Oktober 1940 I 104/40, RStBl. 1941 Nr. 200.)

Führt der Konkursverwalter den Gewerbebetrieb des Gemeinschuldners nicht weiter, wickelt er ihn vielmehr lediglich ab, so ist der Betrieb für die Gewerbesteuer tatsächlich eingestellt.

(RFH.-Urteil vom 20. November 1940 VI 330/40, RStBl. 1941 Nr. 240.)

Der Betrieb einer Röntgeneinrichtung durch eine Gesellschaft bürgerlichen Rechts kann Gewerbebetrieb sein.

(RFH.-Urteil vom 11. Dezember 1940 VI 419/40, RStBl. 1941 Nr. 241.)

Vereinigen sich mehrere Angehörige eines freien Berufs in einer Gesellschaft zur Ausübung ihres Berufs, so ist nur dann Gewerbesteuerfreiheit gegeben, wenn sich die Gesellschaft ausschließlich aus Angehörigen des freien Berufs zusammensetzt.

(RFH.-Urteil vom 26. Februar 1941 VI 45/11, RStBl. 1941 Nr. 336.)

Einstellung des Betriebs bei Einzelgewerbetreibenden und Personengesellschaften, insbesondere bei Maklerfirmen.

(RFH.-Urteil vom 19. März 1941 VI 455/40, RStBl. 1941 Nr. 426.)

Die Angehörigen eines freien Berufs werden dann zu Gewerbetreibenden, wenn sie sich zu den Arbeiten, deren Vornahme sonst regelmäßig die Ausübung eines freien Berufs bedeutet, der Hilfe anderer Arbeitskräfte bedienen, die die Tätigkeit der Berufstätigen ersetzen sollen oder eine Vervielfältigung ihrer Arbeitskraft bedeuten. Ob es sich bei den anderen Arbeitskräften um Angestellte, Gewerbetreibende oder Angehörige freier Berufe handelt, ist ohne Bedeutung.

(RFH.-Urteil vom 26. Februar 1941 VI 227/40, RStBl. 1941 Nr. 435.)

Die von den Zusammenschlüssen der deutschen Gartenbauwirtschaft (Verordnung vom 31. Oktober 1936,

RGBl. I S. 911) errichteten Bezirksabgabestellen sind Betriebe gewerblicher Art von Körperschaften des öffentlichen Rechts. Die Bezirksabgabestellen sind auch gewerbesteuerpflichtig.

(RFH.-Urteil vom 4. März 1941 I 330/40, RStBl. 1941 Nr. 456.)

Zur Gewerbesteuerpflicht der Buchstelleninhaber. Grundsätzlich macht die Führung der Bücher durch angestellte Buchhalter den Buchsachverständigen zum Gewerbetreibenden.

(RFH.-Urteil vom 4. September 1940 VI 141/40, RStBl. 1941 Nr. 681.)

Gewerbesteuerpflicht eines selbständigen Trainers.

(RFH.-Urteil vom 13. August 1941 VI 259/41. RStBl. 1941 Nr. 694.)

Eine der Gewerbesteuer nicht unterworfene freie Berufstätigkeit kann entsprechend dem Sinn und Zweck des Gewerbesteuergesetzes nur dann angenommen werden, wenn die Tätigkeit im wesentlichen auf der persönlichen Arbeitskraft des Berufsträgers beruht.

(RFH.-Urteil vom 27. August 1941 VI 199/40 RStBl. 1941 Nr. 732.)

Eine Personengesellschaft ist nur dann gewerbesteuerpflichtig, wenn sie ihren Betrieb selbständig ausübt.

(RFH.-Urteil vom 10. September 1941 VI 221/41, RStBl. 1941 Nr. 790.)

Wann ist eine Gärtnerei mit Verkaufsstellen als Gewerbebetrieb anzusehen?

(RFH.-Urteil vom 22. Oktober 1941 VI 344/41, RStBl. 1941 Nr. 981.)

Beratender Ingenieur, dessen Tätigkeit sich auch auf die Anbahnung von Geschäften oder auf die Werbung für den Absatz von Waren erstreckt, als Gewerbetreibender.

(RFH.-Urteil vom 30. August 1939 VI 562/38, RStBl. 1940 Nr. 16.)

Der Betrieb einer Hausapotheke durch einen Arzt ist nur dann kein Gewerbebetrieb, wenn die Hausapotheke ein notwendiges Hilfsmittel der ärztlichen Tätigkeit ist und wenn aus der Ausgabe der Arzneien kein besonderer Gewinn erstrebt wird.

(RFH. vom 20. September 1939 VI 531/39, RStBl. 1940 Nr. 17.)

Ein Weinbaubetrieb kann dann zum gewerblichen Weinhandelsbetrieb werden, wenn grundsätzlich und nachhaltig neben eigenen Weinen überwiegend zugekaufte Weine veräußert werden.

(RFH.-Urteil vom 2. August 1939 VI 507/38, RStBl. 1940 Nr. 77.)

Einkünfte, die eine Körperschaft des öffentlichen Rechts aus der Verpachtung einer Kiesgrube erzielt, sind der Körperschaftsteuer nur dann unterworfen, wenn der Verpächter die zur Ausbeutung der Grube erforderliche Einrichtung beschafft hat.

Für die Heranziehung solcher Einkünfte zur Gewerbesteuer kommt es nicht darauf an, wer die Einrichtung beschafft hat, sondern darauf, ob die Tätigkeit des Verpächters während der Vertragsdauer als Gewerbebetrieb angesehen werden kann.

RFH. vom 26. September 1939 I 332/38, RStBl. 1940 Nr. 306.)

Zahnkliniken und Röntgeninstitute sind keine Krankenanstalten im Sinn des § 8 der Ersten GewStDV.

Zahnkliniken und Röntgeninstitute eines Krankenkassenverbandes (§ 407 RVersO.) sind Hoheitsbetriebe, wenn sie nach der Organisation der Reichskrankenversicherung für die Erfüllung der öffentlich-rechtlichen Leistungspflicht gegenüber der Versicherten bestimmt sind und sich tatsächlich überwiegend dieser Aufgabe widmen.

Bei der Beurteilung derartiger Heilinstitute sind die einzelnen Anstalten regelmäßig als getrennte Betriebe anzusehen.

(RFH. vom 23. Januar 1940 I 115/39, RStBl. 1940 Nr. 329.)

Gewerbesteuerpflicht der Privatpersonen, die von der Justizverwaltung zum Verkauf von Gerichtskostenmarken besonders zugelassen sind (Kostenmarkenverkäufer).

(RFH. vom 22. Mai 1940 VI 126/40, RStBl. 1940 Nr. 535.)

Betreibt eine von Miterben gegründete OHG. neben dem ererbten Gewerbebetrieb auch die ererbte Landwirtschaft, so stellt der gesamte Gewinn der Gesellschaft gewerbliche Einkünfte dar.

(RFH. vom 29. Mai 1940 VI 35/40, RStBl. 1940 Nr. 606.)

Friedhofsgärtnerei als Gewerbebetrieb, auch wenn überwiegend eigene Erzeugnisse verwendet werden.

(RFH.-Urteil vom 12. Juni 1940 VI 194/40, RStBl. 1940 Nr. 607.)

Wenn innerhalb eines Hoheitsbetriebs auch gewerbliche Verrichtungen ausgeübt werden, so nehmen diese an der Steuerbefreiung des Hoheitsbetriebs auch dann teil, wenn sie in keinem unmittelbaren wirtschaftlichen Zusammenhang mit den Hoheitsverrichtungen stehen.

(RFH. vom 25. Juni 1940 I 419/39, RStBl. 1940 Nr. 717.)

Eine OHG., die den werbenden Betrieb eingestellt hat und nur noch ein Wertpapiervermögen verwaltet, ist nicht gewerbesteuerpflichtig.

RFH. vom 14. September 1938 VI 586/38, RStBl. 1939 Nr. 3.)

Stillegung eines Gewerbebetriebs gegen Entschädigung als Aufgabe im Sinn des § 16 Abs. 3 EStG.

(RFH. vom *14. September 1938 VI 572/38* und *574/38, RStBl. 1939 Nr. 75.)*

Die Selbständigkeit eines Versicherungsagenten wird dadurch nicht ausgeschlossen, daß er neben der Vermittlung von Abschlüssen auch das Inkasso und die Schadensregulierung übernommen hat.

(RFH. vom 28. September 1938 VI 601/38, RStBl. 1939 Nr. 77.)

An Bahnhöfen tätige Gepäckträger sind in der Regel nicht gewerbesteuerpflichtig.

(RFH. vom 12. Oktober 1938 VI 625/38, RStBl. 1939 Nr. 79.)

Zusammentreffen von freiberuflicher und gewerblicher Tätigkeit bei einem Notar.

(RFH. vom 2. November 1938 VI 657/38, RStBl. 1939 Nr. 80.)

Die kunstgewerbliche Tätigkeit eines Innenarchitekten ist eine freiberufliche Tätigkeit, wenn sie die schöpferische Gestaltung eigener Ideen zum Gegenstand hat.

(RFH. vom 2. November 1938 VI 444/38, RStBl. 1939 Nr. 133.)

Eine nach Art des Gewerbebetriebs, insbesondere unter Inanspruchnahme eines weitverzweigten Netzes von Vertretern ausgeübte Tätigkeit, ist kein freier Beruf.

(RFH. vom 7. Dezember 1938 VI 718/38, RStBl. 1939 Nr. 184.)

Eine in das Handelsregister als OHG. eingetragene Unterrichtsanstalt, die als Ersatzschule von der Schulaufsichtsbehörde anerkannt ist, ist kein Gewerbebetrieb.

(RFH. vom 21. Dezember 1938 VI 742/38, RStBl. 1939 Nr. 252.)

Wenn eine Erbengemeinschaft den ererbten Gewerbebetrieb und die ererbte Landwirtschaft weiterbetreibt, so gehört die Landwirtschaft nicht deshalb zum gewerblichen Betriebsvermögen der Erbengemeinschaft, weil diese für den Gewerbebetrieb steuerlich als OHG. behandelt wird.

(RFH. vom 4. Januar 1939 VI 801/38, RStBl. 1939 Nr. 253.)

Kraftfahrunterricht mit Hilfe angestellter Lehrer als Gewerbebetrieb.

(RFH. vom 3. August 1938, bestätigt durch U. v. 26. Oktober 1938, RStBl. 1939 Nr. 276.)

Gewerbesteuerpflicht eines Teilungsorchesters.
Zuschuß einer Gemeinde an ein Orchester als Betriebseinnahme.

(RFH. vom 4. Januar 1939 VI 775/38, RStBl. 1939 Nr. 323.)

Wo liegen die Grenzen zwischen künstlerischem Schaffen und gewerblicher Betätigung für die Frage nach der Gewerbesteuerpflicht?

(RFH. vom 25. Januar 1939 VI 41/39, RStBl. 1939 Nr. 324.)

Hotel und Bahnhofswirtschaft am gleichen Ort als einheitlicher Betrieb.

(RFH. vom 21. Dezember 1938 VI 730/38, RStBl. 1939 Nr. 338.)

Prüfer des Reichsnährstandes üben in der Regel keine selbständige gewerbesteuerpflichtige Tätigkeit aus.

(RFH. vom 18. Januar 1939 VI 2/39, RStBl. 1939 Nr. 377.)

Entwerfen von Webmustern in Verbindung mit einer Jacquard-Kartenschlägerei als Gewerbebetrieb.

(RFH. vom 21. Dezember 1938 VI 796/38, RStBl. 1939 Nr. 489.)

Unselbständigkeit eines Vermittlungsagenten beim Vorliegen besonderer Umstände.

(RFH. vom 15. Februar 1939 VI 25/39, RStBl. 1939 Nr. 490.)

Buchmacher üben einen Gewerbebetrieb aus.

(RFH. vom 22. Februar 1939 VI 822/38, RStBl. 1939 Nr. 531.)

Wann sind Wirtschaftsprüfer, Steuerberater und selbständige Buchführer der Gewerbesteuer wegen der Beschäftigung von Gehilfen unterworfen?

(RFH. vom 8. März 1939 VI 568/38, RStBl. 1939 Nr. 532.)

Buchstellenleiter sind nicht schon deshalb gewerbesteuerpflichtig, weil sie für andere die Bücher führen oder weil sie in begrenztem Maß sachlich vorgebildete Hilfskräfte beschäftigen.

(RFH. vom 29. März 1939 VI 299/38, RStBl. 1939 Nr. 731.)

Zur Frage der Gewerbesteuerpflicht von Ärzten, die neben ihrer Praxis eine Privatklinik betreiben.

(RFH. vom 15. März 1939 VI 119/39, RStBl. 1939 Nr. 833.)

Bürohausverwaltung als Gewerbebetrieb, wenn sie sich nach dem Gesamtbild der Tätigkeit als Gewerbe darstellt.

(RFH. vom 17. Mai 1939 VI 191/39, RStBl. 1939 Nr. 862.)

Zur Gewerbesteuerpflicht der Versicherungsagenten.

(RFH. vom 24. Mai 1939 VI 265/39, RStBl. 1939 Nr. 935.)

Zur Frage der Gewerbesteuerpflicht der Gebrauchsgraphiker.

(RFH. vom 24. Mai 1939 VI 292/39, RStBl. 1939 Nr. 936.)

Einheitliches, organisches, gewerbliches Unternehmen, bestehend aus einem Hauptbetrieb und mehreren an diesen angegliederten und von seinem Inhaber beherrschten und geleiteten Kapitalgesellschaften.

(RFH.-Urteil vom 6. September 1939 VI 487/39, RStBl. 1939 Nr. 1118.)

Zu § 2 Absatz 1 GewStG.

Versicherungsanstalten unterliegen auch in der Form von Staatsbetrieben der Gewerbesteuer.

(RFH.-Urteil vom 26. September 1944, RStBl. 1945 Nr. 14.)

Grenzen der wissenschaftlichen Tätigkeit im Sinn von § 18 Absatz 1 Ziffer 1 EStG. und § 2 Absatz 1 GewStG.

(RFH.-Urteil vom 22. April 1942 VI 69/42, RStBl. 1942 Nr. 400.)

Die Verpachtung eines Versorgungsbetriebs durch eine Körperschaft des öffentlichen Rechts stellt keinen gewerbesteuerpflichtigen Gewerbebetrieb dar. Eine Kapitalgesellschaft, die einen Versorgungsbetrieb von einer solchen Körperschaft gepachtet hat, kann daher die Hinzurechnung der Hälfte der gezahlten Pachtzinsen zu ihrem Gewerbeertrag und des Werts der gepachteten Versorgungsanlagen zu ihrem Gewerbekapital nicht mit der Begründung bestreiten, daß die Pachtzinsen zum Gewerbeertrag und der Wert der Versorgungsanlagen zum Gewerbekapital der Verpächterin gehörten.

Das Unterbleiben der Hinzurechnung der Werte gepachteter Wirtschaftsgüter zum steuerpflichtigen Gewerbekapital des Pächters setzt stets voraus, daß der Verpächter einen steuerpflichtigen Gewerbebetrieb im Sinn des Gewerbesteuergesetzes unterhält.

(Bescheid des RFH. vom 11. Juli 1939, bestätigt durch U. v. 31. Oktober 1939 I 230/39, RStBl. 1940 Nr. 226.)

Landschaften stellen regelmäßig Gewerbebetriebe dar.

(RFH.-Bescheid vom 16. Mai 1939, bestätigt durch U. v. 9. April 1940 I 349/38, RStBl. 1940 Nr. 653.)

Zu § 2 Absatz 1, Absatz 2 Ziffer 2 GewStG.

Die Vorschrift des § 2 Absatz 2 Ziffer 2 GewStG., wonach die Tätigkeit von Kapitalgesellschaften stets und in vollem Umfang als Gewerbebetrieb gilt, erstreckt sich auch auf ausländische Kapitalgesellschaften, die im Inland eine Betriebsstätte unterhalten.

(RFH. vom 4. April 1939 I 327/38, RStBl. 1939 Nr. 834.)

Zu § 2 Absatz 2 GewStG.

Eine GmbH. unterliegt stets und in vollem Umfang der Gewerbesteuer, auch wenn die Geschäftsanteile ausschließlich einer Gemeinde gehören.

Wenn die GmbH. an die Gemeinde die auf Grund der Notverordnung erzielten Besoldungsersparnisse abführt, so ist in der Regel der Tatbestand einer verdeckten Gewinnausschüttung gegeben.

Wenn eine für die Schneebeseitigung errichtete GmbH. von den Grundbesitzern Jahr für Jahr die gleichen Beiträge erhebt, so kann sie in einem schneearmen Jahr eine Rückstellung für den besonderen Aufwand in einem schneereichen Jahr bilden.

(RFH.-Urteil vom 9. Juli 1940 I 289/39, RStBl. 1941 Nr. 104.)

Zu § 2 Absatz 2 Ziffer 2 GewStG.

Erlischt eine Organgesellschaft vor Beginn eines Rechnungsjahres, so kann der durch den letzten Einheitswertbescheid für ihren Betrieb festgestellte Einheitswert nicht mehr für die Ermittlung des Gewerbekapitals der Obergesellschaft für den folgenden Erhebungszeitraum verwendet werden.

(RFH.-Urteil vom 1. April 1941 I 406/40, RStBl. 1941 Nr. 356.)

Die Beendigung der Abwicklung und damit das Aufhören der Gewerbesteuerpflicht eines aufgelösten Unternehmens im Sinn des § 2 Absatz 2 Ziffer 2 GewStG. fällt regelmäßig mit dem Zeitpunkt zusammen, in dem das Vermögen an die Gesellschafter verteilt wird. Werden jedoch bei dieser Verteilung Vermögensbeträge zur Begleichung von Schulden zurückbehalten, so bleibt das Unternehmen gewerbesteuerpflichtig, bis die Schulden beglichen sind, es sei denn, daß es sich bei den zu begleichenden Schulden um Steuern handelt, die erst nach Beendigung der Abwicklung festgesetzt werden können.

Ein aufgelöstes Unternehmen im Sinn des § 2 Absatz 2 Ziffer 2 GewStG. darf für Rechnungsjahre, bei denen Teile des Abwicklungsgewinns zu berücksichtigen sind, erst nach Beendigung der Abwicklung zur Gewerbesteuer veranlagt werden.

(RFH. vom 12. Dezember 1939 I 342/39, RStBl. 1940 Nr. 294.)

Eine im Konkurs befindliche Kapitalgesellschaft darf für Rechnungsjahre, bei denen Teile des im Laufe des Konkursverfahrens entstandenen Gewerbeertrags zu berücksichtigen sind, erst nach Beendigung des Konkursverfahrens zur Gewerbesteuer veranlagt werden.

Wird der Betrieb einer Kapitalgesellschaft, über deren Vermögen das Konkursverfahren eröffnet ist, zunächst weitergeführt und erst später mit der Konkursabwicklung begonnen, so ist das Wirtschaftsjahr, auf dessen Anfang oder in dessen Lauf der Beginn der Konkursabwicklung fällt, das erste Jahr des Abwicklungszeitraums, für den die in § 15 Absatz 2 der Zweiten GewStDV. vorgesehene Verteilung des Gewerbeertrags in Betracht kommt.

Der Abwicklungszeitraum einer in Konkurs befindlichen Kapitalgesellschaft ist für die Anwendung der Vorschrift des § 15 Absatz 2 der Zweiten GewStDV. als abgeschlossen anzusehen, wenn die förmliche Beendigung des Konkursverfahrens nur dadurch gehindert wird, daß die Höhe der Steuern noch nicht bekannt ist, die erst nach Ablauf des Abwicklungszeitraums festgesetzt werden können.

Zum steuerpflichtigen Gewerbeertrag einer Kapitalgesellschaft gehört auch der Gewinn aus der Veräußerung des ganzen Betriebs.

(RFH. vom 5. März 1940 I 40/40, RStBl. 1940 Nr. 333.)

Zur Frage der Zurechnung eines Veräußerungsgewinns zum Gewerbeertrag.

(RFH.-Urteil vom 13. Januar 1942 I 261/41, RStBl. 1942 Nr. 143.)

Auch bei bergrechtlichen Gewerkschaften, die nur Bergwerkseigentum an noch unerschlossenen Feldern besitzen, muß nach § 2 Absatz 2 Ziffer 2 GewStG. das Vorliegen eines steuerpflichtigen Gewerbebetriebs unterstellt werden.

(RFH. vom 13. Dezember 1938 I 427/38, RStBl. 1939 Nr. 488.)

Auch eine Genossenschaft, die ihre Abwicklung (Liquidation) beschlossen und ihren Betrieb veräußert hat, ist gewerbesteuerpflichtig, und zwar so lange, bis die Abwicklung beendet ist.

(RFH. vom 28. März 1939 I 74/39, RStBl. 1939 Nr. 664.)

Bei Kapitalgesellschaften gibt es keine betriebsfremden Vorgänge, die bei der Ermittlung des steuerpflichtigen Gewerbeertrags ausgeschaltet werden müßten.

Auf Grund der NotVO. v. 8. Dezember 1931 (RGBl. I S. 699) einer Kapitalgesellschaft erlassene Beförderungssteuerbeträge stellen weder Sanierungsgewinne im Sinn des § 11 Ziff. 4 KStG. 1934 noch Unterstützungen wegen Hilfsbedürftigkeit im Sinn des § 3 Ziff. 10 EStG. 1934 dar; sie können daher — ebensowenig wie am körper-

schaftsteuerpflichtigen Gewinn — am steuerpflichtigen Gewerbeertrag nicht abgesetzt werden.

(RFH. vom 14. Februar 1939 I 321/38, RStBl. 1939 Nr. 732.)

Eine Absatzgenossenschaft, die neben der Verwertung der von den Mitgliedern selbst gewonnenen landwirtschaftlichen Erzeugnisse noch den Großhandel mit anderen Erzeugnissen betreibt, kann die Steuerbefreiung des § 3 Ziff. 8 GewStG. nicht, auch nicht zum Teil — für das Verwertungsgeschäft — in Anspruch nehmen.

(RFH. vom 9. Juni 1939 I 92/39, RStBl. 1939 Nr. 885.)

Zu den Kapitalgesellschaften im Sinn des § 2 Absatz 2 Ziffer 2 GewStG. gehören auch nichtrechtsfähige Gewerkschaften (preußische Gewerkschaften alten Rechts).

(RFH. vom 29. August 1939 I 308/39, RStBl. 1939 Nr. 1305.)

Zu § 2 Absatz 2 Ziffer 2 Satz 2 GewStG.

Anders wie bei der Körperschaftsteuer sind bei der Gewerbesteuer zur Annahme eines steuerlich zu berücksichtigenden Organverhältnisses Gewinnabführungs- und Verlustübernahmevereinbarungen nicht erforderlich.

(RFH. vom 12. Dezember 1939 I 205/38, RStBl. 1940 Nr. 33.)

Eine Organgesellschaft, bei der die Voraussetzungen des § 3 Erste GewStDV. (§ 2 Zweite GewStDV.) erfüllt sind, kann nicht selbständig zur Gewerbesteuer herangezogen werden. Das gilt auch schon für den Erhebungszeitraum, für den der Gewerbeertrag und das Gewerbekapital der Organgesellschaft noch nicht in den steuerpflichtigen Gewerbeertrag und in das steuerpflichtige Gewerbekapital der Obergesellschaft eingerechnet werden können.

(RFH. vom 12. Dezember 1939 I 214/39, RStBl. 1940 Nr. 34.)

Eine landwirtschaftliche Genossenschaft, der eine Organgesellschaft eingegliedert ist, kann die Steuer-

befreiung des § 3 Ziffer 8 GewStG. nur dann in Anspruch nehmen, wenn die für die Steuerbefreiung geforderten Voraussetzungen sowohl bei ihr selbst als auch bei dem Organbetrieb gegeben sind.

(RFH. vom 23. Januar 1940 I 226/39, RStBl. 1940 Nr. 295.)

Zu § 2 Absatz 3 GewStG.

§ 2 Absatz 3 GewStG. ist auf nichtrechtsfähige Stiftungen nicht anzuwenden.

(RFH.-Urteil vom 9. November 1943, RStBl. 1944 Nr. 94.)

Ein Fremdenverkehrsverein, bei dem die Mitgliederbeiträge nach dem Nutzen bemessen sind, den die Mitglieder aus dem Fremdenverkehr ziehen, ist gewerbesteuerpflichtig.

(RFH.-Urteil vom 7. Dezember 1943 I 91/43, RStBl. 1944 Nr. 295.)

Ein Verein, der als seine Hauptaufgabe die Gruppenversicherung seiner Mitglieder betreibt, ist auch dann im vollen Umfang gewerbesteuerpflichtig, wenn er in verhältnismäßig nicht erheblichem Ausmaß Unterstützungen an die Mitglieder gewährt.

(RFH.-Urteil vom 12. Januar 1943 I 3/42, RStBl. 1943 Nr. 296.)

Gewerbesteuerpflicht einer rechtsfähigen Pensionskasse.

(RFH.-Urteil vom 26. Oktober 1943 I 140/43, RStBl. 1943 Nr. 894.)

Zur Gewerbesteuerpflicht eines nichtrechtsfähigen Vereins, der einen wirtschaftlichen Geschäftsbetrieb unterhält.

(RFH.-Urteil vom 18. November 1941 I 31/41, RStBl. 1942 Nr. 277.)

Bei einem Fremdenverkehrsverein eV. kann ein wirtschaftlicher Geschäftsbetrieb nicht schon deshalb angenommen werden, weil der Verein bei der Ausgabe von Werbemitteln die Prospektschutzgebühren vereinnahmt.

(RFH. vom 8. November 1938 I 161/38, RStBl. 1939 Nr. *277.)*

Verwaltet eine sonstige juristische Person des privaten Rechts im Sinn des § 2 Abs. 3 GewStG., die einen wirtschaftlichen Geschäftsbetrieb unterhält, daneben noch Vermögen (z. B. Kapitalvermögen oder Grundvermögen), das mit dem wirtschaftlichen Geschäftsbetrieb nicht unmittelbar im Zusammenhang steht, so kann diese Tätigkeit nicht mit der Begründung, daß sie gleich dem wirtschaftlichen Geschäftsbetrieb der Erfüllung des einheitlichen Satzungszwecks diene, in die Gewerbesteuerpflicht mit einbezogen werden.

(RFH. vom 13. Dezember 1938 I 323/38, RStBl. 1939 Nr. 315.)

Die alljährlich anläßlich der Abhaltung von Schützenfesten sich wiederholende Vermietung der Standplätze auf dem einer Schützengilde gehörigen Schützenplatz an Schausteller und andere Gewerbetreibende stellt einen über den Rahmen einer Vermögensverwaltung hinausgehenden wirtschaftlichen Geschäftsbetrieb und damit eine gewerbesteuerpflichtige Tätigkeit im Sinn des § 2 Abs. 3, § 3 Ziff. 6 Satz 2 GewStG. dar.

(RFH. vom 20. Dezember 1938 I 295/38, RStBl. 1939 Nr. 631.)

§ 3.
Befreiungen.

Von der Gewerbesteuer sind befreit:

1. die Deutsche Reichspost, die Deutsche Reichsbahn, das Unternehmen „Reichsautobahnen", die Monopolverwaltungen des Reichs und die staatlichen Lotterieunternehmen;
2. die Reichsbank, die Deutsche Rentenbank, die Deutsche Renten-Kreditanstalt;
3. Staatsbanken, soweit sie Aufgaben staatswirtschaftlicher Art erfüllen;
4. die öffentlichen oder unter Staatsaufsicht stehenden Sparkassen, soweit sie der Pflege des eigentlichen Sparverkehrs dienen;

5. Hauberg-, Wald-, Forst- und Laubgenossenschaften und ähnliche Realgemeinden. Unterhalten sie einen Gewerbebetrieb, der über den Rahmen eines Nebenbetriebs hinausgeht, so sind sie insoweit steuerpflichtig;
6. Unternehmen, die nach der Satzung, Stiftung oder sonstigen Verfassung und nach ihrer tatsächlichen Geschäftsführung ausschließlich und unmittelbar gemeinnützigen, mildtätigen oder kirchlichen Zwecken dienen. Unterhalten sie einen wirtschaftlichen Geschäftsbetrieb (ausgenommen Land- und Forstwirtschaft), der über den Rahmen einer Vermögensverwaltung hinausgeht, so sind sie insoweit steuerpflichtig;
7. Hochsee- und Küstenfischerei, wenn sie mit weniger als sieben im Jahresdurchschnitt beschäftigten Arbeitnehmern oder mit Schiffen betrieben wird, die eine eigene Triebkraft von weniger als 100 Pferdekräften haben;
8. Vereinigungen, die die gemeinschaftliche Benutzung land- und fortwirtschaftlicher Betriebseinrichtungen oder Betriebsgegenstände oder die Bearbeitung oder Verwertung der von den Mitgliedern selbst gewonnenen land- und forstwirtschaftlichen Erzeugnisse zum Gegenstand haben (z. B. Dresch-, Molkerei-, Pflug-, Viehverwertungs-, Wald-, Zuchtgenossenschaften, Waldbauvereine, Winzervereine), soweit die Bearbeitung oder Verwertung im Bereich der Land- und Forstwirtschaft liegt.

§ 3 zählt diejenigen Unternehmungen auf, welche von der Gewerbesteuer befreit sind. Die Aufzählung ist vollständig. Gewerbebetriebe, die nicht im § 3 des Gesetzes und in der das Gesetz ergänzenden Durchführungsverordnung aufgeführt sind, sind nicht steuerbefreit. Die Steuerbefreiungen zu Ziffer 1—6 decken sich mit den persönlichen Befreiungen im § 4 des KStG.

Außer den in den Ziffern 1—8 aufgeführten Gewerbebetrieben sind gem. § 11 der Dritten GewStDV. die Krankenanstalten des Reiches, eines Landes, einer Gemeinde oder eines Gemeindeverbandes befreit, sowie solche Krankenanstalten, die in besonderem Maße der minderbemittelten Bevölkerung dienen. Krankenanstalten, die von einem Arzt betrieben werden, können unter bestimmten Voraussetzungen zu seiner Tätigkeit als Angehöriger eines freien Berufes gerechnet werden und gelten dann überhaupt nicht als Gewerbebetriebe.

Ferner sind Pensionskassen und ähnliche Kassen nicht gewerbesteuerpflichtig, wenn sie die für eine Befreiung von der Körperschaftsteuer erforderlichen Voraussetzungen erfüllen.

Dritte GewStDV.

§ 9.

Zündwarenmonopol.

Die Befreiungsvorschrift des § 3 Ziffer 1 des Gesetzes gilt nicht für die Deutsche Zündwaren-Monopolgesellschaft.

§ 11.

Krankenanstalten.

(1) Krankenanstalten des Reichs, eines Landes, einer Gemeinde oder eines Gemeindeverbandes sind von der Gewerbesteuer befreit.

(2) Krankenanstalten, die nicht von einer im Absatz 1 bezeichneten Gebietskörperschaft betrieben werden, sind von der Gewerbesteuer befreit, wenn sie im Bemessungszeitraum in besonderem Maß der minderbemittelten Bevölkerung dienen.

(3) Eine Krankenanstalt dient in besonderem Maß der minderbemittelten Bevölkerung, wenn sie die Voraussetzungen erfüllt, die im § 11 Absätze 2 bis 6 der Verordnung zur Durchführung der §§ 17 bis 19 des Steueranpassungsgesetzes vom 16. Dezember 1941 (RMinBl. S. 299) bezeichnet sind.

(4) Absätze 2 und 3 gelten auch dann, wenn eine Krankenanstalt von einer natürlichen Person oder von einer Personengesellschaft betrieben wird.

(5) Hat eine Privatkrankenanstalt keine Konzession (§ 30 der Reichsgewerbeordnung), so steht ihr Steuerfreiheit auf Grund dieses Paragraphen nicht zu.

§ 12.
Pensionskassen und ähnliche Kassen.

Pensionskassen und ähnliche Kassen (Witwen-, Waisen-, Sterbe-, Kranken-, Unterstützungskassen und sonstige Hilfskassen für Fälle der Not oder Arbeitslosigkeit) sind von der Gewerbesteuer befreit, wenn sie die für eine Befreiung von der Körperschaftsteuer erforderlichen Voraussetzungen erfüllen.

§ 13.
Steuerfreiheit für neue Unternehmen.

(1) Der Reichsminister der Finanzen ist ermächtigt, im Einvernehmen mit dem Reichsminister des Innern Unternehmen zur Entwicklung neuer Herstellungsverfahren oder zur Herstellung neuartiger Erzeugnisse für eine von ihm zu bestimmende Zeit von der Gewerbesteuer ganz oder teilweise zu befreien. Voraussetzung ist, daß dafür ein überragendes Bedürfnis der gesamten Deutschen Volkswirtschaft anerkannt wird und der Steuerausfall der Gemeinde zugemutet werden kann.

(2) Ob ein überragendes Bedürfnis der gesamten Deutschen Volkswirtschaft im Sinn des Absatzes 1 vorliegt, wird im Einzelfall durch den Reichsminister der Finanzen im Benehmen mit dem Reichswirtschaftsminister, dem Reichsminister für Ernährung und Landwirtschaft und dem Reichsarbeitsminister bestimmt.

(3) Die Freistellung von der Gewerbesteuer darf nicht gewährt werden, wenn das neue Unternehmen in unmittelbarem Wettbewerb mit einem Unternehmen steht, das am 15. Juli 1933 in der Deutschen Volkswirtschaft bereits bestanden hat (§ 3 des Gesetzes über Steuererleichterungen vom 15. Juli 1933, RGBl. I S. 491).

§ 14.
Einnehmer der Deutschen Reichslotterie.

Die Tätigkeit der Einnehmer der Deutschen Reichslotterie unterliegt auch dann nicht der Gewerbesteuer, wenn sie im Rahmen eines Gewerbebetriebs ausgeübt wird.

GewStR. 1943.

1. Reichsautobahnen.

Die Gewerbesteuerfreiheit des Unternehmens „Reichsautobahnen“ erstreckt sich nicht auf eine GmbH., die von dem Unternehmen „Reichsautobahnen“ völlig beherrscht wird (in das Unternehmen „Reichsautobahnen“ organisch eingegliedert ist). Hinweis auf das RFH.-Urteil vom 24. November 1942, RStBl. 1943 S. 85 Nr. 114.

2. . . . . .

3. Staatsbanken.

(1) Staatsbanken sind von der Körperschaftsteuer, von der Vermögensteuer und von der Gewerbesteuer befreit, soweit sie Aufgaben staatswirtschaftlicher Art erfüllen. Alle anderen Geschäfte sind voll steuerpflichtig. Steuerpflichtig sind insbesondere alle Geschäfte, die den Geschäften der Privatbanken ähnlich sind und zu einem Wettbewerb mit diesen führen können.

(2) Welche Geschäfte im einzelnen den Aufgaben staatswirtschaftlicher Art dienen, bestimmt sich nach den Verwaltungsanweisungen, die zur Körperschaftsteuer und zur Vermögensteuer ergangen sind. Das sind danach die Geschäfte, die mit dem wirtschaftlichen Eigenleben des Landes unmittelbar zusammenhängen. Alle anderen Geschäfte sind auch dann steuerpflichtig, wenn sie dem Wohl des Volksganzen dienen oder Zwecke erfüllen, die vom Reich oder von dem Gewährträger (Land) gefördert werden.

(3) Die Ausgliederung der Geschäfte staatswirtschaftlicher Art geschieht bei der Körperschaftsteuer und bei der Vermögensteuer nach einem durchschnittlichen Hundertsatz, der für mehrere Jahre gilt. Der durchschnittliche Hundertsatz wird anläßlich der Betriebsprüfung festgestellt. Der für die Körperschaftsteuer und für die Vermögensteuer festgesetzte Hundertsatz ist auch für die Ausgliederung des steuerpflichtigen Teils des Gewerbeertrags und des steuerpflichtigen Teils des Gewerbekapitals maßgebend.

4. Sparkassen.

Die öffentlichen oder unter Staatsaufsicht stehenden Sparkassen sind von der Gewerbesteuer befreit, soweit sie der Pflege des eigentlichen Sparverkehrs dienen. Sie sind steuerpflichtig mit Geschäften, die der Pflege des eigentlichen Sparverkehrs nicht dienen, Wegen der Ermittlung des Gewerbeertrags in diesem Fall Hinweis auf Abschnitt 8 zu § 7. Die Freistellung der Sparkassen von der Gewerbesteuer entspricht der Regelung, die bei der Körperschaftsteuer getroffen ist. Die Steuerbefreiung wird bei Sparkassen, die sich auf das reine Spargeschäft beschränken, nicht dadurch beeinträchtigt, daß solche Sparkassen nebenher in geringfügigem Umfang bestimmte Dienstleistungsgeschäfte betreiben, aus denen sie nur geringe Einnahmen erzielen. Hinweis auf meinen Erlaß vom 4. März 1942, RStBl. 1942 S. 305 Nr. 185.

5. Kleine Körperschaften.

Ich habe die Finanzämter durch Abschnitt 2 meines Erlasses vom 22. Februar 1941, RStBl. 1941 S. 161 Nr. 171 ermächtigt, während der Dauer des Krieges bei der Bearbeitung der kleinen und kleinsten Körperschaftsteuerfälle großzügig zu verfahren, wenn die Veranlagungsarbeit offensichtlich außer Verhältnis zu dem zu erwartenden Aufkommen steht. Das gilt insbesondere für die Besteuerung der Vereine und Stiftungen, der Betriebe gewerblicher Art von Körperschaften des öffentlichen Rechts und der gemeinnützigen oder mildtätigen Körperschaften mit einem wirtschaftlichen Geschäftsbetrieb. Es soll in diesen Fällen möglichst von der Pauschbesteuerung § 21 KStG. gemäß Gebrauch gemacht werden. In geeigneten Fällen kann von einer Veranlagung abgesehen werden, insbesondere bei Zweifeln über die persönliche Steuerpflicht kleiner Körperschaften mit einem unbedeutenden Einkommen. Diese Weisungen gelten für die Gewerbesteuer sinngemäß. Wegen der Pauschalierung des Gewerbesteuermeßbetrags Hinweis auf Abschnitt 1 zu § 15. Wegen der ländlichen Kleinstgenossenschaften Hinweis auf Abschnitt 9 Absatz 8 und wegen der kleinsten Versicherungsunternehmen Hinweis auf Abschnitt 11.

6. Steuerfreiheit gemeinnütziger, mildtätiger und kirchlicher Körperschaften.

(1) Welche Zwecke gemeinnützig, mildtätig und kirchlich sind, ist in den §§ 17 bis 19 StAnpG. bestimmt. Die einzelnen Voraussetzungen für die Steuerbefreiung sind in der Verordnung zur Durchführung der §§ 17 bis 19 des Steueranpassungsgesetzes vom 16. Dezember 1941, RMinBl. S. 299, RStBl. 1941 S. 937 Nr. 962 enthalten. Die bezeichnete Verordnung ist am 1. Januar 1942 in Kraft getreten. Diejenigen Vorschriften der Verordnung, die für die Körperschaften ungünstiger sind als die bisherigen Vorschriften (zum Beispiel die Vorschriften über die Schlechterstellung der Gewerbebetriebe von steuerbegünstigten Körperschaften) werden bei der Gewerbesteuer erstmalig für den Zeitraum vom 1. April bis 31. Dezember 1943 (§ 13 GewStVV.) angewendet. Hinweis auf § 22 Absatz 2 Ziffer 1 der Verordnung zur Durchführung der §§ 17 bis 19 des Steueranpassungsgesetzes. Wegen unschädlicher Nebenzwecke bei Stiftungen, die vom Reich, von einem Land, von einer Gemeinde oder von einem Gemeindeverband verwaltet werden, Hinweis auf meinen Erlaß vom 14. November 1943, RStBl. 1944 S. 18 Nr. 20.

(2) Ich habe durch meinen Erlaß vom 16. Dezember 1941, RStBl. 1941 S. 943 Nr. 963 aus Gründen der Vereinfachung angeordnet, daß bei Körperschaften, Personenvereinigungen und Vermögensmassen, deren Einkommen in der Regel 500 Reichsmark nicht übersteigt und die sonst alle Voraussetzungen der Steuerbefreiung erfüllen, aus einem Satzungs-

mangel allein keine Körperschaftsteuerpflicht hergeleitet werden soll In solchen Fällen wird also auf die Beseitigung von Satzungsmängeln verzichtet. Der bezeichnete Erlaß ist auch bei der Gewerbesteuer anzuwenden. Ich habe außerdem im Abschnitt 2 meines Erlasses vom 22. Februar 1941, RStBl. 1941 S. 161 Nr. 171 die Finanzämter angewiesen, während der Dauer des Krieges bei der Bearbeitung der kleinen und kleinsten Fälle großzügig zu verfahren, wenn die Veranlagungsarbeit offensichtlich außer Verhältnis zu dem zu erwartenden Aufkommen steht Hinweis auf Abschnitt 5. Das gilt auch für die Besteuerung der kleinen und kleinsten gemeinnützigen oder mildtätigen Körperschaften mit einem wirtschaftlichen Geschäftsbetrieb. In geeigneten Fällen kann auch hier von einer Veranlagung abgesehen werden.

(3) Der Betrieb von Krankenanstalten durch Körperschaften, die die Voraussetzungen der Steuervergünstigung im übrigen erfüllen, ist im § 11 der Verordnung zur Durchführung der §§ 17 bis 19 des Steueranpassungsgesetzes besonders geregelt. Die Vorschriften im § 11 dieser Verordnung gelten auch für den Fall, daß eine Krankenanstalt nicht von einer Körperschaft, sondern von einer natürlichen Person oder von einer Personengesellschaft betrieben wird. Hinweis auf § 11 Absatz 4 der Dritten GewStDV. Wegen des Begriffs Krankenanstalt Hinweis auf das RFH.-Urteil vom 27. Januar 1943, RStBl. 1943 S. 252 Nr. 208. Eine Krankenanstalt, die § 11 der Dritten GewStDV. gemäß von der Gewerbesteuer befreit ist, wird nicht dadurch gewerbesteuerpflichtig, daß sie, ohne ihr Wesen als Krankenanstalt zu ändern, noch an einem anderen gewerblichen Betrieb beteiligt ist. Hinweis auf das RFH.-Urteil vom 25. November 1942, RStBl. 1943 S. 43 Nr. 66. Wegen weiterer Einzelheiten zur steuerlichen Behandlung der Krankenanstalten Hinweis auf meinen Erlaß vom 25. April 1939, RStBl. 1939 S. 639 Nr. 576. Einer Prüfung der Frage, ob die im § 11 der Dritten GewStDV. bezeichneten Voraussetzungen erfüllt sind, bedarf es nicht, wenn der Betrieb der Krankenanstalt ein notwendiges Hilfsmittel für die ärztliche Tätigkeit ist. Hinweis auf Abschnitt 4 Absatz 7 zu § 2.

(4) . . . . .

7. Gemeinnützige Wohnungsunternehmen, Siedlungsunternehmen und Unternehmen zur Ausgabe von Heimstätten.

(1) Der Reichsarbeitsminister hat die Vorschriften der Verordnung über die Gemeinnützigkeit im Wohnungswesen vom 1. Dezember 1930, RGBl. I S. 593 in der jetzt geltenden Fassung als Gesetz über die Gemeinnützigkeit im Wohnungswesen — Wohnungsgemeinnützigkeitsgesetz — (WGG.) vom

29. Februar 1940, RGBl. I S. 438, RStBl. 1940 S. 309 Nr. 177 bekanntgemacht. Das Gesetz ist mit Wirkung ab 1. Januar 1939 in Kraft getreten. Es ist dazu die Durchführungsverordnung vom 23. Juli 1940, RGBl. I S. 1012, RStBl. 1940 S. 685 Nr. 580 ergangen. Ich habe die steuerliche Behandlung der gemeinnützigen Wohnungsunternehmen durch meinen Erlaß vom 26. Oktober 1940, RStBl. 1940 S. 937 Nr. 858, geregelt.

(2) Wohnungsunternehmen, die auf Grund des WGG. als gemeinnützig anerkannt sind, gelten als Unternehmen, die ausschließlich und unmittelbar gemeinnützigen Zwecken dienen und deren wirtschaftlicher Geschäftsbetrieb über den Rahmen einer Vermögensverwaltung nicht hinausgeht. Hinweis auf § 1 Absatz 2 WGG. Die Vorschrift im § 1 Absatz 2 WGG. stellt eine unwiderlegbare Rechtsvermutung dafür auf, daß alle Voraussetzungen für die Steuerbefreiung wegen Gemeinnützigkeit im Sinn des § 3 Ziffer 6 GewStG. erfüllt sind. Die Anerkennung als gemeinnütziges Wohnungsunternehmen ist die einzige Voraussetzung für die Befreiung von der Gewerbesteuer wegen Gemeinnützigkeit. Die Anerkennung als gemeinnütziges Wohnungsunternehmen ist für die Steuerbehörden bindend. Die Steuerbehörden haben nur die Möglichkeit, die Entziehung der Anerkennung § 19 WGG. gemäß zu beantragen, wenn sie feststellen, daß die Voraussetzungen für die Anerkennung nicht oder nicht mehr erfüllt sind. Die Vorschrift im § 37 Ziffer 1 der Dritten GewStDV., die die Steuerbefreiung der gemeinnützigen Wohnungsunternehmen für die Rechnungsjahre 1939 und 1940 regelte (Hinweis auf § 42 Absatz 3 der Dritten GewStDV.), ist als entbehrlich nicht verlängert worden.

(3) Es genügt nicht, wenn Wohnungsunternehmen, die auf Grund des WGG. nicht als gemeinnützig anerkannt sind, die allgemeinen Voraussetzungen für die Steuerbefreiung wegen Gemeinnützigkeit (Hinweis auf Abschnitt 6 Absatz 1) erfüllen. Ein Wohnungsunternehmen, das nicht wegen Gemeinnützigkeit steuerlich begünstigt ist, kann aber die Voraussetzungen für die Steuerbefreiung wegen Mildtätigkeit erfüllen, die in der Verordnung zur Durchführung der §§ 17 bis 19 des Steueranpassungsgesetzes bezeichnet sind.

(4) Wegen der Zulässigkeit des Spargeschäfts der gemeinnützigen Wohnungsunternehmen mit Nichtmitgliedern und wegen der Unterbrechung der Bautätigkeit (Baupause) Hinweis auf die Schreiben des Reichswohnungskommissars vom 22. Februar und vom 2. März 1943, RStBl. 1943 S. 286 Nr. 247 und Nr. 248. Wegen Ausnahmebewilligungen unter steuerlichen Auflagen in Fällen, in denen ein gewerblicher Betrieb unterhalten wird oder Wohnungen errichtet werden, deren

Größe über die für Kleinwohnungen aufgestellten Grundsätze hinausgeht, Hinweis auf § 6 Absatz 4 WGG. und auf Abschnitt 4 meines Erlasses vom 26. Oktober 1940, RStBl. 1940 S. 937 Nr. 858.

(5) Die Grundsätze, die in den Absätzen 2 bis 4 dargestellt sind, gelten auch für die steuerliche Behandlung der Unternehmen, die § 28 WGG. gemäß als Organe der staatlichen Wohnungspolitik anerkannt sind. Die Vorschrift im § 37 Ziffer 2 der Dritten GewStDV. ist danach entbehrlich. Ihre Geltungsdauer (Hinweis auf § 42 Absatz 3 der Dritten GewStDV.) ist deshalb nicht verlängert worden.

(6) Die Vorschriften des Wohnungsgemeinnützigkeitsgesetzes gelten nicht für die von den zuständigen Reichs- und Landesbehörden begründeten oder anerkannten gemeinnützigen Siedlungsunternehmen im Sinn des Reichssiedlungsgesetzes und für die von den obersten Landesbehörden zur Ausgabe von Heimstätten zugelassenen gemeinnützigen Unternehmen im Sinn des Reichsheimstättengesetzes. § 37 Ziffern 3 und 4 in Verbindung mit § 42 Absatz 3 der Dritten GewStDV. gemäß waren bis zum Rechnungsjahr 1940 auch diese Unternehmen von der Gewerbesteuer freizustellen. Es ist nach den Vorschriften im § 37 Ziffern 3 und 4 der Dritten GewStDV. bis auf weiteres für die Zeit ab 1. April 1941 zu verfahren.

8. Hochsee- und Küstenfischerei.

Es genügt für die Anwendung der Befreiungsvorschrift im § 3 Ziffer 7 GewStG., daß eine der dort bezeichneten Voraussetzungen erfüllt ist. Hinweis auf das RFH.-Urteil vom 14 Dezember 1937, RStBl. 1938 S. 428 Nr. 306. Küstenfischerei im Sinn dieser Vorschrift ist auch die Fischerei auf dem Unterlauf der Weser, der Elbe und der Oder und die Haffischerei. Die Binnenfischerei (Fischerei auf Binnengewässern einschließlich der Teichwirtschaft) gehört zur Landwirtschaft und unterliegt nicht der Gewerbesteuer.

9. Genossenschaften.

(1) Die Verordnung über die Körperschaftsteuer der Erwerbs- und Wirtschaftsgenossenschaften vom 8. Dezember 1939, RGBl. I S. 2391, RStBl. 1939 S. 1189 Nr. 1262, und mein dazu ergangener Erlaß vom 11. Dezember 1939, RStBl. 1939 S. 1198 Nr. 1267, gelten sinngemäß auch für die Gewerbesteuerpflicht der Erwerbs- und Wirtschaftsgenossenschaften.

(2) Die landwirtschaftlichen Nutzungs- und Verwertungsgenossenschaften sind unter denselben Voraussetzungen gewerbesteuerfrei, unter denen sie körperschaftsteuerfrei sind.

§ 3 Ziffer 8 GewStG. entspricht dem § 2 der Verordnung über die Körperschaftsteuer der Erwerbs- und Wirtschaftsgenossenschaften vom 8. Dezember 1939. Für die Fälle, in denen die Körperschaftsteuer für Gewinne aus Nichtmitgliedergeschäften in einem Pauschbetrag festgesetzt wird, ist auch der einheitliche Steuermeßbetrag in einem Pauschbetrag festzusetzen. Hinweis auf Abschnitt 1 zu § 15. Ich habe durch Erlaß vom 4. März 1942, RStBl. 1942 S. 305 Nr. 185, angeordnet, daß ab dem Veranlagungszeitraum 1941 für die Dauer des Krieges bei der Körperschaftsteuer von der Besteuerung der Hilfsgeschäfte bei landwirtschaftlichen Nutzungs- und Verwertungsgenossenschaften abgesehen wird. Der bezeichnete Erlaß ist auch bei der Gewerbesteuer anzuwenden.

(3) Es ist Abschnitt 8 meines Erlasses vom 22. Februar 1941, RStBl. 1941 S. 161 Nr. 171 gemäß von einer Veranlagung ländlicher Kleinstgenossenschaften zur Gewerbesteuer abzusehen, wenn

1. eine Veranlagung zur Körperschaftsteuer unterbleibt und
2. anzunehmen ist, daß das Gewerbekapital 10000 Reichsmark nicht übersteigt.

Eine Veranlagung zur Körperschaftsteuer unterbleibt, wenn anzunehmen ist, daß der steuerliche Gewinn 750 Reichsmark nicht übersteigt. Bei der Veranlagung von ländlichen Genossenschaften, deren Gewinn 750 Reichsmark, aber nicht 2000 Reichsmark übersteigt, ist großzügig zu verfahren. Das Finanzamt kann die Körperschaftsteuer und den Gewerbesteuermeßbetrag pauschalieren. Hinweis auf Abschnitt 1 zu § 15.

(4) Der Gewerbeertrag ermäßigt sich bei Kreditgenossenschaften, die Kredite ausschließlich an ihre Mitglieder gewähren, auf ein Drittel. Wegen der Feststellung, ob die Kreditgewährung sich auf den Mitgliederkreis beschränkt hat, Hinweis auf Abschnitt 4 meines Erlasses vom 4. März 1942, RStBl. 1942 S. 305 Nr. 185. Wegen der Steuererleichterungen bei Rationalisierungsmaßnahmen im genossenschaftlichen Kreditgewerbe Hinweis auf meinen Erlaß vom 17. Juli 1943, RStBl. 1943 S. 805 Nr. 841.

10. Pensions- und Unterstützungskassen.

Die Voraussetzungen für die Befreiung von der Körperschaftsteuer sind im § 4 Absatz 1 Ziffer 7 KStG., in den §§ 13 bis 15 der Ersten KStDV und in meinen Erlassen vom 15. Dezember 1938, RStBl. 1938 S. 1181 Nr. 1143, und vom 11. Mai 1940, RStBl. 1940 S. 529 Nr. 381, enthalten.

11. Kleinste Versicherungsunternehmen.

Versicherungsunternehmen sind Abschnitt 1 meines Erlasses vom 15. Juli 1943, RStBl. 1943 S. 585 Nr. 559, gemäß bis auf weiteres zur Körperschaftsteuer, Gewerbesteuer und Vermögensteuer nicht heranzuziehen, wenn ihre Beitragseinnahmen im Durchschnitt der letzten drei Wirtschaftsjahre (einschließlich des im Veranlagungszeitraum endenden Wirtschaftsjahres) einen bestimmten Betrag **nicht** übersteigen haben. Der bezeichnete Erlaß ist bei der Gewerbesteuer erstmalig für den Zeitraum vom 1. April bis 31. Dezember 1943 (§ 13 GewStVV.) und auf die noch nicht rechtskräftig abgeschlossenen Fälle für die Rechnungsjahre 1941 und 1942 anzuwenden.

12. Neue Unternehmen.

§ 3 des Gesetzes über Steuererleichterungen vom 15. Juli 1933, RGBl. I S. 491, RStBl. 1933 S. 679 Nr. 539, ist mit Wirkung ab 1. Juli 1943 aufgehoben. Steuerbefreiungen, die auf Grund des § 3 des bezeichneten Gesetzes über den 30. Juni 1943 hinaus bewilligt worden sind, werden durch die Aufhebung nicht berührt. Hinweis auf die Verordnung über die Aufhebung der Steuerfreiheit für neue Unternehmen vom 24. September 1943, RGBl. I S. 562, RStBl. 1943 S. 717 Nr. 701. Die Vorschriften im § 13 der Dritten GewStDV. gründen sich auf die Vorschriften im § 3 des Gesetzes über Steuererleichterungen vom 15. Juli 1933. Die Regelung, die durch die bezeichnete Verordnung vom 24. September 1943 getroffen worden ist, gilt deshalb für die Anwendung der Vorschriften im § 13 der Dritten GewStDV. entsprechend.

Aus der Rechtsprechung des RFH.

Zu § 3 GewStG.

Keine Gewerbesteuerpflicht einer nach § 8 der Zweiten GewStDV. und § 11 der Dritten GewStDV. befreiten Krankenanstalt, wenn diese noch, ohne ihren Charakter als Krankenanstalt zu ändern, an einem anderen gewerblichen Betrieb beteiligt ist.

(RFH.-Urteil vom 25. November 1942 VI 226/42, RStBl. 1943 Nr. 66.)

Krankenanstalt im Sinn des § 11 der Dritten GewStDV.

(RFH.-Urteil vom 27. Januar 1943 VI 383/42, RStBl. 1943 Nr. 208.)

Zu § 3 Ziffer 1 GewStG.

Die Gewerbesteuerfreiheit des Unternehmens „Reichs-

autobahnen" erstreckt sich nicht auf eine GmbH., die von den Reichsautobahnen völlig beherrscht wird.

(RFH.-Urteil vom 24. November 1942 I 339/39, RStBl. 1943 Nr. 114.)

Zu § 2 Ziffer 4 GewStG.

Geht die Tätigkeit einer öffentlichen oder unter Staatsaufsicht stehenden Sparkasse über die Pflege des eigentlichen Sparverkehrs hinaus, so gilt als Lohnsumme im Sinn des § 23 Absatz 2 GewStG. die Summe der an die Arbeitnehmer gezahlten Vergütungen, die auf die steuerpflichtigen Geschäfte treffen.

(RFH.-Urteil vom 23. September 1941 I 24/41, RStBl. 1941 Nr. 791.)

Zu § 3 Ziffer 6 Absatz 1 GewStG.

Gestattung der Kirchenbesichtigung gegen Entgelt, insbesondere in Verbindung mit dem Vertrieb von Ansichtskarten, stellt einen Betrieb gewerblicher Art einer Kirchengemeinde dar, der der Gewerbesteuer unterliegt.

(RFH.-Urteil vom 29. Mai 1943 VIa 1/43, RStBl. 1943 Nr. 625.)

Zu § 3 Ziffer 8 GewStG.

Die Gewerbesteuerpflicht endet mit dem Eintritt eines Befreiungsgrundes, z. B. bei landwirtschaftlichen Genossenschaften mit der Beendigung des Betriebs von Fremdgeschäften.

(RFH.-Urteil vom 23. Februar 1943 I 117/42, RStBl. 1943 Nr. 838.)

Versteigert eine landwirtschaftliche Vereinigung die von ihren Mitgliedern selbst gezogenen Tiere, so kann sie die Steuerbefreiung des § 3 Ziffer 8 GewStG. nicht deshalb verlieren, weil sie den Absatz nach kaufmännischen Grundsätzen durchführt.

(RFH.-Urteil vom 4. November 1941 I 204/41, RStBl. 1942 Nr. 474.)

Eine Molkereigenossenschaft, die ihren Molkereibetrieb verpachtet hat, kann die Steuerbefreiung des § 3 Ziffer 8 GewStG. nicht beanspruchen.

(RFH. vom 18. Oktober 1938 I 5/38, RStBl. 1939 Nr. 337.)

Wenn eine Molkereigenossenschaft neben der Bearbeitung oder Verwertung der von den Mitgliedern selbstgewonnenen landwirtschaftlichen Erzeugnisse eine gewerbliche Tätigkeit ausübt, kann sie die Steuerbefreiung des § 3 Ziffer 8 GewStG. nicht in Anspruch nehmen.

Auch Kautionen von Gefolgschaftsmitgliedern können sich, wenn sie längere Zeit stehengeblieben sind und die Werte im Unternehmen mitarbeiten, als Dauerschulden darstellen.

(RFH. vom 18. April 1939 I 154/38, RStBl. 1939 Nr. 850.)

Sprkassenzinsen der nach § 3 Ziffer 8 GewStG. steuerbegünstigten Genossenschaften sind in der Regel von der Gewerbesteuer befreit. Besitzen solche Genossenschaften Werkwohnungen, so ist das Einkommen hieraus nicht gewerbesteuerpflichtig.

(RFH. vom 22. August 1939 I 243/39, RStBl. 1939 Nr. 1240.)

§ 4.

Hebeberechtigte Gemeinde.

(1) Die stehenden Gewerbebetriebe unterliegen der Gewerbesteuer in der Gemeinde, in der eine Betriebstätte zur Ausübung des stehenden Gewerbes unterhalten wird. Befinden sich Betriebstätten desselben Gewerbebetriebs in mehreren Gemeinden oder erstreckt sich eine Betriebstätte über mehrere Gemeinden, so wird die Gewerbesteuer in jeder Gemeinde nach dem Teil des Steuermeßbetrags erhoben, der auf sie entfällt.

(2) Befindet sich die Betriebstätte in einem Gutsbezirk, so trifft die oberste Landesbehörde die

näheren Bestimmungen über die Erhebung der Steuer.

Hebeberechtigt für die Gewerbesteuer ist diejenige Gemeinde, in welcher eine Betriebstätte des stehenden Gewerbes unterhalten wird. § 4 stellt klar, welche Gemeinde den einzelnen Gewerbebetrieb zur Gewerbesteuer heranziehen darf. Welcher Steuermeßbetrag auf die einzelnen Gemeinden entfällt, ist im § 28 geregelt.

Dritte GewStDV.

§ 15.

Gewerbebetriebe auf gemeindefreien Grundstücken.

Befinden sich Betriebstätten auf gemeindefreien Grundstücken (§ 12 Absatz 2 der Deutschen Gemeindeordnung), so trifft die oberste Landesbehörde Bestimmungen über die Erhebung der Steuer.

§ 16.

Hebeberechtigte Gemeinde bei Gewerbebetrieben auf Schiffen und bei Binnen- und Küstenschiffahrtsbetrieben.

Hebeberechtigte Gemeinde für die Betriebstätten auf Kauffahrteischiffen, die in einem inländischen Schiffsregister eingetragen sind und nicht im sogenannten regelmäßigen Liniendienst ausschließlich zwischen ausländischen Häfen verkehren, und für die im § 6 bezeichneten Binnen- und Küstenschiffahrtsbetriebe ist die Gemeinde, in der der inländische Heimathafen (Heimatort) des Schiffes liegt.

GewStVV.

§ 3.

(1) Die Gewerbesteuer wird auf Grund des einheitlichen Steuermeßbetrags (§ 2 Absatz 1) nach dem Hebesatz festgesetzt und erhoben, der für das Rechnungsjahr festgesetzt ist (§ 16 des Gewerbesteuergesetzes), das in dem Erhebungszeitraum beginnt. Es ist der Hebesatz der Gemeinde maßgebend, in der der Gewerbebetrieb am Ende des Kalenderjahres betrieben wird. Ist die Steuerpflicht im Laufe des Kalenderjahres weggefallen, so ist der Hebesatz der Gemeinde maßgebend, in der der Gewerbebetrieb zuletzt betrieben worden ist.

(2) . . . . .

(3) Befinden sich am Ende des Kalenderjahres oder im Zeitpunkt des Wegfalls der Steuerpflicht Betriebstätten desselben Gewerbebetriebs in mehreren Gemeinden oder erstreckt

sich eine Betriebstätte über mehrere Gemeinden, so wird die Gewerbesteuer auf Grund des einheitlichen Steuermeßbetrags (§ 2 Absatz 1) nach dem Hebesatz festgesetzt und erhoben, der sich als gewogener Durchschnitt (Absatz 4) aus den Hebesätzen ergibt, die von den beteiligten Gemeinden für das Rechnungsjahr 1942 festgesetzt waren. . . . .

(4) . . . .

(5) . . . . .

§ 7.

Das Aufkommen der Gewerbesteuer (§ 1 Absatz 1) wird auf die einzelnen Gemeinden verteilt. Der Verteilung wird das Aufkommen 1942 zugrunde gelegt. Die Gewerbesteuerausgleichzuschüsse (§§ 12 bis 21 des Einführungsgesetzes zu den Realsteuergesetzen) werden in die Verteilung einbezogen. Der Reichsminister des Innern regelt im Einvernehmen mit dem Reichsminister der Finanzen die Verteilung im Verwaltungsweg.

§ 9.

Die Steuerbeträge, die der Steuerschuldner in den Fällen des § 8 vor der Steuerfestsetzung durch das Finanzamt an die Gemeinde gezahlt hat, verbleiben in voller Höhe der Gemeinde, an die die Zahlung geleistet worden ist.

GewStR. 1943.

1. Hebeberechtigung.

(1) Hebeberechtigung ist das Recht einer Gemeinde, den Gewerbesteueranspruch unmittelbar dem Steuerpflichtigen gegenüber geltend zu machen. Die Hebeberechtigung der einzelnen Gemeinde erstreckt sich bei stehenden Gewerbebetrieben auf die Gewerbesteuer, die die im Gemeindebezirk betriebenen Unternehmen zu entrichten haben. Ein Unternehmen wird im Gemeindebezirk betrieben, wenn es in diesem Bezirk eine Betriebstätte unterhält. Befinden sich Betriebstätten desselben Gewerbebetriebs in mehreren Gemeinden oder erstreckt sich eine Betriebstätte über mehrere Gemeinden, ist jede dieser Gemeinden hebeberechtigt, und zwar nach dem Teil des Steuermeßbetrags, der auf sie entfällt. Dieser Betrag wird im Weg der Zerlegung des Steuermeßbetrags (§§ 28 bis 35 GewStG.) ermittelt. Wegen des Begriffs der Betriebstätte Hinweis auf Abschnitt 9 zu § 2. Wegen der Regelung für die Dauer der Erhebung der Gewerbesteuer nach dem Gewerbeertrag und dem Gewerbekapital durch die Finanzämter Hinweis auf Abschnitt 2 Absätze 1 und 2.

(2) Nach den Vorschriften in den §§ 12 bis 21 EinfG-RealStG. ist ein Gewerbesteuerausgleich zwischen Wohngemeinden und Betriebsgemeinden durchzuführen, wenn

Arbeitnehmer, die in einer Gemeinde beschäftigt sind, in einer anderen Gemeinde wohnen. Die Finanzämter wirken dabei nicht mit. Während der Dauer der Erhebung der Gewerbesteuer nach dem Gewerbeertrag und dem Gewerbekapital durch die Finanzämter wird der Gewerbesteuerausgleich nicht durchgeführt Hinweis auf Abschnitt 2 Absätze 4 und 8

(3) Die Wandergewerbebetriebe unterliegen ab 1 Januar 1943 ebenfalls der Gewerbesteuer nach dem Gewerbeertrag und dem Gewerbekapital. Hinweis auf Abschnitt 1 zu § 2. Es ist bisher nicht bestimmt, welche Gemeinde für die Gewerbesteuer der Wandergewerbebetriebe hebeberechtigt ist. Eine solche Regelung ist für die Zeit der Geltungsdauer der GewStVV. vom 31. März 1943 auch nicht erforderlich, weil

1. die Festsetzung und die Erhebung der Gewerbesteuer nach dem Gewerbeertrag und dem Gewerbekapital insoweit schon ab 1. Januar 1943 den Finanzämtern obliegen (Hinweis auf Abschnitt 4 Absatz 7 zu § 1),
2. der Hebesatz für alle Wandergewerbebetriebe § 10 Absatz 5 GewStVV gemäß einheitlich 240 vom Hundert des einheitlichen Steuermeßbetrags beträgt (Hinweis auf Abschnitt 5 Absatz 23 zu 10) und
3. die Wandergewerbebetriebe der Lohnsummensteuer nicht unterliegen (Hinweis auf Abschnitt 1 Absatz 1 zu § 2).

2. Vereinfachungsmaßnahmen

a) Hebeberechtigung

(1) Die Hebeberechtigung der Gemeinden ist für die Dauer der Erhebung der Gewerbesteuer in vereinfachter Form auf Grund der GewStVV. stark eingeschränkt. Den Gemeinden steht bei der Gewerbesteuer nach dem Gewerbeertrag und dem Gewerbekapital die Hebeberechtigung nach bisherigem Recht auf Grund von Steuermeßbetragsfestsetzungen, die nach dem 31. März 1943 vorgenommen werden, nur noch zu, wenn es sich um erstmalige Festsetzungen für einen vor dem 1. April 1943 endenden Erhebungszeitraum handelt. In allen anderen Fällen erheben die Finanzämter die Gewerbesteuer nach dem Gewerbeertrag und dem Gewerbekapital, und zwar nicht zugunsten der einzelnen nach § 4 GewStG. hebeberechtigten Gemeinden, sondern zugunsten der Gesamtheit aller deutschen Gemeinden. An die Stelle der Hebeberechtigung der einzelnen Gemeinde tritt ihr Anspruch auf Beteiligung an dem Gewerbesteueraufkommen, das bei den Finanzämtern erzielt wird. Die Höhe dieses Gewerbesteueranteils ist unabhängig von dem jeweiligen örtlichen Gewerbesteueraufkommen. Hinweis auf Absatz 3.

(2) Die räumliche Beziehung der Gewerbebetriebe zu den Gemeinden bleibt aber auch für die Dauer der Erhebung der Gewerbesteuer nach dem Gewerbeertrag und dem Gewerbekapital durch die Finanzämter von Bedeutung. Es hängt von ihr bei Unternehmen, die Betriebstätten nur in einer Gemeinde unterhalten, der maßgebende Hebesatz ab. Hinweis auf § 3 Absatz 1 Sätze 2 und 3 GewStVV. Befinden sich am Ende des Kalenderjahrs oder im Zeitpunkt des Wegfalls der Steuerpflicht Betriebstätten desselben Gewerbebetriebs in mehreren Gemeinden oder erstreckt sich eine Betriebstätte über mehrere Gemeinden, wird die Gewerbesteuer § 3 Absatz 3 Satz 1 GewStVV. gemäß künftig auf Grund des einheitlichen Steuermeßbetrags nach einem Durchschnitthebesatz festgesetzt und erhoben. Wegen der Ermittlung des Durchschnitthebesatzes Hinweis auf Abschnitt 5 Absätze 5 bis 10 zu § 16. Die Zerlegung des einheitlichen Steuermeßbetrags auf die beteiligten Gemeinden (Hinweis aus Abschnitt 1 Absatz 1) fällt für die Dauer der Erhebung der Gewerbesteuer nach dem Gewerbeertrag und dem Gewerbekapital durch die Finanzämter weg.

b) Verteilung des Aufkommens der Gewerbesteuer, die von den Finanzämtern erhoben wird.

(3) Das Aufkommen der Gewerbesteuer fließt nach wie vor den Gemeinden zu. Das gesamte Aufkommen an Gewerbesteuer nach dem Gewerbeertrag und dem Gewerbekapital, das ab 1. April 1943 bei den Finanzämtern erzielt wird, wird § 7 GewStVV. gemäß auf die einzelnen Gemeinden schlüsselmäßig verteilt. Die Höhe des örtlichen Gewerbesteueraufkommens ist für die Höhe des Gewerbesteueranteils einer Gemeinde (Hinweis auf Absatz 4) nicht mehr bestimmend. Die Verteilung ist durch den Erlaß vom 21. April 1943, RStBl. 1943 S. 363 Nr. 318, den der Reichsminister des Innern und ich gemeinsam erlassen haben, und durch meine Erlasse vom 16. April 1943, RStBl. 1943 S. 367 Nr. 319, vom 26. Juli 1943, RStBl. 1943 S. 610 Nr. 590, und vom 26. Oktober 1943, RStBl. 1943 S. 757 Nr. 764, geregelt worden.

(4) Das bei den Finanzämtern erzielte Gewerbesteueraufkommen eines jeden Rechnungsjahres wird auf die einzelnen Gemeinden grundsätzlich entsprechend ihrem verhältnismäßigen Anteil am gesamten Gewerbesteueraufkommen des Rechnungsjahres 1942 verteilt werden. Die Gewerbesteuerausgleichzuschüsse (§§ 12 bis 21 EinfGRealStG., Hinweis auf Abschnitt 1 Absatz 2) werden in die Verteilung einbezogen. Hinweis auf Absatz 8. Der verhältnismäßige Anteil einer Gemeinde an dem gesamten Gewerbesteueraufkommen 1942 aller Gemeinden — die Gewerbesteuergrundzahl dieser Ge-

meinde — wird durch Anwendung ihres Gewerbesteuerhebesatzes für das Rechnungsjahr 1942 (§ 3 Absatz 2 Satz 1 GewStVV) auf ihre für das Rechnungsjahr 1942 im Gewerbesteuermeßbetragsverzeichnis angeschriebenen Gewerbesteuermeßbetrage und Zerlegungsanteile ermittelt und den einzelnen Gemeinden und den für sie zuständigen Finanzämtern mitgeteilt werden Bei einer Erhöhung oder Herabsetzung des Hebesatzes einer Gemeinde für die Gewerbesteuer nach dem Ertrag und dem Kapital für das Rechnungsjahr 1943 oder ein späteres Rechnungsjahr § 3 Absatz 2 Satz 2 GewStVV. gemäß wird die Gewerbesteuergrundzahl dieser Gemeinde entsprechend erhöht oder herabgesetzt werden. Die Gewerbesteuergrundzahl kann in besonders gelagerten Ausnahmefällen auf Antrag der Gemeinde auch aus anderen Gründen geändert werden. Hinweis auf den Erlaß vom 13. März 1944, MBliV. 1944 S. 299, den der Reichsminister des Innern und ich gemeinsam erlassen haben. Der Gewerbesteueranteil einer Gemeinde ergibt sich durch Anwendung eines bestimmten Hundertsatzes auf die Gewerbesteuergrundzahl. Der Hundertsatz, der von dem Verhältnis abhängig ist, in dem die Summe der Gewerbesteuergrundzahlen aller Gemeinden zu dem jeweiligen Gesamtaufkommen an Gewerbesteuer im Reich steht, wird vom Reichsminister des Innern im Einvernehmen mit mir für ein jedes Rechnungsjahr einheitlich für das Reich bestimmt werden Der jeweilige Hundertsatz wird im MBliV. und im RStBl. bekanntgegeben werden.

(5) . . . . .

(6) . . . . .

(7) Die Gewerbesteuerbeträge, die einer Gemeinde zustehen, sind von dem Finanzamt auszuzahlen, in dessen Bezirk die Gemeinde liegt. Sind für eine Gemeinde mehrere Finanzämter zuständig, obliegt die Auszahlung dem Finanzamt, das der Oberfinanzpräsident bestimmt. Die Finanzämter überweisen die Gewerbesteueranteile in vierteljährlichen Teilzahlungen am 15. Mai, 15. August, 15. November und 15. Februar an die Gemeinden. Wegen der Auszahlung der Gewerbesteueranteile für die kreisangehörigen Gemeinden Hinweis auf meinen Erlaß vom 6. Oktober 1943, RStBl. 1943 S. 757 Nr. 763. Wegen der Führung des rechnungsmäßigen Nachweises und der Buchführung in der Finanzkasse Hinweis auf Abschnitt 3 meines im Absatz 3 bezeichneten Erlasses vom 16. April 1943.

Aus der Rechtsprechung des RFH.

Zu § 4 GewStG.

Baubuden, Baubaracken, Baukantinen u. dgl. begründen grundsätzlich keine Betriebstätte.

(RFH.-Urteil vom 17. September 1941 VI B 15/41, RStBl. 1941 Nr. 777.)

Zu § 4 Absatz 1 GewStG.

Dem gewerblichen Unternehmer nicht gehörige Wohnungen seiner Angestellten können, auch wenn in diesen Wohnungen eine geschäftliche Tätigkeit im Auftrag und für Rechnung des Unternehmers ausgeübt wird, nur dann als Betriebstätten angesehen werden, wenn der Unternehmer eine gewisse, nicht nur vorübergehende Verfügungsgewalt über die Räumlichkeiten hat.

(RFH. vom 26. September 1939 I 272/39, RStBl. 1939 Nr. 1297.)

Der in der Entscheidung des RFH. Bd. 47 S. 257 (RStBl. 1939 S. 1227) für die Wohnungen von Angestellten aufgestellte Grundsatz, daß dem gewerblichen Unternehmer nicht gehörige Räumlichkeiten, in denen für ihn eine Tätigkeit ausgeübt wird, nur dann als seine Betriebstätten angesehen werden können, wenn ihm eine gewisse, nicht nur vorübergehende Verfügungsgewalt über die Räumlichkeiten zusteht, gilt auch für Räumlichkeiten, in denen ein selbständiger Gewerbetreibender als ständiger Vertreter für den Unternehmer tätig ist.

(Beschluß des RFH. vom 19. Dezember 1939 I 432/38, RStBl. 1940 Nr. 28.)

§ 5.

Steuerschuldner.

(1) Steuerschuldner ist der Unternehmer. Als Unternehmer gilt der, für dessen Rechnung das Gewerbe betrieben wird. Wird das Gewerbe für Rechnung mehrerer Personen betrieben, so sind diese Gesamtschuldner.

(2) Im Fall eines Wechsels in der Person des Unternehmers ist Steuerschuldner bis zum Ende des Kalendermonats, in dem der Wechsel eintritt, der bisherige Unternehmer, vom Beginn des

folgenden Kalendermonats ab der neue Unternehmer.

1. Während § 2 bestimmt, daß steuerpflichtig der Gewerbebetrieb als solcher, mithin das Steuerobjekt ist, ordnet § 5 an, daß Steuerschuldner, also Steuersubjekt, der Unternehmer ist. Als Unternehmer gilt derjenige, für dessen Rechnung das Gewerbe betrieben wird. Bei der Einzelfirma wird das Unternehmen für Rechnung des Inhabers betrieben, bei der OHG. oder Kom.Ges. für Rechnung der Gesellschafter, bei der AG. oder GmbH. für Rechnung der Gesellschaft. Veranlagt wird jedoch das Unternehmen, z. B. die OHG. oder die GmbH., nicht die einzelnen Gesellschafter.
2. Wird das Gewerbe für Rechnung mehrerer Personen betrieben, so haften diese als Gesamtschuldner. Jeder Gesellschafter kann also auf Zahlung der gesamten Steuerschuld in Anspruch genommen werden. Er kann jedoch gem. § 426 BGB. von seinen Mitschuldnern Ausgleichung verlangen. Der Große Senat des RFH. hat in seinem Gutachten vom 27. April 1940 GrS. D. 1/40 (RStBl. Nr. 401) ausgesprochen, daß auch die Kommanditisten für die Gewerbesteuer in vollem Umfang persönlich als Gesamtschuldner haften. Damit wird für das Gebiet des Gewerbesteuerrechts die auf die Kommanditeinlage beschränkte handelsrechtliche Haftung in eine unbeschränkte Haftung erweitert, eine Auffassung, die nicht unbestritten bleiben kann.
3. Wechselt die Person des Unternehmers, so bleibt sie noch Steuerschuldner bis zum Ende des Kalendermonats, in dem der Wechsel eintritt. Vom Beginn des folgenden Monats ist der neue Unternehmer Steuerschuldner. Tritt also z. B. am 10. November ein Gesellschafter aus, so haftet er noch bis zum 30. November für die Gewerbeschuld. Ab 1. Dezember haftet der neue Gesellschafter. Die Haftung des bisherigen Gesellschafters ist in diesem Falle beschränkt auf die auf die Monate Oktober und November entfallende Rate.

Abs. 2 findet aber nur Anwendung, wenn das Unternehmen im wesentlichen unverändert fortgeführt wird. Im anderen Falle erlischt die Gewerbesteuerpflicht des bisherigen Steuerschuldners. Das gilt auch, wenn ein Gewerbebetrieb im ganzen auf einen anderen Unternehmer übergeht. Wie die Steuer bei Beginn und Erlöschen der Steuerpflicht zu erheben ist, ist im § 22 geregelt.

Zweite GewStVV.

§ 1.

Unternehmerwechsel.

Ein Gewerbebetrieb, der im ganzen auf einen anderen Unternehmer übergeht, gilt in jedem Fall als durch den bisherigen Unternehmer eingestellt. Er ist als durch den anderen Unternehmer neu gegründet anzusehen, wenn er nicht mit einem bereits bestehenden Gewerbebetrieb vereinigt wird. Zeitpunkt der Einstellung (Satz 1) und Zeitpunkt der Neugründung (Satz 2) ist der Zeitpunkt des Unternehmerwechsels.

GewStR. 1943.

1. Steuerschuldner beim Unternehmerwechsel.

(1) Die Anwendung des § 5 Absatz 2 GewStG. setzt voraus, daß der neue Unternehmer den Betrieb im wesentlichen unverändert fortführt. Ist dagegen mit dem Unternehmerwechsel eine wesentliche Änderung des Betriebs verbunden, ist der bisherige Betrieb als eingestellt anzusehen. Seine Steuerpflicht ist erloschen. Der veränderte Betrieb ist als neu gegründet anzusehen. Seine Steuerpflicht ist neu entstanden. Die Steuerschuldnerschaft beurteilt sich in dem Fall nach § 5 Absatz 1 GewStG.

(2) Ob eine wesentliche Änderung im Sinn der Ausführungen des Absatzes 1 vorliegt, beurteilt sich nach den Umständen des einzelnen Falls. Maßgebend ist das Gesamtbild, das der Betrieb vor und nach dem Unternehmerwechsel bietet. Die Entscheidung ist darauf abzustellen, ob nach der Verkehrsauffassung der Betrieb nach dem Unternehmerwechsel als ein völlig neuer Betrieb oder als Fortsetzung des alten Betriebs — wenn auch in eingeschränktem oder erweitertem Umfang — anzusehen ist Beim Erwerb eines Unternehmens durch einen Dritten ist, wenn der Betrieb fortgeführt wird, in der Regel eine im wesentlichen unveränderte Fortführung des Betriebs anzunehmen. Hinweis auf das RFH.-Urteil vom 23. August 1939, RStBl. 1939 S. 1072

Nr. 1128, das einen entjudeten Betrieb betrifft. Das gleiche gilt bei der Verpachtung eines Gewerbebetriebs. Auch wenn beim Eigentumswechsel eines Unternehmens eine Änderung in dessen Rechtsform eintritt, bedeutet das in der Regel nicht schon eine wesentliche Betriebsänderung. Hinweis auf das RFH.-Urteil vom 17. Dezember 1941, RStBl. 1942 S. 78 Nr. 95. Ebensowenig führt der Eintritt oder das Ausscheiden eines Gesellschafters bei einer Personengesellschaft zu einer wesentlichen Betriebsänderung, wenn nach der Volksanschauung eine grundlegende Änderung der Betriebsverhältnisse nicht vorliegt Hinweis auf das RFH.-Urteil vom 23. April 1941, RStBl. 1941 S. 691 Nr. 710. Eine wesentliche Betriebsänderung ist aber bei Gründung einer Personengesellschaft in besonders gelagerten Einzelfällen anzunehmen. Das ist zum Beispiel der Fall, wenn gerade die persönliche Tüchtigkeit des eintretenden Mitunternehmers und die im Hinblick darauf zu erwartende Ertragsverschiebung das Entscheidende sind. Hinweis auf die RFH.-Urteile vom 30. November 1938, RStBl. 1939 S. 214 Nr. 183 und vom 21. Juni 1939, RStBl. 1939 S. 891 Nr. 886. Wesentliche Änderungen in den Betriebsverhältnissen (zum Beispiel Erweiterungen und Einschränkungen des Betriebs) ohne gleichzeitigen Inhaberwechsel können gewerbesteuerrechtlich als Neugründung eines Gewerbebetriebs nicht angesehen werden. Hinweis auf das RFH.-Urteil vom 3. September 1941, RStBl. 1941 S. 757 Nr. 771. Von diesem Grundsatz ist eine Ausnahme für den Fall zugelassen, daß bei einem einheitlichen, aus mehreren Teilbetrieben bestehenden Gewerbebetrieb ein wesentlicher Geschäftszweig oder ein Teilbetrieb veräußert und dieser beim Erwerber nach dem mutmaßlichen Gewerbeertrag (§ 10 Absatz 3 GewStG.) veranlagt wird, während dem Veräußerer der wesentlich verkleinerte Restbetrieb zur Weiterführung verbleibt In einem solchen Fall ist die Aufteilung des Gewerbebetriebs einer Neugründung gleichzustellen, und zwar hinsichtlich des veräußerten Teilbetriebs und hinsichtlich des Teilbetriebs, der in der Hand des bisherigen Unternehmers verbleibt Der Veräußerer ist dann hinsichtlich des abgegebenen Teilbetriebs nicht mehr zur Gewerbesteuer heranzuziehen. Voraussetzung ist aber, daß der bei der Aufteilung abgetrennte Teilbetrieb nicht auf einen schon bestehenden Gewerbebetrieb übergeht Hinweis auf die RFH.-Urteile vom 11. März 1942, RStBl. 1942 S. 483 Nr. 351, und vom 7. Oktober 1942, RStBl. 1942 S. 1024 S. 899.

(3) Die Vorschrift im § 5 Absatz 2 GewStG. gilt auch für den Fall des Übergangs eines Gewerbebetriebs auf einen anderen bereits bestehenden Gewerbebetrieb, wenn mit dem Übergang ein Unternehmerwechsel verbunden ist. Die Frage,

ob eine im wesentlichen unveränderte Fortführung des Betriebs vorliegt, braucht in diesem Fall nicht geprüft zu werden, weil nach der ausdrücklichen Vorschrift im § 22 Absatz 3 GewStG. die Steuer bis zum Schluß des Erhebungszeitraums zu erheben ist, in dem der Übergang geschicht.

(4) Wegen der Vereinfachungsvorschriften, die erstmalig bei der Festsetzung des einheitlichen Steuermeßbetrags für das Kalenderjahr 1943 anzuwenden sind, Hinweis auf Abschnitt 3 Absätze 1 bis 3.

2. Haftung.

(1) Für die Haftung gelten die Vorschriften der Reichsabgabenordnung. Es kommen insbesondere die folgenden Vorschriften in Betracht:

a) § 114 AO. (Haftung einer Organgesellschaft für die Gewerbesteuer des beherrschenden Unternehmens,
b) § 115 AO. (Haftung der Angehörigen des Unternehmers und der an einem Unternehmen wesentlich Beteiligten bei der Überlassung von Gegenständen, die dem Betrieb dienen) und
c) § 116 AO. (Haftung des Erwerbers eines Unternehmens oder eines in der Gliederung eines Unternehmens gesondert geführten Betriebs).

(2) Es ist Sache der Gemeinde, den Anspruch aus der Haftung geltend zu machen. Die Gemeinde muß demjenigen, den sie in Anspruch nehmen will, einen Bescheid erteilen, aus dem der Grund der Haftbarmachung ersichtlich ist. Die Person, die von einer Gemeinde als haftpflichtig in Anspruch genommen wird, kann beantragen, daß das Finanzamt über die Haftpflicht entscheidet (§ 212c Absatz 1 AO.). Diesen Antrag kann der Haftpflichtige nur innerhalb der Frist stellen, in der er nach Landesrecht ein Rechtsmittel gegen den Haftungsbescheid einlegen könnte. Wird der Antrag nicht beim Finanzamt, sondern bei einer anderen Stelle, zum Beispiel bei einer Landesbehörde, gestellt, hat diese unverzüglich die Sache zur Entscheidung an das Finanzamt abzugeben. Hat der Haftpflichtige den Antrag unrichtig, zum Beispiel als Beschwerde gegen den Haftungsbescheid bezeichnet, erleidet er dadurch keinen Rechtsnachteil: Die Einwendungen, die der Haftpflichtige unter der unrichtigen Bezeichnung vorgebracht hat, sind als Antrag im Sinn des § 212c Absatz 1 AO. zu behandeln.

(3) Wegen der Regelung, die sich verfahrensrechtlich daraus ergibt, daß die Gewerbesteuer nach dem Gewerbeertrag und dem Gewerbekapital bis auf weiteres von den Finanzämtern erhoben wird, Hinweis auf Abschnitt 3 Absatz 4.

3. Vereinfachungsmaßnahmen.

a) Unternehmerwechsel.

(1) Ein Gewerbebetrieb, der im ganzen auf einen anderen Unternehmer übergeht, gilt § 1 der Zweiten GewStVV. gemäß auch dann als durch den bisherigen Unternehmer eingestellt, wenn der neue Unternehmer den Betrieb im wesentlichen unverändert fortführt. Die Steuerpflicht des übergegangenen Betriebs ist erloschen. Der fortgeführte Betrieb ist, wenn er nicht mit einem bereits bestehenden Gewerbebetrieb vereinigt wird (Hinweis auf Absatz 2), als durch den anderen Unternehmer neu gegründet anzusehen. Seine Steuerpflicht ist neu entstanden. Die Steuerschuldnerschaft beurteilt sich künftig in allen Fällen nach § 5 Absatz 1 GewStG. Die Vorschrift im § 5 Absatz 2 GewStG. ist für die Geltungsdauer der Zweiten GewStVV. gegenstandslos.

(2) Ein Gewerbebetrieb, der im ganzen auf einen anderen Unternehmer übergeht und mit einem bereits bestehenden Gewerbebetrieb vereinigt wird, ist durch den anderen Unternehmer nicht als neu gegründet anzusehen. Er ist beim anderen Unternehmer Teil des Gesamtunternehmens. Der Gesamtbetrag des durch die Vereinigung vergrößerten Unternehmens, der im Wirtschaftsjahr der Vereinigung erzielt wird, wird bei der folgenden Veranlagung des Übernehmers zur Gewerbesteuer infolge des Veranlagungssystems der GewStVV. ohne weiteres richtig erfaßt. Hinweis auf Abschnitt 6 Absatz 3 zu § 10 und auf das dort gegebene Beispiel. Das Gewerbekapital, das gegenüber dem Übernehmer zuletzt festgestellt worden ist, ist bei diesem so lange unverändert zugrunde zu legen, wie der Einheitswert nicht fortgeschrieben ist. Hinweis auf Abschnitt 10 Absatz 5 zu § 12.

(3) Geht ein Teilbetrieb eines Unternehmens auf einen anderen Unternehmer über, liegt beim bisherigen Unternehmer die Einstellung eines Gewerbebetriebs nicht vor. Der Gewerbeertrag des durch die Abgabe des Teilbetriebs verkleinerten Unternehmens wird bei der Veranlagung des bisherigen Unternehmers zur Gewerbesteuer ohne weiteres richtig erfaßt. Hinweis auf Abschnitt 6 Absatz 3 zu § 10. Das Gewerbekapital, das gegenüber dem bisherigen Unternehmer zuletzt festgestellt worden ist, ist bei diesem so lange unverändert zugrunde zu legen, wie der Einheitswert nicht fortgeschrieben ist. Hinweis auf Abschnitt 10 Absatz 6 zu § 12. Die bisherige Rechtsprechung des Reichsfinanzhofs (RFH.-Urteile vom 11. März 1942, RStBl. 1942 S. 483 Nr. 351, und vom 7. Oktober 1942, RStBl. 1942 S. 1024 Nr. 899), wonach die Aufteilung eines aus mehreren Teilbetrieben bestehenden Unternehmens unter bestimmten Voraussetzungen einer Neugründung gleichzustellen ist (Hinweis auf Ab-

schnitt 1 Absatz 2), ist für die Geltungsdauer der beiden Gewerbesteuer-Vereinfachungsverordnungen ohne Bedeutung.

b) Haftung.

(4) Soweit die Finanzämter auf Grund der Vorschrift im § 1 GewStVV. für die Erhebung der Gewerbesteuer nach dem Gewerbeertrag und dem Gewerbekapital zuständig sind, obliegt ihnen auch die Geltendmachung eines Haftungsanspruchs. Wer vom Finanzamt als Haftender auf Zahlung einer Gewerbesteuer in Anspruch genommen wird, kann gegen seine Heranziehung die gleichen Rechtsmittel geltend machen, die dem Steuerschuldner zustehen. Hinweis auf § 119 Absatz 1 AO.

Aus der Rechtsprechung des RFH.

Setzt die Frau des verstorbenen Alleininhabers eines Betriebs das Unternehmen in Form einer Kommanditgesllschaft mit dem langjährigen Prokuristen der Firma fort, so bedeutet das in der Regel nicht schon eine Betriebsänderung.

(RFH.-Urteil vom 8. März 1944 VI 18/44, RStBl. 1944 Nr. 350.)

Wesentliche Änderungen eines Betriebs bei Aufteilung eines aus mehreren Geschäftszweigen bestehenden Unternehmens.

(RFH.-Urteil vom 5. März 1941 VI 371/40, RStBl. 1941 Nr. 610.)

Entjudung bedeutet nicht ohne weiteres eine wesentliche Änderung eines Betriebs.

(RFH. vom 27. September 1939 VI 598/39, RStBl. 1940 Nr. 48.)

Auch bei der pachtweisen Übernahme eines Unternehmens ist in der Regel eine im wesentlichen unveränderte Fortführung des Betriebs anzusehen.

(RFH. vom 4. September 1940 VI 142/40, RStBl. 1940 Nr. 815.)

Bei der Umwandlung einer GmbH. in eine OHG., die nach Beginn des Erhebungszeitraums erfolgt, ist die für die GmbH. festzusetzende Gewerbeertragsteuer für den Rest des Erhebungszeitraums von der OHG. zu tragen.

(RFH. vom 19. Oktober 1938 VI 641/38, RStBl. 1939 Nr. 4.)

Bei Unternehmerwechsel durch Veräußerung eines Gewerbebetriebs spricht die Vermutung für die im wesentlichen unveränderte Fortführung des Betriebs.

(RFH. vom 23. August 1939 VI 514/39, RStBl. 1939 Nr. 1128.)

§ 6.

Besteuerungsgrundlagen.

(1) Besteuerungsgrundlagen für die Gewerbesteuer sind der Gewerbeertrag und das Gewerbekapital.

(2) Neben dem Gewerbeertrag und dem Gewerbekapital kann die Lohnsumme als Besteuerungsgrundlage gewählt werden. Die Lohnsummensteuer darf nur mit Zustimmung der obersten Gemeindeaufsichtsbehörde erhoben werden. Die Richtlinien hierfür erlassen der Reichsminister des Innern und der Reichsminister der Finanzen.

Es gibt drei Maßstäbe, nach denen die Gewerbesteuer erhoben werden kann, nämlich den Gewerbeertrag, das Gewerbekapital und die Lohnsumme. Der Gewerbeertrag und das Gewerbekapital bilden in jedem Falle die Besteuerungsgrundlage. Daneben können die Gemeinden aber auch die Lohnsumme als Besteuerungsgrundlage wählen. In diesem Falle ist aber die Zustimmung der obersten Gemeindeaufsichtsbehörde erforderlich. Die verschiedenen Maßstäbe ermöglichen es den Gemeinden, mit einem gleichmäßigen Aufkommen an Gewerbesteuer zu rechnen.

GewStR. 1943.

1. Vereinfachungsmaßnahmen.

Die Berechtigung zur Erteilung der Zustimmung hinsichtlich der Erhebung der Lohnsummensteuer ist durch den Erlaß vom 1. September 1939, MBliV. 1939 S. 1817, den der Reichsminister des Innern und ich gemeinsam erlassen haben, den oberen Gemeindeaufsichtsbehörden übertragen worden. Die Zustimmung darf nur für die Dauer eines Jahres und nur für die Festsetzung von Hebesätzen bis zu 500 vom Hundert erteilt werden.

Abschnitt II:
Gewerbesteuer nach dem Gewerbeertrag und dem Gewerbekapital.

Unterabschnitt 1:
Gewerbesteuer nach dem Gewerbeertrag.

§ 7.
Begriff des Gewerbeertrags.

Gewerbeertrag ist der Gewinn aus dem Gewerbebetrieb, der nach den Vorschriften des Einkommensteuergesetzes oder des Körperschaftsteuergesetzes zu ermitteln ist, vermehrt und vermindert um die in den §§ 8 und 9 bezeichneten Beträge.

1. Der Gewerbeertrag ist **nach den Vorschriften des Einkommensteuergesetzes** zu ermitteln. Das bedeutet nicht, daß in jedem Fall der im Einkommensteuerbescheid bzw. Körperschaftsteuerbescheid festgesetzte Gewinn ohne weiteres für die Gewerbesteuerveranlagung zu übernehmen ist. Wenn das auch die Regel sein wird, so muß doch der Gewinn für die Gewerbeertragsteuer selbständig ermittelt werden. Auch muß bei der Gewerbesteuerveranlagung selbständig geprüft werden, ob ein Gewerbebetrieb vorliegt, wenn z. B. das Finanzamt entgegen der Erklärung des Steuerpflichtigen Einkünfte als gewerbliche beurteilt hat, die keine solchen sind, muß der Steuerpflichtige gegen den Einkommensteuerbescheid **und** gegen den Gewerbesteuerbescheid das Rechtsmittel einlegen, wenn er eine Änderung der beiden Veranlagungen erreichen will. Will der Steuerpflichtige dagegen nur Änderung des gewerbesteuerpflichtigen Gewinns erreichen, genügt es, gegen den Gewerbesteuermeßbescheid das Rechtsmittel einzulegen.

Der vorschriftsmäßig ermittelte Gewinn vermehrt sich um die Hinzurechnungen des § 8 und vermindert sich um die Kürzungen des § 9.

2. Maßgeblich für die Ermittlung des gewerbesteuerpflichtigen Gewinnes sind die §§ 4—7 des Einkommensteuer- und §§ 6—16 des Körperschaftsteuergesetzes. Die Vorschriften des EStG. über die Verbrauchsbesteuerung und die des KStG. über die Mindestbesteuerung finden auf die Gewerbesteuer keine Anwendung. Näheres darüber s. Wagelaar, Einkommensteuergesetz bzw. Wagelaar, Körperschaftsteuergesetz, Guttentagsche Sammlung B. 228 und Bd. 229.

Durch das Gesetz Nr. 12 des Alliierten Kontrollrates sind die Vorschriften des Einkommen- und Körperschaftsteuergesetzes in manchen Punkten geändert worden. So ist z. B. im Artikel VIII bestimmt, daß für gewisse Verluste für die verflossenen Jahre Steuerermäßigungen nicht gewährt werden dürfen.

Für das Gewerbesteuergesetz ist bisher eine entsprechende Anordnung nicht ergangen.

Dritte GewStDV.

§ 17.
Gewinn.

(1) Als Gewinn, der nach den Vorschriften des Einkommensteuergesetzes zu ermitteln ist, gilt der Gewinn im Sinn der §§ 4 bis 7 des Einkommensteuergesetzes.

(2) Als Gewinn, der nach den Vorschriften des Körperschaftsteuergesetzes zu ermitteln ist, gilt das Einkommen im Sinn des § 6 des Körperschaftsteuergesetzes. Der Verlustabzug (§ 10 Absatz 1 Ziffer 4 des Einkommensteuergesetzes) bleibt dabei unberücksichtigt.

§ 18.
Gewerbeertrag bei Abwicklung und Konkurs.

(1) Der Gewerbeertrag, der bei einem in der Abwicklung befindlichen Gewerbebetrieb im Sinn des § 2 Absatz 2 Ziffer 2 des Gesetzes im Zeitraum der Abwicklung entstanden ist, ist auf die Jahre des Abwicklungszeitraums zu verteilen.

(2) Das gilt entsprechend für Gewerbebetriebe, wenn über das Vermögen des Unternehmers das Konkursverfahren eröffnet worden ist.

§ 19.
Gewerbeverlust.

Der Gewerbeertrag wird bei Gewerbetreibenden, die Bücher nach den Vorschriften des Handelsgesetzbuches führen, um die Fehlbeträge gekürzt, die sich bei der Ermittlung des

Gewerbeertrags für die beiden vorangegangenen Wirtschaftsjahre (§ 10 des Gesetzes) nach den Vorschriften der §§ 7 bis 9 des Gesetzes ergeben haben, soweit die Fehlbeträge nicht bei der Ermittlung des Gewerbeertrags für das vorangegangene Wirtschaftsjahr gekürzt worden sind.

Zweite GewStVV.

§ 5.

Änderung des Gewerbesteuermeßbescheids von Amts wegen

(1) Der Gewerbesteuermeßbescheid ist von Amts wegen durch einen neuen Bescheid zu ersetzen, wenn der Einkommensteuerbescheid, der Körperschaftsteuerbescheid oder der Gewinnfeststellungsbescheid geändert wird und die Änderung die Höhe des Gewinns aus Gewerbebetrieb berührt. Die Änderung des Gewinns aus Gewerbebetrieb ist in dem neuen Gewerbesteuermeßbescheid insoweit zu berücksichtigen, als sie die Höhe des Gewerbeertrags beeinflußt.

(2) Die Vorschriften im Absatz 1 gelten auch für den Fall, daß der Gewerbesteuermeßbescheid, der von Amts wegen durch einen neuen Bescheid zu ersetzen ist, bereits unanfechtbar geworden ist. Der Erlaß des neuen Gewerbesteuermeßbescheids kann zurückgestellt werden, bis die Änderung des Einkommensteuerbescheids, Körperschaftsteuerbescheids oder Gewinnfeststellungsbescheids unanfechtbar geworden ist.

§ 6.

Zeitliche Berücksichtigung der Gewerbesteuer bei der Gewinnermittlung.

Die Gewerbesteuer nach dem Gewerbeertrag und nach dem Gewerbekapital darf bei der Gewinnermittlung § 4 Absatz 1 und § 5 des Einkommensteuergesetzes gemäß für einen Erhebungszeitraum, der nach dem 31. März 1943 beginnt, nur insoweit gewinnmindernd berücksichtigt werden, als sie im Wirtschaftsjahr fällig geworden ist.

GewStR. 1943.

1. Ermittlung des Gewerbeertrags.

(1) Der Gewerbeertrag ist § 7 GewStG. gemäß grundsätzlich selbständig zu ermitteln. Ausgangspunkt für die Ermittlung des Gewerbeertrags ist nicht ohne weiteres der Gewinn, der der Einkommensteuer- oder der Körperschaftsteuerveranlagung zugrunde gelegt worden ist. Es bedarf der selbständigen Gewinnermittlung für die Gewerbesteuer. Dabei sind die Vorschriften des Einkommensteuergesetzes über die Ermittlung des Gewinns anzuwenden. In der Regel wird danach der für die Einkommensteuer (Körperschaft-

steuer) maßgebende Gewinn mit dem für die Ermittlung des Gewerbeertrags festzustellenden Gewinn übereinstimmen. Eine rechtliche Bindung besteht aber nicht. Auch der auf Grund der Vorschrift im § 6 der Verordnung über die Zuständigkeit im Besteuerungsverfahren vom 3. Januar 1944, RGBl. I S. 11, RStBl. 1944 S. 17 Nr. 19, und der auf Grund des § 215 Absatz 2 Ziffer 2 AO. gesondert festgestellte Gewinn aus Gewerbebetrieb sind für die Ermittlung des Gewerbeertrags nicht bindend.

(2) Der Steuerpflichtige kann im Gewerbesteuerverfahren Einwendungen gegen die Ermittlung des Gewinns aus Gewerbebetrieb unabhängig von dem Gang der Veranlagung bei der Einkommensteuer (Körperschaftsteuer) vorbringen. Ebenso sind die Ergebnisse des Rechtsmittelverfahrens auf dem Gebiet der Einkommensteuer (Körperschaftsteuer) für die Festsetzung des Gewerbesteuermeßbetrags nicht maßgebend. Ein Steuerpflichtiger, bei dem das Finanzamt entgegen seiner Einkommensteuererklärung und entgegen seiner Gewerbesteuererklärung Einkünfte als gewerbliche beurteilt hat, muß gegen den Einkommensteuerbescheid und gegen den Gewerbesteuermeßbescheid Einspruch einlegen, wenn er eine Änderung der beiden Veranlagungen erreichen will.

(3) Tatsachen, die eine Berichtigungsveranlagung (eine Berichtigungsfeststellung) begründen, sind für die Einkommensteuer (Körperschaftsteuer) und für die Gewerbesteuer auszuwerten.

(4) Für die Zeit der Geltungsdauer der Zweiten GewStVV. gilt eine abweichende Regelung. Hinweis auf Abschnitt 13 Absätze 1 bis 3.

2. Gewinn bei natürlichen Personen und bei Personengesellschaften.

(1) Gewinn aus Gewerbebetrieb ist bei Unternehmen, die von natürlichen Personen oder von Personengesellschaften betrieben werden, § 17 Absatz 1 der Dritten GewStDV. gemäß der Gewinn im Sinn der §§ 4 bis 7 EStG. Bei Personengesellschaften gehören zum Gewinn aus Gewerbebetrieb auch die Vergütungen, die der Gesellschafter von der Personengesellschaft für seine Tätigkeit im Dienst der Gesellschaft oder für die Hingabe von Darlehen oder für die Überlassung von Wirtschaftsgütern bezogen hat. Hinweis auf § 15 Ziffer 2 EStG.

(2) Außer den Gesetzesvorschriften über die Gewinnermittlung sind die auf die Gewinnermittlung bezüglichen Bestimmungen der EStDV. 1941 und die darauf bezüglichen allgemeinen Verwaltungsanordnungen zu beachten. Gesetzesvorschriften, Durchführungsvorschriften und Verwaltungs-

anordnungen, deren Geltung sich entweder auf die Einkommensteuer beschränkt oder die nach Lage der Sache bei der Gewerbesteuer nicht angewendet werden können, müssen außer Betracht bleiben. Es sind bei Ermittlung des Gewinns für Zwecke der Gewerbesteuer insbesondere die folgenden Vorschriften nicht anzuwenden:

1. § 16 Absatz 1 EStG. (Veräußerung des Betriebs), und zwar auch, soweit die Veräußerung eines Teilbetriebs oder des Anteils eines Gesellschafters in Betracht kommt. Das gilt für den Veräußerungsgewinn ebenso wie für den Veräußerungsverlust. Hinweis auf das RFH.-Urteil vom 4. Dezember 1940, RStBl. 1941 S. 291 Nr. 320;
2. § 17 EStG. (Veräußerung wesentlicher Beteiligungen), weil diese Vorschrift nur anwendbar ist, wenn die Beteiligungen nicht zu einem Betriebsvermögen gehören;
3. § 24 EStG. (Entschädigungen usw.), es sei denn, daß die dort bezeichneten Einkünfte innerhalb eines Gewerbebetriebs anfallen.

Verwaltungsanordnungen, durch die nur Billigkeitsmaßnahmen auf dem Gebiet der Einkommensteuer getroffen werden, gelten für die Gewerbesteuer nicht.

(3) Der für die Einkommensteuer aufgestellte Grundsatz, daß beim Übergang von der Besteuerung nach dem Überschuß der Betriebseinnahmen über die Betriebsausgaben zum Bestandsvergleich die bisherige steuerliche Erfassung oder Nichterfassung von Betriebsvermögen zu berücksichtigen ist (Hinweis auf Abschnitt 9 Absatz 4 EStR. 1941), gilt auch für die Gewerbeertragsteuer. Hinweis auf das RFH.-Urteil vom 29. Oktober 1941, RStBl. 1941 S. 867 Nr. 883.

(4) Die für die Zugehörigkeit von Grundstücken und Grundstücksteilen zum Betriebsvermögen getroffene Regelung im Abschnitt 7 EStR. 1941 gilt auch bei der Gewinnermittlung für Zwecke der Gewerbeertragsteuer. Es braucht demgemäß auch für die Gewerbesteuer nicht beanstandet zu werden, wenn der Steuerpflichtige in den Fällen, in denen das nach Abschnitt 7 EStR. 1941 zulässig ist, hinsichtlich der Zurechnung einzelner Grundstücksteile zum Betriebsvermögen und hinsichtlich der Zurechnung der Einnahmen und der Aufwendungen für einzelne Grundstücksteile zu den Betriebseinnahmen und den Betriebsausgaben abweichend von den allgemeinen Grundsätzen verfährt. Hinweis auf Abschnitt 3 meines Erlasses vom 12. März 1942, RStBl. 1942 S. 333 Nr. 216. Wegen der Kürzung § 9 Ziffer 1 Satz 1 GewStG. gemäß in diesen Fällen Hinweis auf Abschnitt 1 Absatz 3 zu § 9.

(5) . . . . .

(6) Wird die Einkommensteuer nach dem Verbrauch festgesetzt (§ 48 EStG.), muß für die Zwecke der Gewerbesteuer der Gewinn unter Anwendung der Gewinnermittlungvorschriften des Einkommensteuergesetzes besonders ermittelt werden.

3. Gewinn bei Körperschaften und nichtrechtsfähigen Vereinen.

(1) Bei Körperschaften und nichtrechtsfähigen Vereinen gilt § 17 Absatz 2 der Dritten GewStDV. gemäß als Gewinn das Einkommen im Sinn des § 6 KStG., jedoch ohne Berücksichtigung des Verlustabzugs. Was als Einkommen gilt und wie das Einkommen zu ermitteln ist, richtet sich nach den Vorschriften des Einkommensteuergesetzes und den §§ 7 bis 16 KStG. Bei der Ermittlung des Einkommens gelten die Anordnungen im Abschnitt 2 Absatz 2 letzter Satz und Absätze 3 bis 5 entsprechend. Der Verlustabzug im Sinn des § 10 Absatz 1 Ziffer 4 EStG. wird durch den Gewerbeverlust ersetzt (Hinweis auf Abschnitt 12). Die Vorschrift im § 17 KStG. über das Mindesteinkommen ist auf die Gewerbesteuer nicht anzuwenden. Die Schachtelvergünstigung (§ 9 KStG.) dagegen gilt auch bei der Ermittlung des Gewinns für die Zwecke der Gewerbesteuer. Der Veräußerungsgewinn gehört bei einer Kapitalgesellschaft zum steuerpflichtigen Gewerbeertrag. Hinweis auf die RFH.-Urteile vom 5. März 1940, RStBl. 1940 S. 476 Nr. 333, und vom 13. Januar 1942, RStBl. 1942 S. 274 Nr. 143. Bei Körperschaftsteuerpflichtigen, die keine Kapitalgesellschaften sind, gehört der Veräußerungsgewinn dagegen nicht zum steuerpflichtigen Gewerbeertrag. Hinweis auf das RFH.-Urteil vom 21. Mai 1940, RStBl. 1940 S. 667 Nr. 557.

(2) Ich habe die Finanzämter durch Abschnitt 2 meines Erlasses vom 22. Februar 1941, RStBl. 1941 S. 161 Nr. 171 ermächtigt, während der Dauer des Krieges bei der Bearbeitung der kleinen und kleinsten Körperschaftsteuerfälle großzügig zu verfahren, wenn die Veranlagungsarbeit offensichtlich außer Verhältnis zu dem zu erwartenden Aufkommen steht. Hinweis auf Abschnitt 5 zu § 3. Es soll in diesen Fällen möglichst von der Pauschbesteuerung § 21 KStG. gemäß Gebrauch gemacht werden. Diese Weisungen gelten für die Gewerbesteuer sinngemäß. Wegen der Pauschalierung des Steuermeßbetrags Hinweis auf Abschnitt 1 zu § 15.

4. Beteiligungen an ausländischen Unternehmen.

Der Gewinn, der auf Beteiligungen an ausländischen Personengesellschaften entfällt, ist unter bestimmten Voraussetzungen bei der Ermittlung des Gewerbeertrags auszuscheiden. Hinweis auf meinen Erlaß vom 25 Oktober 1939, RStBl. 1939 S. 1070 Nr. 1126. Die steuerlichen Vergünstigungen für deutsche Unternehmen, die an ausländischen Kapitalgesellschaften beteiligt sind (Hinweis auf meine Erlasse vom 24. Dezember 1942, RStBl. 1942 S. 1146 Nr. 1036, und vom 31. März 1943, RStBl. 1943 S. 313 Nr. 278), beziehen sich nicht auf die Gewerbesteuer.

5. Ermittlung des Gewerbeertrags im Fall der Organschaft.

(1) Die Organschaft ist im Gewerbesteuerrecht Betriebstätte des beherrschenden Unternehmens. Hinweis auf Abschnitt 10 Absatz 1 zu § 2. Es folgt daraus aber nicht, daß der Gewinn, der dem Gewerbeertrag zugrunde zu legen ist, für das beherrschende Unternehmen und für die Organgesellschaft einheitlich zu ermitteln ist. Die Gewinne des beherrschenden Unternehmens und der Untergesellschaft dürfen nicht abweichend von der körperschaftsteuerlichen Behandlung in einer einheitlichen Bilanz zusammengefaßt werden. Es verbleibt bei dem beherrschenden Unternehmen und bei der Organgesellschaft in demselben Umfang bei der getrennten Gewinnermittlung, wie sie bei der Körperschaftsteuer durchgeführt wird. Entsprechend der getrennten Gewinnermittlung sind auch die Gewerbeerträge für das beherrschende Unternehmen und für die Untergesellschaft getrennt zu ermitteln. Es unterbleiben aber zur Vermeidung einer doppelten steuerlichen Belastung Hinzurechnungen nach § 8 GewStG., soweit die für die Hinzurechnung in Betracht kommenden Beträge bereits in einem der zusammenzurechnenden Gewerbeerträge enthalten sind.

Beispiel:

Die Obergesellschaft hat der Organgesellschaft einen Dauerkredit von 1 Million Reichsmark eingeräumt. Die Zinsen für diesen Kredit sind in dem Gewerbeertrag der Obergesellschaft enthalten. Sie sind bei der Ermittlung des Gewerbeertrags der Untergesellschaft nicht mehr hinzuzurechnen.

(2) Die Gewerbeerträge des beherrschenden Unternehmens und der Organgesellschaften sind zusammenzurechnen. Wenn die Wirtschaftsjahre nicht zum gleichen Zeitpunkt enden, sind die Gewerbeerträge der im gleichen Kalenderjahr endenden Wirtschaftsjahre zusammenzurechnen. Wegen der Frage, welche Steuermeßzahlen auf die zusammengerechneten Gewerbeerträge anzuwenden sind, Hinweis auf Abschnitt 1 zu § 11.

6. Ermittlung des Gewerbeertrags bei Kartellen und bei Syndikaten.

Hinweis auf die Verordnung über Körperschaftsteuer, Vermögensteuer und Gewerbesteuer der Kartelle und der Syndikate vom 20. Dezember 1941, RGBl. I S. 791, RStBl. 1941 S. 953 Nr. 977 und auf meine Erlasse vom 20. Dezember 1941 RStBl. 1941 S. 954 Nr. 978, und vom 20. Februar 1943, RStBl. 1943 S. 201 Nr. 147.

7. Ermittlung des Gewerbeertrags bei Erwerbs- und Wirtschaftsgenossenschaften.

(1) Die Vorschriften der Verordnung über die Körperschaftsteuer der Erwerbs- und Wirtschaftsgenossenschaften vom 8 Dezember 1939, RGBl. I S. 2391, RStBl. 1939 S. 1189 Nr. 1262, und mein dazu ergangener Erlaß vom 11. Dezember 1939, RStBl. 1939 S. 1198 Nr. 1267, sind sinngemäß auch auf die Ermittlung des Gewerbeertrags bei Erwerbs- und Wirtschaftsgenossenschaften anzuwenden. Hinweis auf § 8 der Dritten GewStDV.

(2) Gewerbliche Werk- und Lieferungsgenossenschaften können Eigenkapital auch gewerbesteuerfrei bilden, wenn die Voraussetzungen des § 3 der im Absatz 1 bezeichneten Verordnung vorliegen.

(3) Warenrückvergütungen sind im Rahmen des § 5 der im Absatz 1 bezeichneten Verordnung bei Berechnung des Gewerbeertrags abzugsfähig. Der Reichsfinanzhof hatte in seinem Urteil vom 20. Dezember 1938, RStBl. 1939 S. 689 Nr. 632, neue Grundsätze über die steuerliche Behandlung der Warenrückvergütungen bei der Gewerbesteuer aufgestellt. Dieses Urteil ist aber durch die im Absatz 1 bezeichnete Verordnung, die sinngemäß erstmalig für die Gewerbesteuer des Rechnungsjahrs 1940 anzuwenden war, überholt. Bei nachträglicher Festsetzung, bei Berichtigung oder Änderung des Steuermeßbetrags für frühere Rechnungsjahre ist nicht kleinlich zu verfahren. Es ist deshalb in diesen Fällen eine steuerpflichtige verdeckte Gewinnausschüttung höchstens in dem Umfang anzunehmen, in dem sich bei Anwendung der Vorschrift im § 5 der im Absatz 1 bezeichneten Verordnung eine Gewerbesteuerpflicht der Warenrückvergütung ergeben würde. Die bezeichnete Vorschrift kann keine Anwendung finden, wenn Warenrückvergütungen nicht nur Mitgliedern, sondern auch Nichtmitgliedern gewährt werden. Die Steuerpflicht der den Mitgliedern gewährten Warenrückvergütungen beurteilt sich in diesem Fall nach den allgemeinen Grundsätzen für die Annahme verdeckter Gewinnausschüttungen. Hinweis auf das RFH.-Urteil vom 9. April 1943, RStBl. 1943 S. 472 Nr. 434.

(4) Wegen der landwirtschaftlichen Nutzungs- und Verwertungsgenossenschaften Hinweis auf Abschnitt 9 Absatz 2 zu § 3, wegen der ländlichen Kleinstgenossenschaften Hinweis auf Abschnitt 9 Absatz 3 zu § 3 und wegen der Kreditgenossenschaften, die Kredite ausschließlich an ihre Mitglieder gewähren, Hinweis auf Abschnitt 9 Absatz 4 zu § 3. Wegen der Steuererleichterungen bei Rationalisierungsmaßnahmen im genossenschaftlichen Kreditgewerbe Hinweis auf meinen Erlaß vom 17. Juli 1943, RStBl. 1943 S. 805 Nr. 841.

8. Ermittlung des Gewerbeertrags bei Sparkassen.

Die Ausgliederung des Spargeschäfts ist bei der Körperschaftsteuer ab dem Veranlagungszeitraum 1941 grundlegend vereinfacht worden. Es sind bis auf weiteres in jedem Fall zwanzig vom Hundert des Einkommens der Sparkasse als steuerpflichtig zu behandeln. Sondergewinne und Sonderverluste sind nicht mehr besonders zu berücksichtigen. Hinweis auf Abschnitt 2 meines Erlasses vom 4. März 1942, RStBl. 1942 S. 305 Nr. 185. Die Neuregelung gilt nicht für solche Sparkassen, die sich auf das reine Spargeschäft beschränken. Diese Sparkassen sind in vollem Umfang von der Körperschaftsteuer befreit. Hinweis auf Abschnitt 4 zu § 3. Die Neuregelung gilt entsprechend auch für die Gewerbesteuer.

9. Steuerliche Behandlung der kleinen Versicherungsunternehmen.

Wegen der Veranlagung der kleinen Lebensversicherungsunternehmen, die auf versicherungstechnischer Grundlage arbeiten, und der kleinen Lebensversicherungsunternehmen, die Umlagen erheben, Hinweis auf die Abschnitte 2 und 3 meines Erlasses vom 15. Juli 1943, RStBl. 1943 S. 585 Nr. 559. Dieser Erlaß ist bei der Gewerbesteuer erstmalig für den Zeitraum vom 1. April bis 31. Dezember 1943 (§ 13 GewStVV.) und auf die noch nicht rechtskräftig abgeschlossenen Fälle für die Rechnungsjahre 1941 und 1942 anzuwenden.

10. Ermittlung des Gewerbeertrags bei Abwicklung und Konkurs.

Hinweis auf die Abschnitte 5 und 6 Absatz 4 zu § 10.

11. Ermittlung des Gewerbeertrags bei Zusammentreffen von Wandergewerbe und stehendem Gewerbe.

Das Gesetz über die Besteuerung des Wandergewerbes vom 10. Dezember 1937, RGBl. I S. 1348, RStBl. 1937 S. 1254

Nr. 1005, ist für die Zeit ab 1. Januar 1943 außer Kraft getreten. Die Wandergewerbebetriebe unterliegen, soweit sie im Inland betrieben werden, ab 1. Januar 1943 der Gewerbesteuer nach dem Gewerbeertrag und dem Gewerbekapital auf Grund des Gewerbesteuergesetzes. Werden Wandergewerbe und stehendes Gewerbe im Rahmen eines einheitlichen Betriebs betrieben, ist der Betrieb ab 1. Januar 1943 in vollem Umfang als stehendes Gewerbe zu behandeln. Es ist danach nicht mehr erforderlich, den Gewerbeertrag, der auf das Wandergewerbe entfällt, auszugliedern. Hinweis auf § 10 GewStVV. und auf Abschnitt 1 zu § 2.

12. Gewerbeverlust.

(1) § 19 der Dritten GewStDV. gemäß ist bei Gewerbetreibenden, die Bücher nach den Vorschriften des Handelsgesetzbuches führen, der Gewerbeertrag um die Fehlbeträge zu kürzen, die sich bei der Ermittlung des Gewerbeertrags für die beiden vorangegangenen Wirtschaftsjahre nach den §§ 7 bis 9 GewStG. ergeben haben, soweit die Fehlbeträge nicht bereits bei der Ermittlung des Gewerbeertrags für das vorangegangene Wirtschaftsjahr gekürzt worden sind. Diese Fehlbeträge werden als Gewerbeverlust bezeichnet.

(2) Für die Ermittlung des Gewerbeverlusts ist von dem Gewinn (Verlust) aus Gewerbebetrieb auszugehen, der nach den Vorschriften des Einkommensteuergesetzes oder des Körperschaftsteuergesetzes zu ermitteln ist. Die Ausführungen in meinem Erlaß vom 8. März 1939, RStBl. 1939 S. 433 Nr. 376 über die Behandlung von Sanierungsgewinnen und Schachtelgewinnen bei der Ermittlung des Verlustabzugs sind zu beachten. Der Verlust bei Körperschaften ist aber nicht um die Aufsichtsratsvergütungen zu erhöhen (Hinweis auf Abschnitt II Absatz 3 Buchstabe c des bezeichneten Erlasses), weil diese — im Gegensatz zur Körperschaftsteuer — bei der Gewerbesteuer im Verlustjahr steuerlich nicht erfaßt werden.

(3) Der so ermittelte Gewinn (Verlust) aus Gewerbebetrieb ist um die in den §§ 8 und 9 GewStG. bezeichneten Beträge (Hinzurechnungen und Kürzungen) zu erhöhen oder zu vermindern. Dabei sind die Vorschriften im § 2 der Zweiten GewStVV. zu berücksichtigen. Erst ein Fehlbetrag, der sich dann ergibt, ist als Gewerbeverlust zu kürzen. Je nach der Höhe der Hinzurechnungen und der Kürzungen kann demgemäß der Abzug eines Gewerbeverlustes auch in Betracht kommen, wenn ein Gewinn aus Gewerbebetrieb vorliegt. Anderseits braucht sich trotz eines Verlusts aus Gewerbebetrieb ein Gewerbeverlust nicht zu ergeben.

Beispiele:

A.	Gewinn aus Gewerbebetrieb	500 RM
	Hinzurechnungen § 8 GewStG. gemäß .	+ 500 „
	Summe des Gewinns und der Hinzurechnungen	1000 RM
	Kürzungen § 9 GewStG. gemäß . . .	— 1200 „
	Gewerbeverlust . . .	200 RM
B.	Verlust aus Gewerbebetrieb	— 3000 RM
	Hinzurechnungen § 8 GewStG. gemäß .	+ 6200 „
	Summe des Gewinns und der Hinzurechnungen	3200 RM
	Kürzungen § 9 GewStG. gemäß . . .	— 1200 „
	Gewerbeertrag . . .	2000 RM

(4) Das Recht auf Geltendmachung des Gewerbeverlusts ist an die Person des Gewerbetreibenden geknüpft, der den Verlust erlitten hat. Der Gewerbeverlust geht demgemäß zum Beispiel bei der Umwandlung einer Aktiengesellschaft in eine Kommanditgesellschaft nicht auf die Kommanditgesellschaft über. Hinweis auf das RFH.-Urteil vom 26. August 1942, RStBl. 1942 S. 1024 Nr. 900.

13. Vereinfachungsmaßnahmen.

a) Änderung des Gewerbesteuermeßbescheids von Amts wegen.

(1) Der Gewerbesteuermeßbescheid ist § 5 der Zweiten GewStVV. gemäß von Amts wegen durch einen neuen Bescheid zu ersetzen, wenn der Einkommensteuerbescheid, der Körperschaftsteuerbescheid oder der Gewinnfeststellungsbescheid geändert wird. Es ist dabei einerlei, aus welchen Gründen dieser Bescheid geändert wird (Rechtsmittelentscheidung, Änderung §§ 92 und 94 AO. gemäß, Berichtigung § 222 AO. gemäß). Voraussetzungen sind nur, daß

1. die Änderung des bezeichneten Bescheids die Höhe des Gewinns aus Gewerbebetrieb berührt und
2. diese Änderung die Höhe des Gewerbeertrags beeinflußt.

Sind diese beiden Voraussetzungen erfüllt, wird die Änderung des Gewinns aus Gewerbebetrieb in dem neuen Gewerbesteuermeßbescheid von Amts wegen insoweit berücksichtigt, als sie die Höhe des Gewerbeertrags beeinflußt.

(2) Der Steuerpflichtige kann gegen den Gewerbesteuermeßbescheid auch künftig Rechtsmittel einlegen. Er wird aber auf die Ausübung dieser Rechtsmittelbefugnis verzichten

wenn er im Rechtsmittelverfahren gegen den Einkommensteuerbescheid, den Körperschaftsteuerbescheid oder den Gewinnfeststellungsbescheid Einwendungen erhoben hat, die den einkommensteuerlich (körperschaftsteuerlich) maßgebenden Gewinn und den gewerbesteuerlich maßgebenden Gewinn beeinflussen. Erstrebt der Steuerpflichtige eine Änderung des Gewinns aus Gewerbebetrieb nur für Zwecke der Gewerbesteuer, weil seine Einwendungen die Höhe des Gewinns aus Gewerbebetrieb im Sinn des Einkommensteuergesetzes oder des Körperschaftsteuergesetzes nicht beeinflussen, muß er wie bisher das Rechtsmittel gegen den Gewerbesteuermeßbescheid einlegen.

Beispiel:

Der Gewinn aus Gewerbebetrieb ist bei der Einkommensteuerveranlagung und bei der Festsetzung des Gewerbesteuermeßbetrags mit 40000 Reichsmark angesetzt worden. In diesem Gewinn ist ein Gewinn aus der Veräußerung eines Teilbetriebs von 15000 Reichsmark enthalten. Die Höhe dieser Gewinne ist unbestritten.

Der Steuerpflichtige muß, wenn er erreichen will, daß der Veräußerungsgewinn für die Gewerbesteuer außer Betracht bleibt (Hinweis auf Abschnitt 2 Absatz 2 Ziffer 1), gegen den Gewerbesteuermeßbescheid Rechtsmittel einlegen.

(3) Das Verfahren § 5 der Zweiten GewStVV. gemäß ist auch dann anzuwenden, wenn die Änderung des Einkommensteuerbescheids, des Körperschaftsteuerbescheids oder des Gewinnfeststellungsbescheids einen Gewinn aus Gewerbebetrieb betrifft, der als Bemessungsgrundlage für die Gewerbesteuer eines Erhebungszeitraums vor dem 1. April 1943 in Betracht kommt.

b) Zeitliche Berücksichtigung der Gewerbesteuer bei der steuerlichen Gewinnermittlung.

(4) Wegen der Auswirkung der Vorschrift im § 6 der Zweiten GewStVV. Hinweis auf Abschnitt 8 EStER. 1943. Wegen der Regelung für das Wirtschaftsjahr 1943 (1942/43). Hinweis auf meinen Erlaß vom 15. Februar 1944, RStBl. 1944 S. 57 Nr. 79.

Aus der Rechtsprechung des RFH.

Zu § 7 GewStG.

Der nach dem Vermögensvergleich ermittelte Gewinn einer buchführungspflichtigen Erwerbsgesellschaft um-

faßt auch Einkünfte, die nicht unter die Einkunftsarten des § 2 Absatz 3 EStG. fallen.

(RFH.-Urteil vom 21. März 1944 I 188/43, RStBl. 1944 Nr. 421.)

Zur Berechnung von Leistung und Gegenleistung bei verdeckten Gewinnverteilungen durch Brennereigesellschaften.

(RFH.-Urteil vom 14. Juli 1942 I 63/42, RStBl. 1943, Nr. 130.)

Zinsen für Entnahmen der Gesellschafter gehören auch bei der Gewerbesteuer nicht zum Gewinn aus Gewerbebetrieb der Personengesellschaften.

(RFH.-Urteil vom 29. Oktober 1941 VI 146/41, RStBl. 1942 Nr. 79.)

Die gewerbesteuerliche Behandlung von Ruhegehaltszahlungen einer Personengesellschaft an einzelne Gesellschafter (frühere Geschäftsführer).

(RFH.-Urteil vom 26. November 1941 VI 396/40, RStBl. 1942 Nr. 107.)

Geht im Laufe eines Kalenderjahrs ein Gewerbebetrieb einer Kapitalgesellschaft im Weg einer steuerbegünstigten Umwandlung auf einen anderen bereits bestehenden Gewerbebetrieb über, so bildet bei der Ermittlung des Gewerbeertrags ein Umwandlungsverlust, der auf die Herabsetzung der Buchwerte der übertragenen Wirtschaftsgüter auf den niedrigeren Teilwert zurückzuführen ist, eine Abzugspost.

(RFH.-Urteil vom 9. Dezember 1941 I 242/41, RStBl. 1942 Nr. 217.)

Steuerliche Behandlung von Versicherungsprämien, die von einem Gewerbetreibenden zugunsten eines anderen Gewerbetreibenden im Rahmen der gegenseitigen Geschäftsbeziehungen entrichtet werden.

(RFH.-Urteil vom 30. Oktober 1940 VI 238/40, RStBl. 1941 Nr. 84.)

Entsteht beim Übergang des Betriebsvermögens einer Personengesellschaft auf eine Kapitalgesellschaft bei der ersten ein nach § 34 Absatz 2 Ziffer 2 EStG. besonders zu versteuernder Veräußerungsgewinn, so bleibt dieser Gewinn bei der Festsetzung des Gewerbeertrags der Kapitalgesellschaft für das auf den Übergang folgende Rechnungsjahr unberücksichtigt. Bei dieser Gewerbesteuerveranlagung darf der Gewerbeertrag der Personengesellschaft, der bei der Ermittlung des Gewerbeertrags der Kapitalgesellschaft anzurechnen ist, in der Regel nicht über die Vorschriften der §§ 8 und 9 GewStG. hinaus gekürzt oder erhöht werden, falls der übernommene Betrieb im wesentlichen unverändert fortgeführt wird.

(RFH.-Urteil vom 29. Oktober 1940 I 339/40, RStBl. 1941 Nr. 174.)

Zur Ermittlung des Gewerbeertrags nach dem Gewerbesteuergesetz vom 1. Dezember 1936 darf nicht von Ansätzen besonderer landesrechtlicher Gewerbesteuerbilanzen ausgegangen werden.

(RFH.-Urteil vom 11. Februar 1941 I 249/40, RStBl. 1941 Nr. 321.)

Zur Behandlung von Abschreibungen auf Zahlungsrückstände ausgeschiedener Genossenschaftsmitglieder.

(RFH.-Urteil vom 24. September 1941 I 93/41, RStBl. 1941 Nr. 862.)

Der für die Einkommensteuer aufgestellte Grundsatz, daß beim Übergang von der Besteuerung nach Einnahmen und Ausgaben zum Bestandsvergleich die bisherige steuerliche Erfassung oder Nichterfassung von Betriebsvermögen zu berücksichtigen sei, gilt auch für die Gewerbesteuer.

(RFH.-Urteil vom 29. Oktober 1941 VI 313/41, RStBl. 1941 Nr. 883.)

Die Rechtsprechung des RFH. über die Anerkennung von Gewinnausschlußvereinbarungen bei echten Einkaufs- und Verkaufsgesellschaften auf dem Gebiet der Körperschaftsteuer gilt auch für das Gebiet der Gewerbesteuer.

(RFH. vom 14. November 1939 I 444/38, RStBl. 1940 Nr. 78.)

Hat eine Verbrauchergenossenschaft, deren Geschäftsbetrieb über den Kreis der Mitglieder hinausgeht, Kaufpreisrückvergütungen gleichmäßig an Mitglieder und Nichtmitglieder gewährt, so kann für die Gewerbesteuer eine verdeckte Gewinnausschüttung nur angenommen werden, wenn und soweit die den Mitgliedern zugestandenen Preise, die sich unter Berücksichtigung der Kaufpreisrückvergütungen errechnen, niedriger sind als die ortsüblichen Preise der verkauften Waren.

(RFH.-Urteil vom 12. Dezember 1939 I 317/39, RStBl. 1940 Nr. 308.)

Bei Körperschaftssteuerpflichtigen, die keine Kapitalgesellschaften sind, gehören Gewinne aus der Veräußerung des ganzen Gewerbebetriebs oder eines Teilbetriebs nicht zum steuerpflichtigen Gewerbeertrag.

(RFH.-Urteil vom 21. Mai 1940 I 132/40, RStBl. 1940 Nr. 557.)

Zum Gewerbekapital eines Erfinders, der seine Erfindung einem anderen zur Ausnutzung überläßt, gehört die Erfindung dann nicht (§ 12 Absatz 2 Ziffer 2 am Ende), wenn der Erfinder — etwa als Ausländer — nicht der Gewerbesteuer unterliegt. In diesem Fall findet auch die Ausnahmebestimmung des § 8 Ziffer 8 Satz 2 GewStG. keine Anwendung.

Wenn eine ungeschützte Erfindung nach den Bestimmungen des Reichsbewertungsgesetzes nicht zum Vermögen des Erfinders gehört, so kann auch bei einem andern, dem die Erfindung zur Ausnutzung überlassen ist, der Wert dieses Nutzungsrechts nicht nach § 12 Absatz 2 Ziffer 2 GewStG. dem Gewerbekapital hinzugerechnet werden. Dagegen ist die Hälfte der für die Ausnutzung gezahlten Lizenzgebühren nach § 8 Ziffer 8 GewStG. dem Gewerbeertrag hinzuzurechnen.

(RFH.-Urteil vom 1. Oktober 1940 I 53/40, RStBl. 1940 Nr. 989.)

Gewerbeertrag bei Personengesellschaften:

Zum Gewerbeertrag gehören auch die Vergütungen, die die Gesellschafter von der Gesellschaft für die Überlassung von Wirtschaftsgütern beziehen (§ 15 Ziff. 2 EStG.).

Zur Ermittlung des Gewerbeertrags sind dem Gewinn auch die Zinsen für Hypotheken auf den Anlagegütern, die der Gesellschaft von den Gesellschaftern überlassen sind, hinzuzurechnen.

(RFH. vom 14. November 1938 VI 644/38, RStBl. 1939 Nr. 134.)

Für die Steuerpflicht und den Begriff der verdeckten Gewinnausschüttungen auf dem Gebiet des Gewerbesteuerrechts gelten — auch bei Genossenschaften — die vom Reichsfinanzhof auf dem Gebiet des Körperschaftsteuerrechts hierzu entwickelten Grundsätze.

Bei einer Bezugsgenossenschaft, deren Geschäftsbetrieb über den Kreis der Mitglieder hinausgeht, können nur an Mitglieder gewährte Kaufpreisrückvergütungen an dem nach den Vorschriften des Körperschaftsteuergesetzes festgestellten Gewinn für die Ermittlung des steuerpflichtigen Gewerbeertrags nicht abgesetzt werden, und zwar auch dann nicht, wenn die Mitglieder nach der Satzung einen Rechtsanspruch auf die Rückvergütungen haben.

(RFH.-Urteil vom 20. Dezember 1938 I 461/38, RStBl. 1939 Nr. 632.)

Die im Urteil vom 10. Januar 1939 (RStBl. 1939 S. 358) für die Körperschaftsteuer vertretene Auffassung, daß Versicherungsvereine, die Beiträge im Umlageverfahren erheben, die Zuführungen an eine Rücklage zum Ausgleich des schwankenden Jahresbedarfs nicht abziehen dürfen, gilt auch für die Gewerbesteuer.

(RFH.-Urteil vom 22. August 1939 I 6/39, RStBl. 1939 Nr. 1127.)

Wird ein von einer Kapitalgesellschaft betriebenes Geschäft von einem Einzelkaufmann übernommen und fortgeführt, so ist bei der Ermittlung des Gewerbeertrags, der für die Gewerbesteuer des neuen Unternehmers in dem folgenden Erhebungszeitraum maßgebend ist, ein von der Kapitalgesellschaft erzielter Veräußerungsgewinn nicht mit zu berücksichtigen.

(RFH.-Urteil vom 6. September 1939 VI 582/39, RStBl. 1939 Nr. 1218.)

§ 8.

Hinzurechnungen.

Dem Gewinn aus Gewerbebetrieb (§ 7) werden folgende Beträge wieder hinzugerechnet, soweit sie bei der Ermittlung des Gewinns abgesetzt sind:

1. Zinsen für Schulden, die wirtschaftlich mit der Gründung oder dem Erwerb des Betriebs (Teilbetriebs) oder eines Anteils am Betrieb oder mit einer Erweiterung oder Verbesserung des Betriebs zusammenhängen oder der nicht nur vorübergehenden Verstärkung des Betriebskapitals dienen;
2. Renten und dauernde Lasten, die wirtschaftlich mit der Gründung oder dem Erwerb des Betriebs (Teilbetriebs) oder eines Anteils am Betrieb zusammenhängen. Das gilt nicht, wenn diese Beträge beim Empfänger zur Steuer nach dem Gewerbeertrag heranzuziehen sind;
3. die Gewinnanteile des stillen Gesellschafters, sowie Gehälter und sonstige Vergütungen jeder Art, die für eine Beschäftigung des stillen Gesellschafters oder seines Ehegatten im Betrieb gewährt worden sind. Das gilt nicht, wenn diese Beträge beim Empfänger zur Steuer nach dem Gewerbeertrag heranzuziehen sind;
4. die Gewinnanteile, die an persönlich haftende Gesellschafter einer Kommanditgesellschaft auf Aktien auf ihre nicht auf das Grundkapital gemachten Einlagen oder als Vergütung (Tantieme) für die Geschäftsführung verteilt worden sind, sowie Gehälter und sonstige Vergütungen jeder Art, die für eine Beschäfti-

gung der Ehegatten dieser Gesellschafter im Betrieb gewährt worden sind;

5. Gehälter und sonstige Vergütungen jeder Art, die für eine Beschäftigung des Ehegatten des Unternehmers oder Mitunternehmers im Betrieb gewährt worden sind;
6. Gehälter und sonstige Vergütungen jeder Art, die von einem im § 2 Absatz 2 Ziffer 2 und Absatz 3 bezeichneten Unternehmen an wesentlich Beteiligte oder an ihre Ehegatten für eine Beschäftigung im Betrieb gewährt worden sind;
7. Vorteile, die von Vereinigungen zum gemeinsamen Ankauf von Lebensmitteln oder hauswirtschaftlichen Gegenständen im großen und Absatz im Einzelhandel an Käufer gewährt worden sind (Kundengewinn), soweit diese Vorteile drei vom Hundert der auf die Waren geleisteten Barzahlungen überstiegen haben. Hierbei ist es gleichgültig, ob der Kundengewinn Mitgliedern oder Nichtmitgliedern gewährt worden ist;
8. die Hälfte der Miet- und Pachtzinsen für die Benutzung der nicht in Grundbesitz bestehenden Wirtschaftsgüter des Anlagevermögens, die im Eigentum eines anderen stehen, Das gilt nicht, soweit die Miet- oder Pachtzinsen beim Empfänger zur Steuer nach dem Gewerbeertrag heranzuziehen sind;
9. die Anteile am Verlust einer offenen Handelsgesellschaft, einer Kommanditgesellschaft oder einer anderen Gesellschaft, bei der die Gesellschafter als Unternehmer (Mitunternehmer) des Gewerbebetriebs anzusehen sind.

1. Es entspricht dem Charakter der Gewerbesteuer als einer Objektsteuer, daß gewisse Beträge, die bei der Einkommensteuer abgesetzt werden können, dem Gewinn aus Gewerbebetrieb wieder hinzuzusetzen sind.
2. Dauerschulden werden diejenigen Schulden genannt, die wirtschaftlich mit der Gründung oder Erweiterung des Gewerbebetriebs zusammenhängen und nicht nur zur vorübergehenden Verstärkung des Betriebskapitals aufgenommen sind. Jedes Unternehmen benötigt ein gewisses Kapital. Kann dieses Kapital nicht aus eigenen Mitteln bereitgestellt werden, muß es von dritter Seite zur Verfügung gestellt werden. Die hierfür aufgewendeten Beträge — Zinsen, Renten und sonstige Lasten — dürfen den gewerbesteuerpflichtigen Gewinn nicht mindern. Was im einzelnen Fall als Dauerschuld anzusprechen ist und nicht als laufende Schuld zu gelten hat, kann strittig sein.
3. Die Renten und dauernden Lasten, welche zum Zwecke einer Erweiterung oder Verbesserung des Betriebes aufgenommen sind, scheiden für die Hinzurechnungen aus.
4. Die Hinzurechnungen der Ziffern 3—6 betreffen die sog. Gesellschafterbezüge, nämlich die Gewinnanteile und Bezüge des stillen Gesellschafters oder des persönlich haftenden Gesellschafters einer Kommanditgesellschaft auf Aktien sowie die Gehälter für Ehegatten oder wesentlich beteiligte Personen.
5. Kundengewinne, Warenrabatte, Kaufpreisrückvergütungen und dgl., die von Konsumgenossenschaften und sonstigen Einkaufsgemeinschaften an ihre Kunden gewährt werden, werden dem gewerbesteuerlichen Gewinn wieder hinzugefügt, soweit diese Vorteile 3 % der auf die Waren geleisteten Barzahlungen überstiegen haben.
6. Damit diejenigen Gewerbebetriebe, welche Wirtschaftsgüter des Anlagevermögens, die nicht im Grundbesitz bestehen, z. B. Maschinen gemietet haben, steuerlich nicht besser gestellt sind als Betriebe mit eignem Maschinenpark, ist die Hälfte der Miet- und Pachtzinsen dem gewerbesteuerlichen Gewinn hinzuzurechnen.

7. Anteile am Verlust einer OHG., Kom.Ges. oder einer anderen Gesellschaft, bei der die Gesellschafter als Unternehmer (Mitunternehmer) anzusehen sind, sind ebenfalls dem Gewinn hinzuzurechnen. Dafür sind Gewinnanteile aus solchen Beteiligungen gem. § 9 Ziffer 2 von dem gewerbesteuerlichen Gewinn wieder abzusetzen. Zweck der Vorschrift ist, eine Doppelbesteuerung zu vermeiden, da die Gesellschaften schon selbständig zur Gewerbesteuer herangezogen werden.

Dritte GewStDV.

§ 20.

Begriff der wesentlichen Beteiligung.

(1) Unter wesentlich Beteiligten im Sinn des § 8 Ziffer 6 des Gesetzes sind natürliche Personen zu verstehen. Unter wesentlich Beteiligten im Sinn des § 9 Ziffer 1 Satz 2 des Gesetzes sind natürliche und juristische Personen zu verstehen.

(2) Eine Person ist an einem Unternehmen wesentlich beteiligt, wenn sie zu mehr als einem Viertel beteiligt ist. Eine natürliche Person ist auch dann wesentlich beteiligt, wenn sie und ihre Angehörigen zusammen zu mehr als einem Viertel beteiligt sind. Beteiligung durch Vermittlung eines Treuhänders oder einer Gesellschaft steht einer unmittelbaren Beteiligung gleich. Die Beteiligung muß in einem Zeitpunkt des Bemessungszeitraums bestanden haben, der für die Ermittlung des Gewerbeertrags maßgebend ist.

§ 21.

Dauerschulden bei Kreditinstituten.

Bei Kreditinstituten im Sinn des § 1 des Gesetzes über das Kreditwesen vom 25. September 1939 (RGBl. I S. 1955), die geschäftsmäßig Geldbeträge annehmen und abgeben, gelten hereingenommene Gelder, Darlehen und Anleihen nur insoweit als Dauerschulden, als der Ansatz der zum Anlagevermögen gehörigen Betriebsgrundstücke (einschließlich Gebäude) und dauernden Beteiligungen das Eigenkapital überschreitet.

§ 22.

Überschuldete Betriebe des Gaststätten- und Beherbergungsgewerbes.

Übersteigen bei Betrieben des Gaststätten- und Beherbergungsgewerbes die Dauerschulden 130 vom Hundert des Einheitswerts der Betriebsgrundstücke und führt die Hinzurechnung dieser Schulden oder ihrer Zinsen zu einer unbilligen Besteuerung, so ist auf Antrag insoweit von einer Hinzurechnung abzusehen.

Zweite GewStVV.

§ 2.

Hinzurechnungen und Kürzungen beim Gewerbeertrag.

Die Hinzurechnung § 8 Ziffer 1 des Gewerbesteuergesetzes gemäß und die Kürzung § 9 Ziffer 1 Satz 1 des Gewerbesteuergesetzes gemäß werden nur vorgenommen, wenn der Gewinn aus Gewerbebetrieb, der die Grundlage für die Ermittlung des Steuermeßbetrags nach dem Gewerbeertrag bildet, mehr als 12000 Reichsmark beträgt.

GewStR. 1943.

1. Begriff der Dauerschulden (§ 8 Ziffer 1 GewStG.).

(1) § 8 Ziffer 1 GewStG. gemäß sind dem gewerblichen Gewinn die bei seiner Ermittlung abgezogenen Zinsen für solche Schulden hinzuzurechnen, die wirtschaftlich mit der Gründung oder dem Erwerb des Betriebs (Teilbetriebs) oder eines Anteils am Betrieb oder mit einer Erweiterung oder Verbesserung des Betriebs zusammenhängen oder der nicht nur vorübergehenden Verstärkung des Betriebskapitals dienen. Die Verbindlichkeiten, die diesen Zinsen entsprechen, sind § 12 Absatz 2 Ziffer 1 GewStG. gemäß für die Ermittlung des Gewerbekapitals dem Einheitswert des gewerblichen Betriebs hinzuzurechnen, soweit sie bei der Feststellung des Einheitswerts abgezogen worden sind. Die so abgegrenzten Schulden werden als Dauerschulden bezeichnet. Bei der Begriffsbestimmung im § 8 Ziffer 1 GewStG. umfaßt der Tatbestand „Schulden, die der nicht nur vorübergehenden Verstärkung des Betriebskapitals dienen" als allgemeiner Tatbestand die anderen Tatbestände des § 8 Ziffer 1 GewStG. mit. Wesentlich ist für Dauerschulden, daß durch ihre Aufnahme dem Gewerbebetrieb nicht nur vorübergehend fremde Mittel dienstbar gemacht werden.

(2) Es stellt grundsätzlich jede Schuldaufnahme im Rahmen eines Gewerbebetriebs eine Verstärkung des Betriebskapitals dar. Der Begriff „Verstärkung" setzt nicht eine Erhöhung des ursprünglichen Betriebskapitals voraus, es genügt die Ergänzung oder Wiederherstellung. Es kommt nicht darauf an, zu welchem Zweck die Schuld nach dem Willen des Unternehmers aufgenommen worden ist. Ob für den Betrieb ein Bedarf nach vermehrtem Kapital vorlag oder ob sich der Unternehmer durch die Aufnahme des Darlehens dem Darlehensgeber gefällig erweisen wollte, ist einerlei. Die Verwendung der dem Betrieb zugeflossenen Mittel ist nur insofern von Bedeutung, als sich daraus bestimmte Rückschlüsse auf die Dauerhaftigkeit der Schuldaufnahme ziehen lassen. Hinweis auf die Absätze 4 bis 6. Wegen der Stillhalteschulden

und anderer Schulden, deren Tilgung durch gesetzliche oder behördliche Maßnahmen ausgesetzt ist, Hinweis auf Absatz 10.

(3) Es kommt für die Prüfung der Frage, ob eine Dauerschuld vorliegt, ausschlaggebend auf das zeitliche Moment, das heißt darauf an, ob die Schuld der dauernden (nicht nur vorübergehenden) oder der nur vorübergehenden Verstärkung des Betriebskapitals dient. Das ist in jedem Fall Tatfrage. Für die Beurteilung des Tatbestands kommt es nicht auf die Abmachungen der Parteien, sondern auf das tatsächliche Geschäftsverhältnis an. Auch ein Kredit, für den von vornherein nur eine kurze Laufzeit vereinbart worden ist, kann die Eigenschaft einer Dauerschuld haben, wenn aus dem Geschäftsverhältnis der Beteiligten zu entnehmen ist, daß ein solcher Kredit sich üblicherweise ohne weiteres auf eine längere Dauer erstrecken wird. Jedes selbständige Kreditgeschäft ist für sich zu betrachten. Es ist nicht zulässig, mehrere selbständige Kreditgeschäfte als eine Einheit anzusehen und davon die Beantwortung der Frage abhängig zu machen, ob eine Dauerschuld oder eine laufende Schuld vorliegt. Hinweis auf das RFH.-Urteil vom 9. Januar 1940, RStBl. 1940 S. 666 Nr. 556. In der Regel kann davon ausgegangen werden, daß Schulden mit einer Laufzeit von mehr als einem Jahr Dauerschulden darstellen und daß Schulden mit einer Laufzeit bis zu drei Monaten als laufende Schulden anzusehen sind.

(4) Die Ausgestaltung einer Schuld läßt oft eine Vermutung zu, ob sie für die Dauer oder vorübergehend das Betriebskapital verstärken soll. So sind Teilschuldverschreibungen (Anleihen, Obligationen) stets und Hypothekenschulden, mit Ausnahme der Sicherungshypotheken, in der Regel als Dauerschulden anzusehen. Hypothekenschulden, die ein Bauunternehmer zwecks Errichtung von Gebäuden aufgenommen hat, die zur Veräußerung bestimmt sind, können vorbehaltlich der Ausführungen im Absatz 14 ähnlich wie Warenschulden (Hinweis auf Absatz 5) als laufende Schulden zu behandeln sein.

(5) Bei laufenden Warenschulden, bei Lohnrückständen und bei Bankschulden, die zur Bezahlung von Warenschulden oder Löhnen aufgenommen sind, spricht die Vermutung gegen die Dauerhaftigkeit der Schuldaufnahme. Es handelt sich dabei um Verbindlichkeiten, die im gewöhnlichen Geschäftsverkehr eines Unternehmens eingegangen werden und regelmäßig nach kurzer Zeit durch Erfüllung oder Zahlung sich erledigen. Erhält ein Gewerbebetrieb für die einzelnen Warenlieferungen jeweils einen besonderen Kredit mit der Auflage, ihn mit dem Erlös aus den verkauften Waren abzudecken, dienen diese Sonderkredite nicht einer Verstärkung des Betriebskapitals für die Dauer. Sie beziehen sich nur auf die

einzelne Warenlieferung und erledigen sich mit deren Abwicklung. Derartige Kredite, die eng mit den einzelnen Warenposten zusammenhängen, sind laufende Schulden. Hinweis auf die RFH.-Urteile vom 5. Dezember 1939, RStBl. 1940 S. 27 Nr. 30, und vom 1. Oktober 1940, RStBl. 1941 S. 363 Nr. 399. Das gilt im allgemeinen auch für Zollkredite auf Grund des § 129 AO. und für Lombardkredite. Hinweis auf die RFH.-Urteile vom 12. Oktober 1938, RStBl. 1938 S. 1134 Nr. 1101, und vom 17. Mai 1939, RStBl. 1939 S. 890 Nr. 883.

(6) Bei Lebensversicherungsunternehmen gehören die Gewinnanteile der Versicherten, die gutgeschrieben und mit den aufgelaufenen Zinsen bei Fälligkeit der Versicherungssumme mitausgezahlt werden, nicht zu den laufenden Schulden. Hinweis auf das RFH.-Urteil vom 11. Juni 1940, RStBl. 1940 S. 826 Nr. 716. Die Deckungsrückstellung (Deckungsrücklage) der Lebensversicherungsunternehmen ist keine Dauerschuld im Sinn des Gewerbesteuergesetzes. Das gleiche gilt für die verzinslich angesammelten Gewinnanteile der Versicherungsnehmer, wenn die Gegenwerte ähnlichen Verfügungsbeschränkungen wie die Bestände des Deckungsstocks unterliegen. Hinweis auf das Gutachten des RFH. vom 26. November 1943, RStBl. 1944 S. 171 Nr. 154.

(7) Kontokorrentschulden sind im allgemeinen laufende Schulden, es sei denn, daß aus dem Geschäftsverhältnis der Beteiligten geschlossen werden muß, daß trotz der äußeren Form des Kontokorrentverkehrs ein bestimmter Mindestkredit dem Unternehmen dauernd gewidmet werden soll. In diesem Fall ist für die Hinzurechnung der Schuldzinsen grundsätzlich von dem Mindestbetrag der Schuld in dem Bemessungszeitraum auszugehen. Nur insoweit kann die Schuld als dauernde Verstärkung des Betriebskapitals angesehen werden. Hat der niedrigste Schuldenstand nur während ganz kurzer Zeit, einige Tage bestanden, ist er für die Feststellung der als Dauerschuld in Betracht kommenden Mindestbetrags der Schuld unberücksichtigt zu lassen. Hinweis auf die RFH.-Urteile vom 14. November 1938, RStBl. 1939 S. 160 Nr. 135, vom 22. November 1938, RStBl. 1939 S. 216 Nr. 185, und vom 22. Juni 1943, RStBl. 1943 S. 695 Nr. 676. Das gilt auch bei Saisonbetrieben. Hinweis auf das RFH.-Urteil vom 26. Oktober 1938, RStBl. 1938 S. 1117 Nr. 1071.

Beispiel:

Ein Gewerbebetrieb hatte während des Bemessungszeitraums bei einer Bank eine Kontokorrentschuld, die mit 4 vom Hundert zu verzinsen war. Die Schuld hat zwischen 50000 Reichsmark und 150 Reichsmark geschwankt. Es sind insgesamt 4000 Reichsmark Zinsen entstanden. Als Dauerschuldzinsen sind dem Gewinn nur 4 vom Hundert von 50000 Reichsmark = 2000 Reichsmark hinzuzurechnen.

Ist der Schuldenstand von 50000 Reichsmark nur an zwei Tagen im Bemessungszeitraum erreicht worden, ist für die Hinzurechnung der Dauerschuldzinsen von dem nächstniedrigen Schuldenstand, der länger als nur während einiger Tage bestanden hat, auszugehen. Beträgt dieser 55000 Reichsmark, sind 2200 Reichsmark hinzuzurechnen.

Für die Ermittlung des Mindestbetrags der Schuld bei der Gewerbekapitalsteuer gelten zum Teil andere Grundsätze. Hinweis auf Abschnitt 4 Absatz 3 zu § 12.

(8) Kann eine für kurze Zeit aufgenommene Schuld, zum Beispiel infolge Fehlens flüssiger Mittel, nicht zurückgezahlt werden (eingefrorener Kredit), verwandelt sie sich, wenn der Gegenwert aus diesem Grund für längere Zeit im Betrieb bleibt, in eine Dauerschuld. Anderseits steht der Annahme von Dauerschulden das Vorhandensein von flüssigen Mitteln, die zu ihrer Tilgung ausreichen, in der Regel nicht entgegen. Hinweis auf das RFH.-Urteil vom 7. Dezember 1938, RStBl. 1939 S. 330 Nr. 314. Das gilt auch dann, wenn die flüssigen Mittel in einem Guthaben auf einem anderen Konto bei demselben Kreditgeber bestehen und die mehreren Konten zu dem Zweck geführt werden, verschiedene Geschäftsbeziehungen dauernd getrennt voneinander zu behandeln. Hinweis auf das RFH.-Urteil vom 11. März 1942, RStBl. 1942 S. 716 Nr. 547.

(9) Dauerschulden werden nicht dadurch zu laufenden Schulden, daß ihr Gegenwert nicht mehr vorhanden ist oder daß der Zeitpunkt der in Aussicht genommenen Tilgung kurz bevorsteht. Schulden, die einmal die Eigenschaft als Dauerschulden angenommen haben, bleiben Dauerschulden bis zum Erlöschen des Schuldverhältnisses.

(10) Warenschulden in ausländischer Währung, deren Abdeckung gewährleistet ist, deren Rückzahlung aber wegen vorübergehender Devisenschwierigkeiten stockt, bleiben laufende Schulden. Bei Stillhalteschulden, die wegen der Dauer ihres Bestehens zu den „nicht nur vorübergehenden Schulden“ (Absatz 3) gehören, fehlt es an der Voraussetzung der Verstärkung des Betriebskapitals (Absatz 2), wenn

1. der Schuldner glaubhaft machen kann, daß die von ihm betriebene Tilgung der Schuld allein wegen des behördlichen Eingreifens nicht möglich war,
2. unterstellt werden kann, daß bei Tilgung der Schuld die

Inanspruchnahme anderweiten Kredits nicht in Betracht gekommen wäre und
3. die zur Rückzahlung des Kredits erforderlichen flüssigen Mittel dem Unternehmen jederzeit zur Verfügung gestanden haben.

Stillhalteschulden sind demgemäß keine Dauerschulden, wenn die drei bezeichneten Voraussetzungen erfüllt sind. Hinweis auf das RFH.-Urteil vom 8. Oktober 1940, RStBl. 1941 S. 75 Nr. 96. Das gleiche gilt auch für andere Schulden, deren Tilgung durch gesetzliche oder behördliche Maßnahmen ausgesetzt ist. Hinweis auf das RFH.-Urteil vom 23. März 1943, RStBl. 1943 S. 509 Nr. 471.

(11) . . . . .

(12) Kredite, die zur Finanzierung einer Vorratshaltung aufgenommen werden, sind als Dauerschulden zu behandeln, wenn die Kredite nicht nur vorübergehend in Anspruch genommen werden. Das muß aus Gründen der Gleichmäßigkeit der Besteuerung auch dann gelten, wenn die Vorratshaltung auf behördlicher Anordnung beruht.

(13) Spareinlagen, die Brauereien von ihrer Kundschaft und von ihren Gefolgschaftsmitgliedern annehmen, sind grundsätzlich als Dauerschulden anzusehen. Dabei ist davon auszugehen, daß die gesamten Guthaben betrieblich eine Einheit bilden. Es ist für die Bemessung der Hinzurechnungen der niedrigste Jahresstand der Spareinlagen als Dauerschuld anzusetzen. Hinweis auf das RFH.-Urteil vom 3. August 1943, RStBl. 1943 S. 750 Nr. 751.

(14) Schulden, die zum Zweck der Beteiligung an einer Personengesellschaft aufgenommen worden sind, sind stets wie Dauerschulden zu behandeln, wenn wegen der Beteiligung an der Personengesellschaft eine Kürzung § 9 Ziffer 2 und § 12 Absatz 3 Ziffer 2 GewStG. gemäß in Betracht kommt. Das gleiche gilt für Hypothekenschulden, die ein Bauunternehmer zum Bau von Häusern aufgenommen hat und die deshalb an sich zu den laufenden Schulden gehören (Hinweis auf Absatz 4), wenn wegen des betreffenden Grundbesitzes eine Kürzung § 9 Ziffer 1 und § 12 Absatz 3 Ziffer 1 GewStG. gemäß in Betracht kommt. Hinweis auf das RFH.-Urteil vom 12. Februar 1941, RStBl. 1941 S. 284 Nr. 309.

(15) Die Hinzurechnung der Zinsen für Dauerschulden § 8 Ziffer 1 GewStG. gemäß ist für die Zeit der Geltungsdauer der Zweiten GewStVV. eingeschränkt. Hinweis auf Abschnitt 12.

2. Begriff der Zinsen für Dauerschulden.

Für die Frage, ob hinzuzurechnende Zinsen vorliegen, ist nicht die Bezeichnung, sondern der sachliche Inhalt der

Leistung entscheidend. Als Zinsen sind diejenigen Leistungen des Schuldners an den Gläubiger anzusehen, die das Entgelt für die Nutzung des Kredits darstellen. Bei Bankkrediten sind danach die laufenden Sondervergütungen (Provisionen), die neben den Zinsen vereinbart sind, in der Regel den Zinsen zuzurechnen. Soweit die von den Banken angesetzten Provisionen nicht mit den Dauerschulden zusammenhängen, fallen sie nicht unter die Vorschrift im § 8 Ziffer 1 GewStG. Daraus folgt, daß Kreditprovisionen für nicht in Anspruch genommene Kredite (Bereitstellungsprovisionen, Zusageprovisionen) und die Kreditprovisionen und die Umsatzprovisionen für den kurzfristigen Kredit dem Gewinn nicht hinzuzurechnen sind. Die Umsatzprovision ist insoweit kein Zins, als sie das Entgelt für Leistungen der Bank bildet, die nicht in der Überlassung des Kapitals bestehen, sondern darüber hinausgehende weitere Leistungen darstellen. Auch die mit Dauerschulden zusammenhängenden Geldbeschaffungskosten, laufenden Verwaltungskosten, Depotgebühren, Währungsverluste usw. sind keine Zinsen. Hinweis auf die RFH.-Urteile vom 26. Oktober 1938, RGBl. 1938 S. 1117 Nr. 1071, vom 13. September 1938, RStBl. 1938 S. 1118 Nr. 1072, vom 21. Februar 1939, RStBl. 1939 S. 711 Nr. 661, und vom 5. April 1939, RStBl. 1939 S. 762 Nr. 733. An einer Leistung des Schuldners an den Gläubiger fehlt es insoweit, als anläßlich der Erfüllung einer Zinsverpflichtung aus einer Dauerschuld in fremder Währung ein Abwertungsgewinn auf Grund des Gesetzes über Abwertungsgewinne an das Reich abgeführt wird. Hinweis auf das RFH.-Urteil vom 16. Juli 1940, RStBl. 1940 S. 811 Nr. 695.

3. Dauerschulden bei Betrieben des Gaststätten- und Beherbergungsgewerbes.

Bei Betrieben des Gaststätten- und Beherbergungsgewerbes wird § 22 der Dritten GewStDV. gemäß von einer Hinzurechnung der Dauerschulden und der Dauerschuldzinsen auf Antrag insoweit abgesehen, als die Dauerschulden 130 vom Hundert des Einheitswerts der Betriebsgrundstücke übersteigen. Voraussetzung für diese Regelung ist, daß die Hinzurechnung der gesamten Schulden oder ihrer Zinsen zu einer unbilligen Besteuerung führen würde. Von der Hinzurechnung der Dauerschulden bis zur Höhe von 130 vom Hundert des Einheitswerts der Betriebsgrundstücke und von der Hinzurechnung der diesem Betrag entsprechenden Zinsen kann nicht abgesehen werden.

4. Dauerschulden bei Kreditinstituten.

(1) § 21 der Dritten GewStDV. gemäß gelten bei Kreditinstituten hereingenommene Gelder, Darlehen und Anleihen

nur insoweit als Dauerschulden, als der Ansatz der zum Anlagevermögen gehörigen Betriebsgrundstücke (einschließlich Gebäude) und dauernden Beteiligungen das Eigenkapital überschreitet. Es gehören zum Anlagevermögen in diesem Sinn grundsätzlich alle Betriebsgrundstücke und alle dauernden Beteiligungen. Ist aber ein Betriebsgrundstück in der Zwangsversteigerung zur Rettung einer Forderung erworben worden und dient es betriebsfremden Zwecken, bestehen keine Bedenken, das Grundstück in den ersten drei Jahren nach dem Erwerb nicht dem Anlagevermögen, sondern dem Umlaufsvermögen zuzurechnen. Die dreijährige Frist beginnt mit dem Tag des Erwerbs des Grundstücks. Die Vergünstigung tritt ein, wenn die für die Gewerbesteuerveranlagung maßgebenden Bilanztage in die dreijährige Frist fallen.

Beispiel:

Das Eigenkapital einer Bank beträgt 5 Millionen Reichsmark. Die zum Anlagevermögen gehörigen Betriebsgrundstücke und dauernden Beteiligungen sind in der Bilanz mit 6 Millionen Reichsmark bewertet. Der Ansatz der zum Anlagevermögen gehörigen Betriebsgrundstücke und dauernden Beteiligungen übersteigt das Eigenkapital um 1 Million Reichsmark. Es betragen:

die hereingenommenen Gelder (zu 3 vom Hundert)	= 3 Millionen RM
die kurzfristigen Schulden (zu 1 vom Hundert)	= 2 Millionen RM
die Anleihen (zu 5 vom Hundert)	= 2 Millionen RM
zusammen . . .	7 Millionen RM

Von diesen 7 Millionen Reichsmark hereingenommener Gelder, Darlehen und Anleihen gilt der Betrag von (6 Millionen Reichsmark) — 5 Millionen Reichsmark =) 1 Million Reichsmark als Dauerschuld.

Der Betrag der Zinsen, der auf die 1 Million Reichsmark entfällt, ist nach dem gewogenen Durchschnitt wie folgt zu ermitteln:

für die hereingenommenen Gelder:

3 vom Hundert von 3 Millionen RM . . . . = 90 000 RM Zinsen

	Übertrag	90 000 RM Zinsen
für die kurzfristigen Darlehen:		
1 vom Hundert von 2 Millionen RM	=	20 000 „ „
für die Anleihen:		
5 vom Hundert von 2 Millionen RM	=	100 000 „ „
zusammen . . .		210 000 RM Zinsen

Dieser Zinsenbetrag entspricht bei 7 Millionen Reichsmark hereingenommener Gelder, Darlehen und Anleihen einem Zinsdurchschnitt von 3 vom Hundert. Es entfallen also auf den Betrag von 1 Million Reichsmark, der als Dauerschuld anzusehen ist, 30000 Reichsmark Zinsen. Dieser Betrag ist dem Gewinn hinzuzurechnen.

Wegen der Berechnung der Dauerschulden für die Ermittlung des Gewerbekapitals Hinweis auf Abschnitt 4 Absatz 5 zu § 12.

(2) Zu dem Eigenkapital im Sinn des § 21 der Dritten GewStDV. gehört auch der in der Bilanz auf den maßgebenden Stichtag ausgewiesene Gewinn, und zwar auch insoweit, als er nach gesetzlichen oder satzungsmäßigen Bestimmungen oder nach den Beschlüssen der zuständigen Organe einer Rücklage zuzuführen ist. Ist dagegen der Gewinn den Mitgliedern oder der beherrschenden Körperschaft zuzuführen oder soll er zu bestimmten Ausgaben oder zu echten Rückstellungen verwendet werden, gehört er insoweit nicht zum Eigenkapital, auch wenn die Verwendung in der Bilanz noch nicht zum Ausdruck kommt. Hinweis auf das RFH.-Urteil vom 16. April 1940, RStBl. 1940 S. 749 Nr. 649.

(3) Wegen des maßgebenden Stichtags für die Berechnung der Dauerschulden § 21 der Dritten GewStDV. gemäß Hinweis auf das im Absatz 2 bezeichnete RFH.-Urteil vom 16. April 1940.

(4) Spar- und Darlehnskassen gehören zu den Kreditinstituten im Sinn des § 21 der Dritten GewSt DV., wenn das Geld- und Kreditgeschäft das Hauptgeschäft ist. Bildet dagegen das Warengeschäft das Hauptgeschäft, kommt die Vergünstigung § 21 der Dritten GewStDV. gemäß nicht in Betracht. Hinweis auf das RFH.-Urteil vom 28. Oktober 1941, RStBl. 1941 S. 868 Nr. 885. Wegen der Behandlung der Spareinlagen bei Spar- und Darlehnskassen mit überwiegendem Warengeschäft Hinweis auf Abschnitt 5. Warengenossen-

schaften und Verbrauchergenossenschaften, die neben ihrem üblichen Geschäftsbetrieb auch das Spargeschäft betreiben, Brauereien, die Spareinrichtungen für ihre Kundschaft unterhalten, und Betriebe mit Werksparkassen gehören ebenfalls nicht zu den Unternehmen, die § 21 der Dritten GewStDV. gemäß begünstigt sind. Dagegen genießen Bausparkassen als Kreditinstitute im Sinn des § 1 des Gesetzes über das Kreditwesen die bezeichnete Vergünstigung. Hinweis auf das RFH.-Urteil vom 14. Juli 1942, RStBl. 1942 S. 1043 Nr. 921.

5. Dauerschulden bei Spar- und Darlehnskassen.

(1) Spareinlagen bei Spar- und Darlehnskassen mit überwiegendem Warengeschäft sind abweichend von dem RFH.-Urteil vom 15. November 1938, RStBl. 1939 S. 288 Nr. 279, insoweit nicht als Dauerschulden zu behandeln, als sie in Kapital- und Geldmarktpapieren (insbesondere in Reichsanleihen, Reichsschatzanweisungen, Steuergutscheinen, Teilschuldverschreibungen, Pfandbriefen und Privatdiskonten) oder in Guthaben bei Zentralkassen oder in Hypotheken angelegt sind. Das gilt nicht für Darlehen, Abwicklungsforderungen und Entschuldungsforderungen.

(2) Spar- und Darlehnskassen im Sinn des Absatzes 1 sind alle Genossenschaften, in deren Firma zum Ausdruck kommt, daß sie Geschäfte der im § 1 des Gesetzes über das Kreditwesen vom 25. September 1939 bezeichneten Art ausführen (zum Beispiel Spar- und Darlehnsvereine, Spar- und Wirtschaftsgenossenschaften). Hinweis auf meinen Erlaß vom 25. März 1942, RStBl. 1942 S. 403 Nr. 276.

(3) Bei der Ermittlung des Gewerbeertrags von Spar- und Darlehnskassen ist grundsätzlich maßgebend der niedrigste Jahresbestand der im Absatz 1 bezeichneten Anlagewerte in dem Geschäftsjahr, das den Bemessungszeitraum bildet. Der niedrigste Jahresbestand kann aber um den Hundertsatz erhöht werden, um den sich der Spareinlagenbestand am Schluß des Geschäftsjahres gegenüber dem Bestand am Beginn des Geschäftsjahres erhöht hat.

Beispiel:

Der niedrigste Bestand an Anlagewerten im Sinn des Absatzes 1 beträgt 40000 Reichsmark.

Der niedrigste Bestand an Sparguthaben, der an sich für die Behandlung als Dauerschuld maßgebend ist, beträgt 90000 Reichsmark. Der Spareinlagenbestand hat am Beginn des Geschäftsjahres 100000 Reichsmark betragen und ist bis zum Schluß des Geschäftsjahres auf 150000 Reichsmark gestiegen. Die Steigerung beträgt 50 vom Hundert. Entsprechend dieser Steigerung kann der niedrigste Bestand an Anlagewerten auf 60000 Reichsmark erhöht werden, vorausgesetzt, daß am Schluß des Geschäftsjahres Anlagewerte mindestens in dieser Höhe vorhanden waren. Es ist demgemäß von den Spareinlagen nur ein Betrag von (90000 Reichsmark — 60000 Reichsmark =) 30000 Reichsmark als Dauerschuld zu behandeln.

(4) Wegen der Berechnung der Dauerschulden bei Spar- und Darlehnskassen für die Ermittlung des Gewerbekapitals Hinweis auf Abschnitt 4 Absatz 6 zu § 12.

6. Renten und dauernde Lasten (§ 8 Ziffer 2 GewStG.).

(1) Die Hinzurechnung § 8 Ziffer 2 GewStG. gemäß ist auf Renten und dauernde Lasten beschränkt, die wirtschaftlich mit der Gründung oder dem Erwerb des Betriebs (Teilbetriebs) oder eines Anteils am Betrieb zusammenhängen. Die im laufenden Geschäft entstandenen, insbesondere die zum Zweck einer Erweiterung oder Verbesserung des Betriebs aufgenommenen Belastungen dieser Art scheiden für die Hinzurechnungen aus. Hinweis auf die RFH.-Urteile vom 10. Oktober 1939, RStBl. 1940 S. 357 Nr. 239, vom 9. April 1940, RStBl. 1940 S. 621 Nr. 504, und vom 1. Oktober 1940, RStBl. 1941 S. 36 Nr. 48.

(2) Zu den Renten und dauernden Lasten im Sinn des § 8 Ziffer 2 GewStG. gehören auch die Erbbaulast (Hinweis auf das im Absatz 1 bezeichnete RFH.-Urteil vom 7. Februar 1940, RStBl. 1940 S. 461 Nr. 323) und Pensionsverpflichtungen (Hinweis auf das im Absatz 1 bezeichnete RFH.-Urteil vom 9. April 1940).

7. Gewinnanteile und Bezüge des stillen Gesellschafters (§ 8 Ziffer 3 GewStG.).

(1) Die Hinzurechnung § 8 Ziffer 3 GewStG. gemäß ist nicht vorzunehmen, wenn der stille Gesellschafter ein Angestellter, zum Beispiel Prokurist, ist und nur mit einer geringen Vermögenseinlage beteiligt ist. Eine Vermögenseinlage ist als gering anzusehen, wenn sie 10 vom Hundert des für die Ermittlung des Gewerbekapitals maßgebenden Einheitswerts des Betriebsvermögens, höchstens aber 20000 Reichsmark, nicht übersteigt. Sind mehrere Angestellte als stille Gesellschafter beteiligt, sind ihre Vermögenseinlagen für die Prüfung der Frage, ob der Betrag von 10 vom Hundert des

Einheitswerts des Betriebsvermögens nicht überschritten ist, nicht zusammenzurechnen. Diese Regelung beschränkt sich auf den Fall, daß ein Angestellter die Eigenschaft als stiller Gesellschafter bei seinem Betrieb nur durch eine Kapitalseinlage erlangt hat. Sie gilt deshalb nicht, wenn auf Grund einer erheblichen Gewinnbeteiligung und eines für längere Zeit verbindlichen Verhältnisses ein gesellschaftsähnliches Verhältnis vorliegt. Hinweis auf das RFH.-Urteil vom 17. Juli 1940, RStBl. 1940 S. 915 Nr. 836.

(2) Der Begriff der stillen Beteiligung im Sinn des § 8 Ziffer 3 GewStG. ist freier und weiter zu fassen als im Sinn des Handelsgesetzbuches und des Einkommensteuergesetzes. Insbesondere setzt der Begriff des stillen Gesellschafters im Sinn des § 8 Ziffer 3 GewStG. nicht die Beteiligung an einem Handelsgewerbe voraus. Es genügt die Beteiligung an einem Gewerbe. Es ist deshalb einerlei, ob der Inhaber des Gewerbes im Handelsregister eingetragen ist oder nicht. Hinweis auf das RFH.-Urteil vom 16. März 1938, RStBl. 1938 S. 556 Nr. 448.

8. Bezüge wesentlich Beteiligter (§ 8 Ziffer 6 GewStG.).

(1) § 20 Absatz 2 der Dritten GewStDV. gemäß ist eine Person an einem Unternehmen wesentlich beteiligt, wenn sie allein oder zusammen mit ihren Angehörigen zu mehr als einem Viertel beteiligt ist. Die Zusammenrechnung der Beteiligung eines Gesellschafters und der Beteiligung seiner Angehörigen setzt nicht voraus, daß die Angehörigen zum Hausstand des Gesellschafters gehören. Hinweis auf das RFH.-Urteil vom 23. Mai 1939, RStBl. 1939 S. 1185 Nr. 1257. Die Bezüge der Angehörigen eines wesentlich Beteiligten, die in der Kapitalgesellschaft beschäftigt sind, ohne selbst beteiligt zu sein, sind dem Gewinn nicht hinzuzurechnen. Die Bezüge des Ehegatten eines wesentlich Beteiligten sind dagegen nach der ausdrücklichen Vorschrift im § 8 Ziffer 6 GewStG. auch dann hinzuzurechnen, wenn der im Betrieb beschäftigte Ehegatte des wesentlich Beteiligten selbst nicht beteiligt ist.

(2) Die Frage, ob eine wesentliche Beteiligung vorliegt, ist allein nach der Beteiligung am Grundkapital oder am Stammkapital zu entscheiden. Gläubigerrechte auf Grund der Hingabe von Dauerkrediten bleiben außer Betracht. Das gleiche gilt von den eigenen Geschäftsanteilen, die sich im Besitz einer GmbH. befinden. Hinweis auf das RFH.-Urteil vom 8. April 1941, RStBl. 1941 S. 410 Nr. 451. Die Voraussetzungen für die Hinzurechnung der Gehälter und Vergütungen im Sinn des § 8 Ziffer 6 GewStG. sind erfüllt, wenn die wesentliche Beteiligung irgendwann während des Be-

messungszeitraums bestanden hat. Hinweis auf § 20 Absatz 2 der Dritten GewStDV. Es sind aber, wenn die wesentliche Beteiligung nicht während des ganzen Bemessungszeitraums bestanden hat, dem Gewinn nur die Vergütungen hinzuzurechnen, die für einen in den Bemessungszeitraum fallenden Vergütungszeitraum gewährt worden sind, während dessen die Beteiligung — wenn auch nur kurze Zeit — eine wesentliche war. Hinweis auf das RFH.-Urteil vom 9. April 1940, RStBl. 1940 S. 515 Nr. 373.

(3) Eine Beschäftigung im Sinn des § 8 Ziffer 6 GewStG. setzt voraus, daß der Empfänger der Vergütung irgendwie (als Vorstandsmitglied, Geschäftsführer, Reisender usw.) in den Organismus des Betriebs eingeordnet ist. Eine Beschäftigung im Betrieb liegt demgemäß zum Beispiel nicht vor, wenn ein selbständiger Rechtsanwalt, der an dem Unternehmen wesentlich beteiligt ist, für das Unternehmen gelegentlich beratend tätig wird. Hinweis auf das RFH.-Urteil vom 23. April 1940, RStBl. 1940 S. 556 Nr. 413.

(4) Die Vorschrift im § 8 Ziffer 6 GewStG. ist nicht anzuwenden, wenn die Vergütungen beim Empfänger als selbständigem Gewerbetreibenden zur Steuer nach dem Gewerbeertrag heranzuziehen sind. Hinweis auf das RFH.-Urteil vom 29. Juli 1941, RStBl. 1941 S. 756 Nr 770

9. Begriff der Gehälter im Sinn des § 8 Ziffern 3 bis 6 GewStG.

§ 8 Ziffern 3 bis 6 GewStG. gemäß werden unter gewissen Voraussetzungen Gehälter, die für eine Beschäftigung von Gesellschaftern, wesentlich Beteiligten, Ehegatten usw. gewährt werden, dem Gewinn aus Gewerbebetrieb wieder hinzugerechnet. Gehälter im Sinn dieser Vorschriften sind auch Ruhegehälter und ähnliche Bezüge. Auch Abfindungen, durch die Ansprüche aus einer vorzeitigen Auflösung eines Angestelltenverhältnisses geregelt werden, und Zuweisungen an eine Pensionsrückstellung gehören zu den bezeichneten Vergütungen. Hinweis auf die RFH.-Urteile vom 7. Mai 1940 S. 683 Nr. 578 und vom 21. Oktober 1941, RStBl. 1941 S 867 Nr. 884. Die Auflösung einer derartigen gewerbesteuerpflichtig gebildeten Pensionsrückstellung erhöht den gewerbesteuerpflichtigen Gewinn nicht. Hinweis auf das RFH.-Urteil vom 7. Dezember 1943, RStBl. 1944 S. 148 Nr. 118.

10. Miet- und Pachtzinsen (§ 8 Ziffer 8 GewStG.).

(1) Eine Hinzurechnung der Hälfte der Miet- und Pachtzinsen kommt § 8 Ziffer 8 GewStG. gemäß für Grundbesitz nicht in Betracht. Zum Grundbesitz in diesem Sinn gehören auch das Erbbaurecht und Gebäude, die auf fremdem Grund und Boden errichtet sind, selbst wenn sie nach bürgerlichem Recht

wesentliche Bestandteile des Bodens geworden sind. Hinweis auf § 50 u. f. RBewG.

(2) Es ist für die Abgrenzung der Wirtschaftsgüter im Sinn des § 8 Ziffer 8 GewStG. von dem Begriff des Wirtschaftsguts im Sinn des § 4 EStG. auszugehen. Voraussetzung für die Annahme eines Wirtschaftsguts im Sinn des § 8 Ziffer 8 GewStG. ist danach nur, daß eine wirtschaftliche Ausnutzung des Guts möglich ist. Es kommt für die Hinzurechnung § 8 Ziffer 8 GewStG. gemäß nicht darauf an, daß das Wirtschaftsgut auch bewertungsfähig im Sinn des Reichsbewertungsgesetzes ist. Demgemäß ist zum Beispiel der Pachtzins für ein persönliches unveräußerliches Apothekenbetriebsrecht zur Hälfte dem Gewinn aus Gewerbebetrieb des Apothekenpächters hinzuzurechnen. Hinweis auf das RFH.-Urteil vom 25. März 1942, RStBl. 1942 S. 434 Nr. 305.

(3) Unter Miet- und Pachtzinsen im Sinn des § 8 Ziffer 8 GewStG. sind nicht nur Barleistungen, sondern alle fortlaufenden Entgelte zu verstehen, die der Mieter oder der Pächter für den Gebrauch oder die Nutzung des Gegenstandes an den Vermieter oder den Verpächter zu zahlen hat. Ist der Pächter einer gewerblichen Betriebseinrichtung dem Verpächter gegenüber verpflichtet, zur Abgeltung der Abnutzung eine Erneuerungsrücklage zu bilden, sind die dieser Rücklage zugeführten Beträge als Teil der Pachtzinsen im Sinn des § 8 Ziffer 8 GewStG. anzusehen. Hinweis auf das RFH.-Urteil vom 11. Februar 1941, RStBl. 1941 S. 292 Nr. 322. Wegen der pachtfreien Überlassung des Gebrauchs reichseigener Maschinen durch das Reich an gewerbliche Unternehmer zur Ausführung von Reichsaufträgen Hinweis auf das RFH.-Urteil vom 16. Juli 1940, RStBl. 1940 S. 851 Nr. 749. Wegen der Monopolabgaben der Versorgungsunternehmen Hinweis auf das RFH.-Urteil vom 9. Februar 1934, RStBl. 1943 S. 508 Nr. 470.

(4) Zu den bezeichneten Miet- und Pachtzinsen gehören auch fortlaufend gewährte Entgelte für die Überlassung der Nutzung von Urheberrechten, insbesondere von Patenten (Lizenzen, Lizenzgebühren). Hinweis auf das RFH.-Urteil vom 23. April 1940, RStBl. 1940 S. 724 Nr. 620.

(5) Die Deutsche Reichspost überläßt den Fernsprechteilnehmern posteigene Fernsprechanlagen. Die Gebühren dafür sind in keinem Fall § 8 Ziffer 8 GewStG. gemäß dem Gewinn hinzuzurechnen.

(6) Wegen der Hinzurechnung des Werts fremder Wirtschaftsgüter bei der Ermittlung des Gewerbekapitals Hinweis auf Abschnitt 5 zu § 12.

11. Hinzurechnungen bei Kartellen und bei Syndikaten.

Die Hinzurechnungen § 8 GewStG. gemäß können bei der Ermittlung des Gewerbeertrags der Kartelle und der Syndikate unter bestimmten Voraussetzungen unterbleiben. Sie können statt dessen bei der Ermittlung des Gewerbeertrags der Mitglieder vorgenommen werden. Hinweis auf § 11 der Verordnung über Körperschaftsteuer, Vermögensteuer und Gewerbesteuer der Kartelle und der Syndikate vom 20. Dezember 1941, RGBl. I S. 791, RStBl. 1941 S. 953 Nr. 977 und auf Abschnitt 13 meines Erlasses vom 20. Dezember 1941, RStBl. 1941 S. 954 Nr. 978

12. Vereinfachungsmaßnahmen.

(1) Die Hinzurechnung der Zinsen für Dauerschulden ist durch § 2 der Zweiten GewStVV. eingeschränkt worden. Sie ist nur noch vorzunehmen, wenn der für die Ermittlung des Gewerbeertrags maßgebende Gewinn aus Gewerbebetrieb mehr als 12000 Reichsmark beträgt. Diese Regelung gilt erstmalig bei der Festsetzung des einheitlichen Gewerbesteuermeßbetrags für das Kalenderjahr 1943.

(2) Es ist für die Anwendung der Vorschrift im § 2 der Zweiten GewStVV. einerlei, aus welchen Gründen der maßgebende Gewinn aus Gewerbebetrieb die Grenze von 12000 Reichsmark nicht übersteigt. Das gilt insbesondere auch für den Fall, daß der Gewinn aus Gewerbebetrieb auf einen Zeitraum von weniger als zwölf Monaten entfällt.

Aus der Rechtsprechung des RFH.

Zu § 8 GewStG.

Der Senat hält an der Rechtsprechung (Bd. 49 S. 240, RStBl. 1941 S. 75) fest, daß Sparguthaben der Kundschaft und Gefolgschaftsmitglieder Dauerschulden des Unternehmens bilden können.

(RFH.-Urteil vom 3. August 1943 I 197/42, RStBl. 1943 Nr. 751.)

Die Einnahmen der Bezirksapothekerführer aus dieser Tätigkeit sind bei einem Apothekenbesitzer oder Apothekenpächter Einkünfte aus Gewerbebetrieb.

Bei der Festsetzung des Steuermeßbetrags nach dem Gewerbekapital darf der Wert eines persönlichen (unveräußerlichen) Apothekenbetriebsrechts dem Einheitswert des gewerblichen Betriebs des Apothekenpächters nicht hinzugerechnet werden.

Bei der Festsetzung des Steuermeßbetrags nach dem Gewerbeertrag ist der Pachtzins für ein solches Apothekenbetriebsrecht zur Hälfte dem Gewinn des Apothekenpächters aus Gewerbebetrieb hinzuzurechnen.

(RFH.-Urteil vom 25. März 1942 VI 358/41, RStBl. 1942 Nr. 305.)

Wird die Summe des Gewinns und die Summe des Einheitswerts eines gewerblichen Betriebs entsprechend den Bestimmungen der §§ 9 Ziffer 2 und 12 Absatz 3 Ziffer 2 GewStG. wegen der Beteiligung an einer Personengesellschaft gekürzt, so müssen die zum Zweck der Beteiligung aufgenommenen Kredite als Dauerschulden im Sinn der §§ 8 Ziffer 1 und 12 Absatz 2 Ziffer 1 GewStG. behandelt werden, auch wenn die Kredite laufende Schulden darstellen.

(RFH.-Urteil vom 12. Januar 1941 VI 290/40, RStBl. 1941 Nr. 309.)

Auch für das Gewerbesteuerrecht sind Spar- und Darlehnskassen, die das Warengeschäft als Hauptgeschäft betreiben, nicht als Kreditinstitute im Sinn des § 1 des Gesetzes über das Kreditwesen vom 25. September 1939 (RGBl. I S. 1955) anzusehen.

(RFH.-Urteil vom 28. Oktober 1941 I 187/41, RStBl. 1941 Nr. 885.)

Hinzurechnung von Versorgungsrenten bei Ermittlung des Gewerbeertrags.

(RFH.-Urteil vom 7. Februar 1940 VI 140/39, RStBl. 1940 Nr. 323.)

Gehört ein Grundstück einer Erbengemeinschaft und dient es dem Betrieb einer OHG., an der nur die Erben beteiligt sind, so gehört das Grundstück, auch wenn es nicht in den Betrieb der OHG. eingebracht ist, zum Betriebsvermögen. Eine Hypothekenschuld auf dem Grundstück ist Dauerschuld der OHG.

(RFH.-Urteil vom 2. November 1938 VI 585/38, RStBl. 1939 Nr. 76.)

Mindestbetrag der Dauerschuld bei Kontokorrentverhältnissen.

(RFH. vom 14. November 938 VI 698/38, RStBl. 1939 Nr. 135.)

Der Annahme von Dauerschulden steht das Vorhandensein zu ihrer Tilgung ausreichender flüssiger Betriebsmittel nicht entgegen, es sei denn, daß die flüssigen Betriebsmittel mit der Dauerschuld rechtlich so eng verbunden sind, daß sie eine andere Bedeutung, als zur Tilgung der Dauerschulden zu dienen, überhaupt nicht mehr haben.

(RFH.-Urteil vom 7. Dezember 1938 VI 707/38, RStBl. 1939 Nr. 314.)

Stillhalteschulden als Dauerschulden.

(RFH. vom 22. Februar 1939 VI 13/39, RStBl. 1939 Nr. 648.)

Dauerschulden bleiben Dauerschulden, auch wenn am Stichtag ihr Gegenwert nicht mehr vorhanden ist.

Auch aufgelaufene und dem Schuldkapital zugeschlagene Zinsen können der Verstärkung des Betriebskapitals dienen.

(RFH. vom 22. Februar 1939 VI 108/39, RStBl. 1939 Nr. 649.)

Die gewerbesteuerliche Behandlung der Kredit- und der Umsatzprovisionen.

(RFH. vom *5. April 1939 VI 821/38, RStBl. 1939 Nr. 733.)*

Lombardkredite im allgemeinen keine Dauerschulden.

(RFH. vom 17. Mai 1939 VI 311/39, RStBl. 1939 Nr. 883.)

Hypotheken, die ein Unternehmer zum Ausbau des Geschäftshauses aufnimmt, sind Dauerschulden im Sinn des Gewerbesteuergesetzes.

(RFH. vom 7. Juni 1939 VI 152/39, RStBl. 1939 Nr. 884.)

Zu § 8 Ziffer 1 GewStG.

Die Deckungsrückstellung (Deckungsrücklage) der Lebensversicherungsunternehmen ist keine Dauerschuld im Sinne des Gewerbesteuergesetzes.

Das gleiche gilt für die verzinslich angesammelten Gewinnanteile der Versicherungsnehmer, wenn die Gegenwerte ähnlichen Verfügungsbeschränkungen wie die Bestände des Deckungsstocks unterliegen.

(RFH.-Urteil vom 26. November 1943 I D 1/43, RStBl. 1944 Nr. 154.)

Kampagne-Kredite bei Zuckerfabriken sind in der Regel keine Dauerschulden.

RFH.-Urteil vom 24. August 1943 I 105/43, RStBl. 1944 Nr. 277.)

An dem Dauerschuldcharakter der baren Sicherheitsdepots der Rückversicherer im Sachversicherungsgeschäft (Urteil des RFH. vom 13. Januar 1942 I 18/41, RStBl. 1942 S. 683) wird festgehalten.

(RFH.-Urteil vom 25. Januar 1944 I 120/43, RStBl. 1944 Nr. 403.)

Hereingenommene Anzahlungen auf Werklieferungen können die Eigenschaft von Dauerschulden gewinnen.

(RFH.-Urteil vom 11. Januar 1944 I 80/43, RStBl. 1944 Nr. 554.)

Die Grundsätze, nach denen Stillhaltekredite nicht als Dauerschulden zu behandeln sind (Urteil vom 8. Oktober 1940 I 130/40, RStBl. 1941 S. 75), gelten auch für Schulden, deren Tilgung durch gesetzliche oder behördliche Maßnahmen ausgesetzt ist.

(RFH.-Urteil vom 23. März 1943 I 2/43, RStBl. 1943 Nr. 471.)

Sind Forderungen zum Zweck der Aufrechnung gegen Schulden erworben, so gelten vom Zeitpunkt der Aufrechenbarkeit ab (§ 389 BGB.) die Schulden nicht als Dauerschulden im Sinn des § 8 Ziffer 1, § 12 Absatz 2 Ziffer 1 GewStG.

(RFH.-Urteil vom 24. November 1942 I 10/42, RStBl. 1943 Nr. 557.)

Im Rahmen eines Kontokorrentverhältnisses kann als Dauerschuld nicht die durchschnittliche Kredithöhe, sondern nur der Betrag angesehen werden, der längere Zeit bei dem Unternehmen stehengeblieben ist.

(RFH.-Urteil vom 22. Juni 1943 I 205/42, RStBl. 1943 Nr. 676.)

Prämienteile, die der Erstversicherer den Rückversicherern gegenüber zurückbehält, können sich als Dauerschulden darstellen.

(RFH.-Urteil vom 13. Januar 1942 I 18/41, RStBl. 1942 Nr. 521.)

Voraussetzungen für die Behandlung eines Stillhaltekredits als Dauerschuld.

(RFH.-Urteil vom 8. Oktober 1940 I 130/40, RStBl. 1941 Nr. 96.)

Bevorschußt eine Bank die einzelnen Warenlieferungen gegen Übertragung der Kaufpreisforderungen und der an den Waren bestellten Eigentumsvorbehalte, so kann den Krediten nicht die Eigenschaft von Dauerschulden zukommen.

(RFH.-Urteil vom 1. Oktober 1940 I 348/39, RStBl. 1941 Nr. 399.)

In dem Rechtsmittelverfahren wegen Festsetzung des einheitlichen Gewerbesteuermeßbetrages ist zur Bemessung des Werts des Streitgegenstandes ein nach § 3 EinfG-RealStG. erhöhter Hebesatz zu berücksichtigen.

Der Gedanke, daß bei Bankschulden, die zur Bezahlung von Warenschulden aufgenommen worden sind, ein während eines längeren Zeitraums feststellbarer Mindestbestand als Dauerschuld in Frage kommen kann (vgl. RFH. Bd. 46 S. 14, RStBl. 1939 S. 216), greift dann nicht Platz, wenn die Schulden derart eng mit den einzelnen Warengeschäften verknüpft sind, daß sie als selbständige Kreditgeschäfte erscheinen.

(RFH. vom 5. Dezember 1939 I 132/39, RStBl. 1940 Nr. 30.)

Werden Kredite bei verschiedenen, voneinander unabhängigen Kreditgebern aufgenommen, so können für die Frage des Vorliegens einer Dauerschuld nur die von demselben Kreditgeber gewährten Kredite zu einer Einheit zusammengefaßt werden.

(RFH. vom 9. Januar 1940 I 441/38, RStBl. 1940 Nr. 556.)

Ein Abwertungsgewinn, der anläßlich der Erfüllung einer Zinsverpflichtung aus einer Dauerschuld in fremder Währung auf Grund des Gesetzes über Abwertungsgewinne an das Reich abgeführt wird, kann nicht als Teil der Zinsen § 8 Ziffer 1 GewStG. gemäß dem Gewinn aus Gewerbebetrieb zugerechnet werden.

(RFH.-Urteil vom 16. Juli 1940 I 226/40, RStBl. 1940 Nr. 695.)

Bei einer Lebensversicherungsgesellschaft gehören Gewinnanteile der Versicherten, die gutgeschrieben und mit den aufgelaufenen Zinsen bei Fälligkeit der Versicherungssumme mit ausgezahlt werden, zu den Dauerschulden im Sinn des § 8 Ziffer 1, § 12 Absatz 2 Ziffer 1 GewStG.

(RFH. vom 11. Juni 1940 I 207/40, RStBl. 1940 Nr. 716.)

Kontokorrentschulden sind im allgemeinen als laufende Schulden anzusehen. Das gilt jedoch nicht, wenn aus dem Geschäftsverhältnis der Beteiligten geschlossen werden muß, daß trotz der äußeren Form des Kontokorrentverkehrs ein bestimmter Mindestkredit dem Unternehmen dauernd gewidmet werden soll.

(RFH. vom 22. November 1938 I 406/38, RStBl. 1939 Nr. 185.)

Unter Verstärkung des Betriebskapitals ist nicht nur eine Erhöhung über den ursprünglichen Betrag hinaus, sondern auch eine Ergänzung oder Wiederherstellung zu verstehen. Eine zur Abstoßung laufender Bankschulden verwendete Amortisationsanleihe bildet eine dauernde Verstärkung des Betriebskapitals.

(RFH. vom 8. November 1938 I 266/38, RStBl. 1939 Nr. 278.)

Bei einer Warengenossenschaft, die auch das Spargeschäft betreibt, können die Spareinlagen unter Um-

ständen zur dauernden Verstärkung des Betriebskapitals dienen und daher dem Betriebskapital zugerechnet werden.

Für die Frage des Vorliegens einer Dauerschuld sind bei derartigen Genossenschaften die Spareinlagen als Einheit anzusehen.

Die Höhe der Dauerschuld bestimmt sich in solchen Fällen für die Ermittlung des Gewerbeertrags im allgemeinen nach dem Mindestbetrag in dem dem Erhebungszeitraum unmittelbar vorangegangenen Kalenderjahr. Die Ermittlung des Gewerbekapitals richtet sich nach dem Mindestbetrag der Schuld in der Zeit von etwa einem Jahr vor und einem Jahr nach dem für die Feststellung des Einheitswerts maßgebenden Stichtag.

(RFH. vom 15. November 1938 I 298/38, RStBl. 1939 Nr. 279.)

Wechselkredite werden zu Dauerschulden, wenn die Laufzeit der Wechsel derart bemessen ist, daß die Wechselschuld der nicht nur vorübergehenden Verstärkung des Kapitals dient.

Bei Wechselkrediten, die als Dauerschulden anzusehen sind, sind in der Regel auch Akzeptprovisionen und Zusageprovisionen für weitere Bereitstellung schon in Anspruch genommener Kredite den nicht abzugsfähigen Zinsen im Sinn des § 8 Ziffer 1 GewStG. zuzurechnen.

(RFH. vom 21. Februar 1939 I 464/38, RStBl. 1939 Nr. 661.)

Beim Erwerb eines Grundstücks übernommene Aufwertungshypotheken sind mit dem vollen Aufwertungsbetrag — nicht etwa nur mit ihrem Goldmarkwert zur Zeit der Übernahme — als Dauerschulden anzusehen.

Zinsen für Dauerschulden sind bei der Ermittlung des steuerpflichtigen Gewerbeertrags unverkürzt dem gewerblichen Gewinn hinzuzurechnen. Eine Aufrechnung mit vereinnahmten Zinsen ist nach dem Gewerbesteuergesetz grundsätzlich nicht zulässig.

RFH. vom 9. Juni 1939 I 59/39, RStBl. 1939 Nr. 851.)

Auch eine Schuld, die zur Vermeidung von Geschäftsverlusten aufgenommen worden ist, dient der Verstär-

kung des Betriebskapitals. Ein langfristiges einer Versicherungsgesellschaft von ihrem Rückversicherer gewährtes Darlehen, das zur Sicherung der Ansprüche der Versicherungsgesellschaft aus dem Rückversicherungsvertrag bestimmt ist, zählt daher zu den Dauerschulden im Sinne des § 8 Ziff. 1, § 12 Absatz 2 Ziffer 1 GewStG.

(RFH. vom 9. Juni 1939 I 269/38, RStBl. 1939 Nr. 1105.)

Werden Zwischenkredite, die einer Siedlungsgesellschaft zur Durchführung eines bestimmten Siedlungsverfahrens aus öffentlichen Mitteln eingeräumt werden und Lasten, die auf den angekauften Siedlungsflächen ruhen, nach Beendigung des Verfahrens auf die Neubauernstellen unterverteilt, so dienen diese Kredite und Lasten in der Regel nicht der dauernden Verstärkung des Betriebskapitals der Siedlungsgesellschaft.

(RFH. vom 12. September 1939 I 317/38, RStBl. 1939 Nr. 1119.)

Schulden, deren Gegenwert den Ersatz für eine nicht einziehbare Forderung bildet, dienen in der Regel der Verstärkung des Betriebskapitals.

(RFH. vom 22. August 1939 I 426/38, RStBl. 1939 Nr. 1160.)

Zu § 8 Ziffer 1 und 2 GewStG.

Die Verpflichtung eines Unternehmers zur unentgeltlichen Überlassung von Wirtschaftsgütern nach Ablauf einer gewissen Frist (Heimfallast) bildet eine echte Schuld und ist bei der Ermittlung des Gewerbekapitals nach § 12 Absatz 2 Ziffer 1 GewStG. dem Einheitswert des gewerblichen Betriebs wieder hinzuzusetzen.

(RFH.-Urteil vom 8. Februar 1944 I 44/43, RStBl. Nr. 365.)

Dauerschulden bei Grundstückhandels- und Baugesellschaften.

1. *Schulden von Gesellschaften, deren Geschäftsbetrieb auf den Erwerb, die Bebauung und als alsbaldige Veräußerung von Grundstücken gerichtet ist, sind*

nur unter besonderen Umständen Dauerschulden im Sinn von § 8 Ziffer 1, § 12 Absatz 2 Ziffer 1 GewStG.

2. *Die Erbbaulast gehört zu den dauernden Lasten im Sinn von § 8 Ziffer 2, § 12 Absatz 2 Ziffer 1 GewStG.*
3. *Der nicht ausgezahlte Teil von Hypothekendarlehen, die nur nach Baufortschritt ausgezahlt werden, gehört nicht zu den Dauerschulden.*

(RFH. vom 10. Oktober 1939 I 38/39, RStBl. 1940 Nr. 239.)

Zu § 8 Ziffer 2 GewStG.

Rückstellungen für künftige Pensionsverpflichtungen, die wirtschaftlich im laufenden Geschäft ihre Begründung finden, können bei der Ermittlung des Gewerbekapitals nicht wieder hinzugerechnet werden.

(RFH.-Urteil vom 1. Oktober 1940 I 206/39, RStBl. 1941 Nr. 48.)

Pensionsverpflichtungen gehören zu den Rentenlasten im Sinn des § 8 Ziffer 2 GewStG. Der Kapitalwert derartiger im laufenden Geschäft entstandener Pensionsverpflichtungen kann bei Ermittlung des Gewerbekapitals nicht wieder hinzugerechnet werden.

(RFH. vom 9. April 1940 I 3/40, RStBl. 1940 Nr. 504.)

Zu § 8 Ziffer 3 GewStG.

Eine bloße Beteiligung am Umsatz genügt in der Regel nicht, um gewerbesteuerlich ein gesellschaftsähnliches stilles Beteiligungsverhältnis zu begründen.

RFH.-Urteil vom 23. Februar 1944 VI 312/43, RStBl. 1944 Nr. 256.)

Angestellter oder stiller Gesellschafter im Sinn des Gewerbesteuergesetzes.

(RFH.-Urteil vom 17. Juli 1940 VI 177/40, RStBl. 1940 Nr. 836.)

Zu § 8 Ziffer 6 GewStG.

An der Entscheidung Bd. 51 S. 69, RStBl. 1941 S. 867, daß Zuwendungen zu Pensionsrückstellungen für wesentlich beteiligte Angestellte nach § 8 Ziffer 6 GewStG. dem gewerblichen Gewinn hinzugerechnet werden, wird festgehalten.

Die Auflösung einer derartigen gewerbesteuerpflichtig gebildeten Rückstellung erhöht den gewerbesteuerpflichtigen Gewinn nicht.

(RFH. Urteil vom 7. Dezember 1943 I 83/43, RStBl. 1944 Nr. 118.)

Die Hinzurechnung der Beteiligung der Angehörigen ist nicht vom Nachweis einer Steuerumgehungsabsicht abhängig.

(RFH.-Urteil vom 22. Februar 1944 I 10/44, RStBl. 1944 Nr. 296.)

Bei der Entscheidung der Frage, ob eine wesentliche Beteiligung im Sinn des § 8 Ziffer 6 GewStG., § 20 der Dritten GewStDV. vorliegt, müssen die im Besitz einer GmbH befindlichen eigenen Geschäftsanteile unberücksichtigt bleiben.

(RFH.-Urteil vom 8. April 1941 I 415/40, RStBl. 1941 Nr. 451.)

Werden von einem Unternehmen an einen wesentlich Beteiligten für eine Beschäftigung im Betrieb Vergütungen gewährt, die bei diesem als selbständig Gewerbetreibenden zur Steuer nach dem Gewerbeertrag heranzuziehen sind, so ist die Vorschrift des § 8 Ziffer 6 GewStG. nicht anzuwenden.

(RFH.-Urteil vom 29. Juli 1941 I 60/41, RStBl. 1941 Nr. 770.)

Zu den Vergütungen, die nach § 8 Ziffer 6 GewStG. dem Gewinn aus Gewerbebetrieb wieder hinzugerechnet werden, gehören auch Zuweisungen an eine Pensionsrückstellung für wesentlich beteiligte Angestellte.

RFH.-Urteil vom 21. Oktober 1941 I 125/41, RStBl. 1941 Nr. 881.)

Hat die wesentliche Beteiligung im Sinn des § 8 Ziffer 6 GewStG. nicht während des ganzen Bemessungszeitraums bestanden, so werden dem Gewinn nur die Vergütungen hinzugerechnet, die für einen in den Bemessungszeitraum fallenden Zeitraum (Vergütungszeitraum) gewährt sind, während dessen die Beteiligung, wenn auch nur für kurze Zeit, eine wesentliche war.

(RFH. vom 9. April 1940 I 84/40, RStBl. 1940 Nr. 373.)

Gelegentliche Beratungstätigkeit eines an dem Unternehmen wesentlich beteiligten selbständigen Rechtsanwalts ist nicht als eine Beschäftigung „im Betrieb" anzusehen.

(RFH. vom 23. April 1940 I 21/40, RStBl. 1940 Nr. 413.)

Unter sonstige Vergütungen jeder Art, die von einem im § 2 Absatz 2 Ziffer 2 und Absatz 3 bezeichneten Unternehmen an wesentlich Beteiligte oder an ihre Ehegatten für eine Beschäftigung im Betrieb gewährt worden sind, können auch Abfindungen fallen.

(RFH. vom 7. Mai 1949 I 121/40, RStBl. 1940 Nr. 578.)

Eine wesentliche Beteiligung im Sinn des § 8 Ziffer 6 GewStG. 1936 endet nicht bereits mit dem Verzicht des Gesellschafters auf sein Stimmrecht, sondern erst mit der Abgabe der Geschäftsanteile.

(RFH. vom 1. Oktober 1940 I 289/40, RStBl. 1940 Nr. 943.)

Wesentlich Beteiligter im Sinn des § 8 Ziffer 6 GewStG. ist auch, wer durch Vermittlung einer Gesamthandsgemeinschaft (fortgesetzten Gütergemeinschaft) an dem Unternehmen beteiligt ist.

RFH. vom 7. März 1939 I 99/38, RStBl. 1939 Nr. 662.)

Auch das Gehalt eines Geschäftsführers, der an der Gesellschaft nur vermittels eines Anteils an einer fortgesetzten Gütergemeinschaft des BGB. beteiligt ist, ist beim Vorliegen der sonstigen Voraussetzungen dem Gewerbeertrag der Gesellschaft hinzuzurechnen.

(RFH.-Urteil vom 21. März 1939 I 219/38, RStBl. 1939 Nr. 663.)

Die nach § 16 Absatz 2, I. (II.) GewStG. vorgeschriebene Zusammenrechnung der Beteiligung eines Gesellschafters und der Beteiligung seiner Angehörigen setzt nicht voraus, daß die Angehörigen zum Hausstand des Hauptgesellschafters gehören.

(RFH. vom 23. Mai 1939 I 315/38, RStBl. 1939 Nr. 1257.)

Zu § 8 Ziffer 8 GewStG.

Zahlungen, die eine Elektrizitätsgesellschaft an die Gemeinde für das Recht zur Verlegung von Leitungen auf gemeindlichen Grundstücken leistet, sind als Mietzinsen für die Benutzung des gemeindlichen Grundbesitzes nach § 8 Ziffer 8 GewStG. anzusprechen.

Zahlungen, die eine Elektrizitätsgesellschaft an die Gemeinde für das Recht zur ausschließlichen Stromlieferung (Elektrizitätsmonopol) leistet, sind keine Miet- oder Pachtzinsen im Sinn des § 8 Ziffer 8 GewStG. Der Wert eines solchen Elektrizitätsmonopols kann nicht nach § 12 Absatz 2 Ziffer 2 GewStG. demEinheitswert des gewerblichen Betriebsvermögens hinzugerechnet werden.

(RFH.-Urteil vom 9. Februar 1943 I 251/41, RStBl. 1943 Nr. 470.)

Wenn der Pächter einer gewerblichen Betriebseinrichtung dem Verpächter gegenüber verpflichtet ist, zur Abgeltung der Abnutzung eine Erneuerungsrücklage zu bilden, so sind die dieser Rücklage zugeführten Beträge als Teil der Pachtzinsen im Sinn des § 8 Ziffer 8 GewStG. anzusprechen.

RFH.-Urteil vom 11. Februar 1941 I 398/40, RStBl. 1941 Nr. 322.)

Fortlaufend gewährte Entgelte für die Überlassung der Nutzung von Urheberrechten, insbesondere von Patenten (Lizenzen, Lizenzgebühren), zählen zu den Miet- und

Pachtzinsen im Sinn des § 8 Ziffer 8 GewStG. Der Teilwert von solchen Nutzungsrechten ist nach § 12 Absatz 2 Ziffer 2 GewStG. dem Einheitswert des gewerblichen Betriebs hinzuzurechnen.

(RFH. vom 23. April 1940 I 117/39, RStBl. 1940 Nr. 620.)

Wenn das Reich einem Unternehmer zur Ausführung von Reichsaufträgen den Gebrauch reichseigener Maschinen überläßt und dafür keine Pacht verlangt, sondern vereinbart, daß bei der Preisberechnung für die Erzeugnisse keine Beträge für den Kapitaldienst und für die Abnutzung der Maschinen angesetzt werden dürfen, so ist für eine Anwendung des § 8 Ziffer 8 GewStG. kein Raum.

(RFH. vom 16. Juli 1940 I 115/40, RStBl. 1940 Nr. 749.)

Ist ein an sich rein persönliches (unveräußerliches) Apothekenbetriebsrecht vom Staat an eine Gemeinde verliehen worden mit der Auflage, es an einen Apotheker zu verpachten, so handelt es sich bei dem Pächter um ein Wirtschaftsgut im Sinn der §§ 8 Ziffer 8, 12 Absatz 2 Ziffer 2 GewStG.

(RFH.-Urteil vom 28. August 1940 VI 713/38, RStBl. 1940 Nr. 769.

§ 9.

Kürzungen.

Die Summe des Gewinns und der Hinzurechnungen wird gekürzt um:

1. drei vom Hundert des Einheitswerts des zum Betriebsvermögen des Unternehmers gehörenden Grundbesitzes; maßgebend ist der Einheitswert, der durch den letzten Einheitswertbescheid festgestellt worden ist. An Stelle der Kürzung nach Satz 1 erfolgt bei einer Kapitalgesellschaft, die ausschließlich eigenen Grund-

besitz oder neben eigenem Grundbesitz noch eigenes Kapitalvermögen verwaltet und nutzt, auf Antrag die Kürzung um den Teil des Gewerbeertrags, der auf den Grundbesitz entfällt, es sei denn, daß der Grundbesitz ganz oder zum Teil dem Gewerbebetrieb eines Gesellschafters oder einem Unternehmen dient, an dem ein Gesellschafter wesentlich beteiligt ist;

2. die Anteile am Gewinn einer offenen Handelsgesellschaft, einer Kommanditgesellschaft oder einer anderen Gesellschaft, bei der die Gesellschafter als Unternehmer (Mitunternehmer) des Gewerbebetriebs anzusehen sind;
3. den Teil des Gewerbeertrags eines inländischen Unternehmens, der auf eine nicht im Inland belegene Betriebstätte entfällt.

1. Die in Ziffer 1 vorgesehenen Kürzungen beruhen auf der Erwägung, daß eine Doppelbesteuerung des Grundbesitzes durch die Grundsteuer und die Gewerbesteuer vermieden werden muß.
2. Die Vorschrift der Ziffer 2 steht in Wechselbeziehung zu der Vorschrift im § 8 Ziffer 9.
3. Die Befreiungsvorschrift der Ziffer 3 stützt sich auf die Vorschrift des § 2 Abs. 1 Satz 1, wonach die Gewerbesteuer sich auf Gewerbebetriebe beschränkt, die im Inland betrieben werden.

Dritte GewStDV.

§ 20.

Begriff der wesentlichen Beteiligung.

(1) Unter wesentlich Beteiligten im Sinn des § 8 Ziffer 6 des Gesetzes sind natürliche Personen zu verstehen. Unter wesentlich Beteiligten im Sinn des § 9 Ziffer 1 Satz 2 des Gesetzes sind natürliche und juristische Personen zu verstehen.

(2) Eine Person ist an einem Unternehmen wesentlich beteiligt, wenn sie zu mehr als einem Viertel beteiligt ist. Eine natürliche Person ist auch dann wesentlich beteiligt, wenn sie und ihre Angehörigen zusammen zu mehr als einem Viertel

beteiligt sind. Beteiligung durch Vermittlung eines Treuhänders oder einer Gesellschaft steht einer unmittelbaren Beteiligung gleich. Die Beteiligung muß in einem Zeitpunkt des Bemessungszeitraums bestanden haben, der für die Ermittlung des Gewerbeertrags maßgebend ist.

§ 23.

Grundbesitz.

(1) Die Frage, ob und inwieweit im Sinn des § 9 Ziffer 1 des Gesetzes Grundbesitz zum Betriebsvermögen des Unternehmers gehört, ist nach den Vorschriften des Einkommensteuergesetzes oder des Körperschaftsteuergesetzes zu entscheiden. Maßgebend ist dabei der Stand am 1. Januar des Kalenderjahrs, in dem der Erhebungszeitraum beginnt.

(2) Gehört der Grundbesitz nur zum Teil zum Betriebsvermögen im Sinn des Absatzes 1, so ist der Kürzung nach § 9 Ziffer 1 des Gesetzes nur der entsprechende Teil des Einheitswerts zugrunde zu legen.

§ 24.

Wohnungs- und Baugenossenschaften.

Die Vorschrift des § 9 Ziffer 1 Satz 2 des Gesetzes gilt auch für Wohnungs- und Baugenossenschaften, die ausschließlich eigenen Grundbesitz oder neben eigenem Grundbesitz noch eigenes Kapitalvermögen verwalten und nutzen.

§ 25.

Maßgebender Einheitswert.

Maßgebend ist der Einheitswert vom letzten Feststellungszeitpunkt (Hauptfeststellungs-, Fortschreibungs- oder Nachfeststellungszeitpunkt), der dem Beginn des Erhebungszeitraums unmittelbar vorangeht. Der Einheitswert vom Hauptfeststellungszeitpunkt ist nur dann maßgebend, wenn er mindestens fünf Vierteljahre vor dem Beginn des Erhebungszeitraums liegt.

GewStVV.

§ 2.

(1) Der einheitliche Steuermeßbetrag (§ 14 des Gewerbesteuergesetzes) wird ab dem Kalenderjahr 1943 jeweils für ein Kalenderjahr (Erhebungszeitraum) nach dessen Ablauf festgesetzt. Fällt die Steuerpflicht im Laufe des Kalenderjahres weg, so kann der einheitliche Steuermeßbetrag sofort festgesetzt werden.

(2) . . . . .

(3) Maßgebender Einheitswert im Sinn des § 9 Ziffer 1 und des § 12 des Gewerbesteuergesetzes ist der Einheitswert,

der auf den letzten Feststellungszeitpunkt (Hauptfeststellungs-, Fortschreibungs- oder Nachfeststellungszeitpunkt) vor dem Ende des Kalenderjahres (Absatz 1) lautet.

Zweite GewStVV.

§ 2.

Hinzurechnungen und Kürzungen beim Gewerbeertrag.

Die Hinzurechnung § 8 Ziffer 1 des Gewerbesteuergesetzes gemäß und die Kürzung § 9 Ziffer 1 Satz 1 des Gewerbesteuergesetzes gemäß werden nur vorgenommen, wenn der Gewinn aus Gewerbebetrieb, der die Grundlage für die Ermittlung des Steuermeßbetrags nach dem Gewerbeertrag bildet, mehr als 12000 Reichsmark beträgt.

GewStR. 1943.

1. Kürzung für den zum Betriebsvermögen gehörenden Grundbesitz.

(1) § 9 Ziffer 1 Satz 1 GewStG. gemäß ist die Summe des Gewinns und der Hinzurechnungen um drei vom Hundert des Einheitswerts des Grundbesitzes zu kürzen, der zum Betriebsvermögen des Unternehmers gehört. Die Zugehörigkeit zum Betriebsvermögen ist nach den Vorschriften des Einkommensteuergesetzes zu beurteilen. Diese sind im Abschnitt 7 Absätzen 2 bis 4 EStR. 1941 dargestellt*). Ein gewerblich genutzter Grundstücksteil ist danach nicht zum Betriebsvermögen zu rechnen, wenn er von untergeordneter Bedeutung ist. Die Kürzung § 9 Ziffer 1 Satz 1 GewStG. gemäß muß aber auch in diesen Fällen durchgeführt werden, weil sonst der Zweck dieser Vorschrift, die Doppelbesteuerung des Grundbesitzes durch die Grundsteuer und die Gewerbesteuer zu vermeiden, nicht erreicht werden würde Das gilt auch in den im Absatz 3 bezeichneten Fällen. Hinweis auf Absatz 3 Ziffer 2 Sätze 2 und 3.

(2) Ist nur ein Teil eines Grundstücks einkommensteuerlich zum Betriebsvermögen des Unternehmers zu rechnen, ist für die Berechnung der Kürzung § 9 Ziffer 1 Satz 1 GewStG. gemäß von dem Teil des Einheitswerts auszugehen, der auf den dem gewerblichen Betrieb dienenden Teil des Grundstücks entfällt. Dieser Teil des Einheitswerts ist grundsätzlich entsprechend der Vorschrift im § 32 Absatz 2 RBewDV nach dem Verhältnis der Jahresrohmiete zu ermitteln. Gehört zum Grundbesitz im Sinn des § 9 Ziffer 1 Satz 1 GewStG. ein Erbbaurecht, ist der Kürzung nur der im Betriebsvermögen enthaltene Wert des Erbbaurechts und der aufstehenden

*) Näheres siehe Wagelaar, Einkommensteuergesetz, Walter de Gruyter, 2. Aufl. 1947 S 17ff.

Gebäude, nicht auch der Wert des Erbbaugrundstücks zugrunde zu legen Hinweis auf das RFH.-Urteil vom 12. Januar 1943, RStBl. 1943 S. 283 Nr. 244.

(3) In den Fällen, in denen der Steuerpflichtige Abschnitt 7 Absätzen 5 und 6 EStR. 1941 gemäß hinsichtlich der Zurechnung von Grundstücksteilen zum Betriebsvermögen oder hinsichtlich der Zurechnung der Einnahmen und der Aufwendungen für einzelne Grundstücksteile zu den Betriebseinnahmen und den Betriebsausgaben abweichend von den allgemeinen Grundsätzen verfährt, gilt für die Kürzung § 9 Ziffer 1 Satz 1 GewStG gemäß das folgende:

1 Die Kürzung setzt voraus, daß nach den Verhältnissen am 1. Januar des Kalenderjahres, in dem der Erhebungszeitraum beginnt, ein Teil des betreffenden Grundstücks nach den allgemeinen Grundsätzen des Einkommensteuerrechts zum Betriebsvermögen gehört oder daß ein in diesem Zeitpunkt eigenbetrieblich genutzter Grundstücksteil nur deshalb nicht zum Betriebsvermögen gehört, weil sein Wert im Verhältnis zum Wert des ganzen Grundstücks von untergeordneter Bedeutung ist.

2. Ist eine der unter Ziffer 1 bezeichneten Voraussetzungen gegeben, ist die Kürzung nach dem vollen Einheitswert des Grundstücks zu bemessen, wenn der Steuerpflichtige bei der Ermittlung des maßgebenden Gewinns aus Gewerbebetrieb die Einnahmen und die Ausgaben, die das Grundstück betreffen, in voller Höhe als Betriebseinnahmen und Betriebsausgaben behandelt hat. In allen anderen Fällen ist die Kürzung nach dem Teil des Einheitswerts zu bemessen, der dem eigenbetrieblich genutzten Teil des Grundstücks entspricht. Das gilt ohne Rücksicht darauf, in welchem Umfang der Steuerpflichtige das Grundstück in der Vermögensübersicht als Betriebsvermögen ausweist.

3. Ist eine der unter Ziffer 1 bezeichneten Voraussetzungen gegeben, hat das Grundstück aber in dem maßgebenden Bemessungszeitraum dem Steuerpflichtigen noch nicht gehört, bleibt es für die Bemessung der Kürzung § 9 Ziffer 1 Satz 1 GewStG. gemäß bei der allgemeinen Regelung.

Der unter Ziffer 3 bezeichnete Fall kann so lange nicht eintreten, wie für die Gewerbesteuer das Veranlagungssystem des § 2 GewStVV. maßgebend ist. Stichtag im Sinn der Ausführungen unter Ziffer 1 ist bei diesem Veranlagungssystem der 1. Januar des Kalenderjahres, für das der einheitliche Gewerbesteuermeßbetrag festzusetzen ist.

(4) Die Frage, ob der Grundbesitz zum Betriebsvermögen des Unternehmers gehört, ist nach dem Stand am 1. Januar

des Kalenderjahrs zu beurteilen, in dem der Erhebungszeitraum beginnt. Hinweis auf § 23 Absatz 1 der Dritten GewStDV. Das gilt nicht für die Fälle des § 9 Ziffer 1 Satz 2 GewStG. (Hinweis auf Abschnitt 2). Diese Vorschrift kommt nur für Kapitalgesellschaften in Betracht, bei denen der Grundbesitz stets zum Betriebsvermögen gehört. Hinweis auf das RFH.-Urteil vom 14. Oktober 1941, RStBl. 1942 S. 38 Nr. 47. Stichtag im Sinn des § 23 Absatz 1 der Dritten GewStDV. ist, solange für die Gewerbesteuer das Veranlagungssystem des § 2 GewStVV. maßgebend ist, der 1. Januar des Kalenderjahres, für das der einheitliche Gewerbesteuermeßbetrag festzusetzen ist.

(5) Die Frage, welcher Einheitswert der Kürzung zugrunde zu legen ist, beurteilt sich für Erhebungszeiträume, die vor dem 1. April 1943 enden, nach § 25 der Dritten GewStDV. und für Erhebungszeiträume, die nach dem 31. März 1943 beginnen, nach § 2 Absatz 3 GewStVV.

(6) Befindet sich der zum Betriebsvermögen gehörende Grundbesitz im Zustand der Bebauung, ist für die Kürzung von dem Einheitswert § 33a Absatz 1 oder 2 RBewDV gemäß auszugehen. Dieser Einheitswert umfaßt nur den Wert des Grund und Bodens und den Wert etwaiger bezugsfertiger Gebäude. Wegen der Ermittlung des Gewerbekapitals in diesen Fällen Hinweis auf Abschnitt 3 Absatz 2 zu § 12.

(7) Der Gewerbesteuermeßbescheid beruht hinsichtlich der Kürzung nach § 9 Ziffer 1 Satz 1 GewStG. auf dem Einheitswertbescheid. Der Gewerbesteuermeßbescheid ist deshalb § 218 Absatz 4 AO. gemäß durch einen neuen Bescheid zu ersetzen, wenn der maßgebende Einheitswert durch Rechtsmittelentscheidung, Berichtigungsfeststellung oder Fortschreibung geändert worden ist.

(8) Wegen der Einschränkung der Kürzung § 9 Ziffer 1 Satz 1 GewStG. gemäß während der Geltungsdauer der Zweiten GewStVV. Hinweis auf Abschnitt 5.

2. Kürzung bei Grundstücksgesellschaften.

(1) § 9 Ziffer 1 Satz 2 GewStG. gemäß können Kapitalgesellschaften, die ausschließlich eigenen Grundbesitz oder neben eigenem Grundbesitz noch eigenes Kapitalvermögen verwalten und nutzen (Grundstücksgesellschaften), beantragen, daß an Stelle des Pauschabzugs von drei vom Hundert des Einheitswerts der Gewerbeertrag gekürzt wird, der tatsächlich auf den Grundbesitz entfällt. Diese Regelung ist durch § 24 der Dritten GewStDV. auf Wohnungs- und Baugenossenschaften ausgedehnt worden. Bauhandwerkergenossenschaften, die sich infolge der Verhältnisse ausschließlich auf die Verwaltung und die Instandhaltung ihres eigenen Grundbesitzes und auf die Verwaltung und die Nutzung ihres eigenen Kapital-

vermögens beschränken, sind bis auf weiteres wie Wohnungs- und Baugenossenschaften zu behandeln. Hinweis auf meinen Erlaß vom 30. Oktober 1942, RStBl. 1942 S. 1009 Nr. 886.

(2) Dient der Grundbesitz ganz oder zum Teil dem Gewerbebetrieb eines Gesellschafters oder einem Unternehmen, an dem ein Gesellschafter der Grundstücksgesellschaft wesentlich beteiligt ist, bleibt es bei dem Pauschabzug von drei vom Hundert des Einheitswerts. Das gilt nicht, wenn nur ein ganz unwesentlicher Teil des Grundbesitzes dem Gewerbebetrieb des Gesellschafters dient, besonders wenn das nur vorübergehend der Fall ist. Hinweis auf das RFH.-Urteil vom 19. September 1939, RStBl. 1940 S. 38 Nr. 46.

(3) Die Kürzung § 9 Ziffer 1 Satz 2 GewStG. gemäß beschränkt sich auf den Teil des Gewerbeertrags, der auf den Grundbesitz entfällt. Darunter ist der Gewerbeertrag zu verstehen, der aus der normalen Verwaltung und Nutzung von Grundbesitz fließt. Gewinne aus der Veräußerung von Grundstücken gehören nicht zu dem Gewerbeertrag, der auf den Grundbesitz entfällt. Sie sind demgemäß nicht zu kürzen. Steuerpflichtig bleiben auch die Teile des Gewerbeertrags, die auf die Nutzung des Kapitalvermögens entfallen.

(4) Die Anwendung der Vorschrift im § 9 Ziffer 1 Satz 2 GewStG. setzt voraus, daß ausschließlich eigener Grundbesitz oder neben eigenem Grundbesitz noch eigenes Kapitalvermögen verwaltet und genutzt wird. Daraus folgt, daß in den Fällen, in denen ein Gewerbebetrieb im eigentlichen Sinn (§ 2 Absatz 1 Satz 2 GewStG.) unterhalten wird, nur die Kürzung um drei vom Hundert des Einheitswerts vorzunehmen ist. Das gilt insbesondere auch für die Fälle, in denen die Verwaltung und Nutzung des Grundbesitzes sich als Gewerbebetrieb darstellt. Hinweis auf Abschnitt 5 zu § 2. Eine Kapitalgesellschaft, die ihren Gewerbebetrieb verpachtet hat und daneben eigenen Grundbesitz verwaltet und nutzt, ist keine Grundstücksgesellschaft, die die Vergünstigung des § 9 Ziffer 1 Satz 2 GewStG. in Anspruch nehmen kann. Hinweis auf das RFH.-Urteil vom 16. Mai 1939, RStBl. 1939 S. 790 Nr. 722. Auch die planmäßige Parzellierung und Veräußerung des Grundbesitzes gehört nicht zur Verwaltung und Nutzung im Sinn des § 9 Ziffer 1 Satz 2 GewStG. Dagegen geht der Anspruch auf die Vergünstigung im § 9 Ziffer 1 Satz 2 GewStG. nicht verloren, wenn die Gesellschaft aus besonderen Gründen das eine oder andere Grundstück veräußern muß, die Veräußerung des eigenen Grundbesitzes aber nicht das Endziel der Tätigkeit bildet. Hinweis auf das RFH.-Urteil vom 30. Juni 1942, RStBl. 1942 S. 988 Nr. 861. Wegen der Behandlung des Gewinns aus der gelegentlichen Veräußerung von Grundstücken Hinweis auf Absatz 3.

(5) Zum eigenen Grundbesitz im Sinn des § 9 Ziffer 1 Satz 2 GewStG. gehören auch das Erbbaurecht und die auf Grund eines solchen Rechts errichteten Gebäude. Hinweis auf das RFH.-Urteil vom 14. Oktober 1941, RStBl. 1941 S. 884 Nr. 902.

(6) Die Anwendung der Vorschrift im § 9 Ziffer 1 Satz 2 GewStG. ergibt sich aus dem folgenden

Beispiel:

Eine Grundstücksgesellschaft, die gleichzeitig eigenes Kapitalvermögen verwaltet, nutzt einen Grundbesitz, dessen Einheitswert 2000000 Reichsmark beträgt. Die Gesellschaft hat im Wirtschaftsjahr 1943 einen Gewinn von 100000 Reichsmark erzielt, bei dessen Ermittlung 25000 Reichsmark Zinsen für eine Hypothek von 500000 Reichsmark (Dauerschuld) abgezogen worden sind.

Bei Anwendung der Vorschrift im § 9 Ziffer 1 Satz 1 GewStG. würde sich der Gewerbeertrag wie folgt errechnen:

Gewinn des Wirtschaftsjahrs 1943 .	100000 RM
Hinzuzurechnen sind die Hypothekenzinsen mit	25000 „
Summe des Gewinns und der Hinzurechnungen	125000 RM
Davon sind zu kürzen 3 vom Hundert des Einheitswerts des Grundbesitzes, also 3 vom Hundert von 2 Millionen Reichsmark	60000 RM
Gewerbeertrag . . .	65000 RM

Wird der Antrag § 9 Ziffer 1 Satz 2 GewStG. gemäß gestellt, muß ermittelt werden, welcher Teil des Gewerbeertrags auf den Grundbesitz entfällt. Unter Gewerbeertrag ist hier die Summe des Gewinns und der Hinzurechnungen zu verstehen. Es muß deshalb festgestellt werden, welcher Teil des Gewinns (100000 Reichsmark) und der Hinzurechnungen (25000 Reichsmark) auf den Grundbesitz entfällt. Läßt sich dieser Teil nicht aus der Buchführung des Unternehmens feststellen, muß er geschätzt werden. Dabei sind einwandfreie Unterlagen, die das Unternehmen beibringt, zu verwerten. Für den vorliegenden Fall soll unterstellt werden, daß von dem Gewinn $^3/_4$ = 75000 Reichsmark und von den Hinzurechnungen $^4/_5$ = 20000 Reichsmark auf den Grundbesitz entfallen. Es ergibt sich demgemäß die folgende Berechnung:

Gewinn aus dem Grundbesitz . . .	75000 RM
Hinzuzurechnen die anteiligen Zinsen für Hypothekenschulden ($^4/_5$ von 25000 Reichsmark)	20000 RM
Teil des Gewerbeertrags, der auf den Grundbesitz entfällt	95000 RM
Dieser Betrag ist von der Summe des Gewinns und der Hinzurechnungen abzuziehen.	
Summe des Gewinns und der Hinzurechnungen	125000 RM
abzuziehen	95000 RM
Gewerbeertrag in diesem Fall . .	30000 RM

3. Kürzung des Gewerbeertrags, der auf ausländische Betriebstätten entfällt.

Ist der Teil des Gewerbeertrags des inländischen Unternehmens, der auf die im Ausland belegene Betriebstätte entfällt, nicht aus der Buchführung des inländischen Unternehmens festzustellen, muß er geschätzt werden. Dabei sind einwandfreie Unterlagen, die das inländische Unternehmen beibringt, zu verwerten. Liegen Unterlagen nicht vor, kann die Zerlegungsvorschrift im § 29 GewStG. sinngemäß angewendet werden.

4. Kürzungen bei Kartellen und bei Syndikaten.

Die Kürzungen § 9 GewStG. gemäß können unter bestimmten Voraussetzungen bei der Ermittlung des Gewerbeertrags der Kartelle und der Syndikate unterbleiben. Sie können stattdessen bei der Ermittlung des Gewerbeertrags der Mitglieder der Kartelle und der Syndikate vorgenommen werden. Hinweis auf § 11 der Verordnung über Körperschaftsteuer, Vermögensteuer und Gewerbesteuer der Kartelle und der Syndikate vom 20. Dezember 1941, RGBl. I S. 791, RStBl. 1941 S. 953 Nr. 977 und auf Abschnitt 13 meines Erlasses vom 20. Dezember 1941, RStBl. 1941 S. 954 Nr. 978.

5. Vereinfachungsmaßnahmen.

(1) Die Kürzung § 9 Ziffer 1 Satz 1 GewStG. gemäß ist durch § 2 der Zweiten GewStVV. eingeschränkt worden. Sie

ist nur noch vorzunehmen, wenn der für die Ermittlung des Gewerbeertrags maßgebende Gewinn aus Gewerbebetrieb mehr als 12000 Reichsmark beträgt. Diese Regelung gilt erstmalig bei der Festsetzung des einheitlichen Gewerbesteuermeßbetrags für das Kalenderjahr 1943.

(2) Es ist für die Anwendung der Vorschrift im § 2 der Zweiten GewStVV. einerlei, aus welchen Gründen der maßgebende Gewinn aus Gewerbebetrieb die Grenze von 12000 Reichsmark nicht übersteigt. Das gilt insbesondere für den Fall, daß der Gewinn aus Gewerbebetrieb auf einen Zeitraum von weniger als zwölf Monaten entfällt.

(3) Die Vergünstigung für Grundstücksgesellschaften § 9 Ziffer 1 Satz 2 GewStG. gemäß (Hinweis auf Abschnitt 2) wird durch die Vorschrift im § 2 der Zweiten GewStVV nicht berührt. Das gilt auch für den Fall, daß eine Hinzurechnung von Dauerschuldzinsen § 2 der Zweiten GewStVV. gemäß bei einem solchen Unternehmen unterbleibt.

(4) Wegen der Änderungen, die sich für die Kürzung § 9 Ziffer 1 Satz 1 GewStG. gemäß aus der Umstellung des Veranlagungssystems durch die Vorschrift im § 2 GewStVV. ergeben, Hinweis auf Abschnitt 1 Absätze 3 bis 5.

Aus der Rechtsprechung des RFH.

Zu § 9 Ziffer 1 GewStG.

Eine Kapitalgesellschaft kann die Vergünstigung des § 9 Ziffer 1 Satz 2 GewStG. auch dann nicht in Anspruch nehmen, wenn ihr Grundbesitz nur zum Teil dem Gewerbebetrieb eines Gesellschafters dient, es sei denn, daß es sich dabei um einen ganz unwesentlichen Teil des Grundbesitzes handelt.

(RFH.-Urteil vom 19. September 1939 I 270/38, RStBl. 1940 Nr. 46.)

Eine Kapitalgesellschaft, die ihren Gewerbebetrieb verpachtet hat, ist keine Grundstücksgesellschaft, die die Vergünstigung des § 9 Ziffer 1 Satz 2 GewStG. in Anspruch nehmen könnte.

(RFH.-Urteil vom 16. Mai 1939 I 160/39, RStBl. 1939 Nr. 772.)

Zu § 9 Ziffer 1 Satz 2 GewStG.

Gehört im Sinn der Kürzungsvorschriften des § 9 Ziffer 1 Satz 2 und § 12 Absatz 3 Ziffer 1 GewStG. zum Grundbesitz des gewerblichen Betriebs ein Erbbaurecht

(Urteil vom 14. Oktober 1941 I 12/41, RStBl. S. 884), so ist den Kürzungen lediglich der im Betriebsvermögen enthaltene Wert des Erbbaurechts und der aufstehenden Gebäude, nicht auch der Wert des Erbbaugrundstücks zugrunde zu legen.

(RFH.-Urteil vom 12. Januar 1943 I 149/42, RStBl. 1943 Nr. 244.)

Der in § 23 Absatz 1 der Dritten GewStDV. als maßgeblich erklärte Stichtag für die Beurteilung, ob und inwieweit Grundbesitz zum Betriebsvermögen gehört, kann keine Geltung haben für die Fälle des § 9 Ziffer 1 Satz 2 der Dritten GewStDV., die nur bei Kapitalgesellschaften möglich sind, bei welchen der Grundbesitz stets zum Betriebsvermögen gehört.

(RFH.-Urteil vom 14. Oktober 1941 I 216/41, RStBl. 1942 Nr. 47.)

Bauhandwerkergenossenschaften, deren Zweck die Förderung des Gewerbebetriebs der Genossen bildet, fallen selbst dann nicht unter die nach § 24 der Dritten GewStDV. begünstigten Wohnungs- und Baugenossenschaften, wenn Gegenstand des Unternehmens der Bau und die Betreuung von Wohnhäusern ist.

(RFH.-Urteil vom 31. März 1942 I 225/41, RStBl. 1942 Nr. 436.)

Zum eigenen Grundbesitz im Sinn der Kürzungsfrist des § 9 Ziffer 1 Satz 2 GewStG. gehören auch das Erbbaurecht und die auf Grund eines solchen errichteten Gebäude.

(RFH.-Urteil vom 14. Oktober 1941 I 12/41, RStBl. 1941 Nr. 902.)

Die Bewirtschaftung eigenen land- und forstwirtschaftlichen Vermögens durch eine Kapitalgesellschaft selbst ist als „Nutzung eigenen Grundbesitzes" im Sinn des § 9 Ziffer 1 Satz 2 GewStG. anzusehen.

(RFH. vom 10. September 1940 I 106/40, RStBl. 1940 Nr. 829.)

Eine Kapitalgesellschaft, die den Mietern ihrer Geschäftsgebäude elektrischen in einem eigenen Werk um-

geformten Strom liefert, beschränkt sich nicht auf die bloße Verwaltung und Nutzung ihres Grundbesitzes im Sinn des § 9 Ziffer 1 Satz 2 GewStG.

(RFH. vom 28. Februar 1939 I 483/38, RStBl. 1939 Nr. 533.)

Zu § 9 Ziffer 3 GewStG.

Gewinne, die einem gewerblichen Unternehmen aus der Tätigkeit eines selbständigen ausländischen Handlungsagenten zufließen, entfallen nur dann auf eine nicht im Inland belegene Betriebstätte, wenn die Abschlüsse der ausländischen Agenten von einem Lager aus erfüllt werden, das vom Unternehmen bei dem ausländischen Agenten unterhalten wird.

(RFH.-Urteil vom 22. Oktober 1940 I 137/40, RStBl. 1941 Nr. 117 und RStBl. 1940 Nr. 893.)

§ 10.

Maßgebendes Wirtschaftsjahr für die Ermittlung des Gewerbeertrags.

(1) Maßgebend ist der Gewerbeertrag des Kalenderjahrs, das dem Erhebungszeitraum (§ 14 Absatz 2) unmittelbar vorangegangen ist. Bei Gewerbetreibenden, die Bücher nach den Vorschriften des Handelsgesetzbuchs zu führen verpflichtet sind und solche tatsächlich führen, gilt der Gewerbeertrag als in dem Kalenderjahr bezogen, in dem das Wirtschaftsjahr oder die Wirtschaftsjahre geendet haben.

(2) Umfaßt infolge Umstellung des Wirtschaftsjahrs der für die Ermittlung des Gewinns maßgebende Zeitraum mehr oder weniger als zwölf Monate, so ist das mutmaßliche Ergebnis der ersten zwölf Monate als Gewerbeertrag zugrunde zu legen.

(3) Ist der Gewerbebetrieb neu gegründet oder ist ein bereits bestehender Gewerbebetrieb infolge

Wegfalls des Befreiungsgrunds steuerpflichtig geworden, so ist das mutmaßliche Ergebnis der ersten zwölf Monate des Gewerbebetriebs als Gewerbeertrag zugrunde zu legen.

(4) Wird im Lauf des Erhebungszeitraums ein Gewerbebetrieb neu gegründet oder ein bereits bestehender Gewerbebetrieb infolge Wegfalls des Befreiungsgrunds steuerpflichtig, so ist das mutmaßliche Ergebnis der ersten zwölf Monate des Gewerbebetriebs als Gewerbeertrag zugrunde zu legen.

1. Durch § 2 GewStVV. ist eine Zusammenlegung des Bemessungszeitraums erfolgt. Die Zusammenlegung erfolgte erstmalig für das Kalenderjahr 1943. Die Vorschriften der GewStVV. sollen mit Ablauf des zweiten Kalenderjahres nach Beendigung des Krieges außer Kraft treten.

2. Die Vorschrift des Abs. 2 ist ebenfalls während der Geltungsdauer der GewStVV. nicht anwendbar, ebensowenig die Vorschriften über die Ermittlung des Gewerbeertrages bei Unternehmerwechsel und bei Übergang eines Gewerbebetriebes auf einen anderen, bereits bestehenden Gewerbebetrieb. Näheres siehe unter GewStR. 1943 Abschnitt 6 Vereinfachungsmaßnahmen.

Dritte GewStDV.

§ 18.

Gewerbeertrag bei Abwicklung und Konkurs.

(1) Der Gewerbeertrag, der bei einem in der Abwicklung befindlichen Gewerbebetrieb im Sinn des § 2 Absatz 2 Ziffer 2 des Gesetzes im Zeitraum der Abwicklung entstanden ist, ist auf die Jahre des Abwicklungszeitraums zu verteilen.

(2) Das gilt entsprechend für Gewerbebetriebe, wenn über das Vermögen des Unternehmers das Konkursverfahren eröffnet worden ist.

GewStVV.

§ 2.

(1) . . . . .

(2) Maßgebend ist der Gewerbeertrag des Kalenderjahres, für das der einheitliche Steuermeßbetrag festgesetzt wird.

Bei Gewerbetreibenden, die Bücher nach den Vorschriften des Handelsgesetzbuches zu führen verpflichtet sind und solche tatsächlich führen, gilt der Gewerbeertrag als in dem Kalenderjahr bezogen, in dem das Wirtschaftsjahr geendet hat oder die Wirtschaftsjahre geendet haben. Hat die Steuerpflicht nicht während des ganzen Kalenderjahres bestanden, so ist der während der Dauer der Steuerpflicht im Kalenderjahr bezogene Gewerbeertrag auf einen Jahresbetrag umzurechnen.

(3) . . . . .

Zweite GewStVV.

§ 1.

Unternehmerwechsel.

Ein Gewerbebetrieb, der im ganzen auf einen anderen Unternehmer übergeht, gilt in jedem Fall als durch den bisherigen Unternehmer eingestellt. Er ist als durch den anderen Unternehmer neu gegründet anzusehen, wenn er nicht mit einem bereits bestehenden Gewerbebetrieb vereinigt wird. Zeitpunkt der Einstellung (Satz 1) und Zeitpunkt der Neugründung (Satz 2) ist der Zeitpunkt des Unternehmerwechsels.

GewStR. 1943

1. Maßgebendes Wirtschaftsjahr für die Ermittlung des Gewerbeertrags.

(1) § 10 Absatz 1 GewStG. gemäß ist der Gewerbeertrag des Kalenderjahres maßgebend, das dem Erhebungszeitraum unmittelbar vorangegangen ist. Bei Gewerbetreibenden mit abweichendem Wirtschaftsjahr gilt der Gewerbeertrag als in dem Kalenderjahr bezogen, in dem das Wirtschaftsjahr geendet hat oder die Wirtschaftsjahre geendet haben. Ein vom Kalenderjahr abweichendes Wirtschaftsjahr wird jedoch nur zugrunde gelegt, wenn der Gewerbetreibende zur Führung von Büchern nach den Vorschriften des Handelsgesetzbuchs verpflichtet ist und solche tatsächlich führt.

(2) Als Gewerbeertrag ist stets das Ergebnis eines Zeitraums zugrunde zu legen, der zwölf Monate umfaßt. Liegt das Ergebnis eines solchen Zeitraums noch nicht vor, ist der Gewerbesteuermeßbetrag nach dem mutmaßlichen — durch Schätzung zu ermittelnden — Ergebnis eines zwölf Monate umfassenden Zeitraums festzusetzen. Die Festsetzung ist also nicht zurückzustellen, bis das tatsächliche Ergebnis eines vollen Jahres vorliegt. Der Steuermeßbetrag wird auch in diesen Fällen nicht vorläufig (§ 100 AO.), sondern endgültig festgesetzt.

(3) Wegen der Zusammenlegung des Erhebungszeitraums mit dem Bemessungszeitraum ab dem Kalenderjahr 1943

durch § 2 GewStVV. Hinweis auf Abschnitt 6 Absätze 1 und 2.

2. Ermittlung des Gewerbeertrags bei Beginn der Steuerpflicht (§ 10 Absätze 3 und 4 GewStG.).

(1) Wird ein Gewerbebetrieb neu gegründet oder tritt ein bereits bestehender Gewerbebetrieb infolge Wegfalls des Befreiungsgrundes in die Steuerpflicht ein, ist § 10 Absätzen 3 und 4 GewStG. gemäß das mutmaßliche Ergebnis der ersten zwölf Monate des Gewerbebetriebs als Gewerbeertrag so lange zugrunde zu legen, bis das Ergebnis eines nach § 10 Absatz 1 GewStG. maßgebenden vollen Wirtschaftsjahres von zwölf Monaten vorliegt. Unter „mutmaßlichem Ergebnis" ist nicht ein normales Betriebsergebnis zu verstehen, sondern ein Ergebnis, das der betreffende Gewerbebetrieb mutmaßlich in den ersten zwölf Monaten seines Bestehens erzielen wird. Bei der Schätzung des mutmaßlichen Ergebnisses ist alles zu berücksichtigen, was sich zur Zeit der Veranlagung mit einer gewissen Sicherheit voraussehen läßt. Liegt bereits das tatsächliche Ergebnis für einen Zeitraum von weniger als zwölf Monaten vor (Teiljahresergebnis), ist dieses zu berücksichtigen. Ist im Laufe des Anfechtungsverfahrens der tatsächliche Gewerbeertrag der ersten zwölf Monate des Betriebs festgestellt, ist dieses Ergebnis der Besteuerung zugrunde zu legen. Hinweis auf das RFH.-Urteil vom 17. Januar 1940, RStBl. 1940 S. 514 S. 372.

(2) Die Vorschriften im § 10 Absätze 3 und 4 GewStG. sind für die Geltungsdauer der GewStVV. nicht anwendbar. Hinweis auf Abschnitt 6 Absätze 1 und 2.

3. Ermittlung des Gewerbeertrags bei Umstellung des Wirtschaftsjahres (§ 10 Absatz 2 GewStG.).

(1) Wird das Wirtschaftsjahr umgestellt, ist als mutmaßliches Ergebnis im Sinn des § 10 Absatz 2 GewStG. das Ergebnis der letzten zwölf Monate vor dem Ende des Rumpfwirtschaftsjahres anzusetzen, das bei der Umstellung gebildet worden ist.

(2) Die Vorschrift im § 10 Absatz 2 GewStG. ist für die Geltungsdauer der GewStVV. nicht anwendbar. Hinweis auf Abschnitt 6 Absätze 1 und 2.

4. Ermittlung des Gewerbeertrags bei Unternehmerwechsel und bei Übergang eines Gewerbebetriebs auf einen anderen, bereits bestehenden Gewerbebetrieb.

(1) Wechselt der Unternehmer und führt der neue Unternehmer den Betrieb im wesentlichen unverändert fort, ist der Gewerbeertrag für den Erhebungszeitraum, der dem

Unternehmerwechsel folgt, in sinngemäßer Anwendung des § 10 Absatz 1 GewStG. zu ermitteln. Es ist danach der Gewerbeertrag des Kalenderjahres maßgebend, das dem Erhebungszeitraum unmittelbar vorangegangen ist, und zwar ohne Rücksicht darauf, welcher Unternehmer diesen Ertrag erzielt hat. Es folgt daraus, daß beim Unternehmerwechsel der Gewerbeertrag, den der bisherige Unternehmer im Bemessungszeitraum erzielt hat, neben dem Gewerbeertrag zu berücksichtigen ist, den der neue Unternehmer im Bemessungszeitraum erzielt hat. Geht ein Gewerbebetrieb auf einen anderen, bereits bestehenden Gewerbebetrieb über, ist der Gewerbeertrag des übernehmenden Betriebs mit dem Gewerbeertrag zusammenzufassen, den der übernommene Betrieb vom Beginn des für den übernehmenden Betrieb maßgebenden Bemessungszeitraums bis zum Zeitpunkt des Übergangs erzielt hat.

(2) Bei der Zusammenfassung der Gewerbeerträge muß vermieden werden, daß einzelne Ertragsteile doppelt der Besteuerung unterworfen werden oder zu Unrecht gekürzt werden. Es ist deshalb so zu verfahren, als ob der neue Unternehmer schon vom Beginn des maßgebenden Bemessungszeitraums an Unternehmer des Gewerbebetriebs gewesen wäre.

Beispiele:

A. Der Steuerpflichtige A erwirbt am 1. Juli 1941 das Unternehmen B, bei dem seine Ehefrau bis dahin als Angestellte beschäftigt war. Der Gewerbeertrag des Unternehmens betrug in der Zeit vom 1. Januar bis 30. Juni 1941 15000 Reichsmark, in der Zeit vom 1. Juli bis 31. Dezember 1941 22000 Reichsmark. Bei der Ermittlung des Gewerbeertrags für die Zeit vom 1. Januar bis 30. Juni 1941 sind 3600 Reichsmark als Gehalt für die Ehefrau des A abgezogen worden. Es muß so verfahren werden, als ob A schon vom 1. Januar 1941 ab Unternehmer des Betriebs B gewesen wäre. Es ist danach das der Ehefrau A gezahlte Gehalt § 8 Ziffer 5 GewStG. gemäß hinzuzurechnen. Bei der Festsetzung des Gewerbesteuermeßbetrags für das Rechnungsjahr 1942 ist von einem Gewerbeertrag von (15000 Reichsmark + 22000 Reichsmark + 3600 Reichsmark =) 40600 Reichsmark auszugehen.

B. Das Unternehmen A, dessen Wirtschaftsjahr vom 1. Juli bis 30. Juni läuft, geht am 30. Juni 1941 auf den bereits bestehenden Gewerbebetrieb B (Einzelunternehmen) über. Das Wirtschaftsjahr von B stimmt mit dem Kalenderjahr überein. Bemessungsgrundlage für das Rechnungsjahr 1942 ist der Gewerbeertrag des Kalenderjahres 1941. Dieser setzt sich zusammen aus dem Gewerbeertrag des Betriebs B für die Zeit vom 1. Januar bis 31. Dezember 1941 und aus dem Gewerbeertrag des Betriebs A für die Zeit vom 1. Januar bis 30. Juni 1941. Der Gewerbeertrag für B beträgt 100000 RM, der für den Betrieb A 25000 Reichsmark. Der Betrieb A hatte in der Zeit vom 1. Januar bis 30. Juni 1941 5000 Reichsmark Zinsen für eine Dauerschuld an B gezahlt. Dieser Betrag ist in dem gewerblichen Gewinn des B enthalten. Er hat als Betriebsausgabe den gewerblichen Gewinn des A gemindert, ist aber bei der Ermittlung des Gewerbeertrags § 8 Ziffer 1 GewStG. gemäß wieder hinzugerechnet worden. Bei einer Zusammenrechnung der Erträge von 100000 Reichsmark und 25000 Reichsmark würde der Betrag von 5000 Reichsmark doppelt besteuert werden. Der Gewerbeertrag für das Kalenderjahr 1941 ist deshalb wie folgt zu ermitteln:

Gewerbeertrag B vom 1. Januar bis 31. Dezember 1941		100000 RM
Gewerbeertrag A vom 1. Januar bis 30. Juni 1941 .	25000 RM	
abzügliche Dauerschuldzinsen	5000 RM	20000 RM
zusammen . . .		120000 RM

Nach diesem Gewerbeertrag ist das Unternehmen B für das Rechnungsjahr 1942 zur Gewerbesteuer nach dem Ertrag heranzuziehen.

(3) Die Ausführungen in den Absätzen 1 und 2 gelten nicht für die Geltungsdauer der Vorschriften im § 2 GewStVV. und im § 1 der Zweiten GewStVV. Durch diese Vorschriften wird erreicht, daß der Betrieb für jeden der Unternehmer getrennt zur Gewerbesteuer herangezogen wird, und zwar nach dem Gewerbeertrag, den jeder der Unternehmer während der Dauer seiner Unternehmerschaft erzielt hat. Hinweis auf Abschnitt 6 Absatz 3.

5. Ermittlung des Gewerbeertrags bei Abwicklung und Konkurs.

(1) Bei einem in der Abwicklung befindlichen Unternehmen im Sinn des § 2 Absatz 2 Ziffer 2 GewStG. ist der Gewerbe-

ertrag, der im Zeitraum der Abwicklung entstanden ist, § 18 der Dritten GewStDV. gemäß auf die Jahre des Abwicklungszeitraums zu verteilen. Abwicklungszeitraum ist der Zeitraum vom Schluß des der Auflösung vorangegangenen Wirtschaftsjahrs bis zum Ende der Abwicklung. Die Verteilung des in diesem Zeitraum erzielten Gewerbeertrags auf die einzelnen Jahre geschieht nach dem Verhältnis, in dem die Zahl der Kalendermonate, in denen im einzelnen Jahr die Steuerpflicht bestanden hat, zu der Gesamtzahl der Kalendermonate des Abwicklungszeitraums steht. Dabei ist der angefangene Monat voll zu rechnen.

(2) Als Gewerbeertrag für das Rechnungsjahr, das auf den Eintritt in die Abwicklung folgt, wird der Gewerbeertrag des vorangegangenen Wirtschaftsjahres zugrunde gelegt. Für die folgenden Rechnungsjahre ist von den Gewerbeerträgen auszugehen, die für die maßgebenden Bemessungszeiträume (Hinweis auf § 10 Absatz 1 GewStG.) auf Grund der Verteilung errechnet worden sind.

(3) Ist über das Vermögen des Unternehmers das Konkursverfahren eröffnet worden, ist der in dem Zeitraum vom Tag der Konkurseröffnung bis zur Beendigung des Konkursverfahrens erzielte Gewerbeertrag entsprechend den Ausführungen im Absatz 2 auf die einzelnen Jahre zu verteilen. Das gilt nicht nur für Unternehmen im Sinn des § 2 Absatz 2 Ziffer 2 GewStG., sondern für Unternehmen aller Art (Hinweis auf § 18 Absatz 2 der Dritten GewStDV.). Wird der Betrieb einer Kapitalgesellschaft, über deren Vermögen das Konkursverfahren eröffnet ist, zunächst weitergeführt und wird erst später mit der Konkursabwicklung begonnen, ist das Wirtschaftsjahr, auf dessen Anfang oder in dessen Lauf der Beginn der Konkursabwicklung fällt, das erste Jahr des Abwicklungszeitraums, für den die im § 18 Absatz 2 der Dritten GewStDV. vorgesehene Verteilung des Gewerbeertrags in Betracht kommt. Hinweis auf das RFH.-Urteil vom 5. März 1940, RStBl. 1940 S. 476 Nr. 333.

(4) Wegen der Frage, wann der Abwicklungszeitraum gewerbesteuerlich als beendet anzusehen ist, Hinweis auf Abschnitt 13 Absatz 6 zu § 2.

(5) Wegen der Vereinfachung während der Geltungsdauer der GewStVV. Hinweis auf Abschnitt 6 Absatz 4.

6. Vereinfachungsmaßnahmen.

a) **Maßgebender Gewerbeertrag, wenn die Steuerpflicht während des ganzen Kalenderjahres bestanden hat.**

(1) Der Bemessungszeitraum für den Gewerbeertrag ist durch § 2 GewStVV. mit dem Erhebungszeitraum für die

Gewerbesteuer (Kalenderjahr) zusammengelegt worden. Dadurch ist ein System geschaffen worden, das dem Veranlagungssystem bei der Einkommensteuer entspricht. Maßgebend ist § 2 Absatz 2 Satz 1 GewStVV. gemäß der Gewerbeertrag des Kalenderjahres, für das der einheitliche Steuermeßbetrag festgesetzt wird. § 2 Absatz 2 Satz 2 GewStVV. gemäß gilt bei Gewerbetreibenden, die Bücher nach den Vorschriften des Handelsgesetzbuchs zu führen verpflichtet sind und solche tatsächlich führen, der Gewerbeertrag — wie schon § 10 Absatz 1 Satz 2 GewStG. gemäß — als in dem Kalenderjahr bezogen, in dem das Wirtschaftsjahr endet oder die Wirtschaftsjahre enden. Das gilt auch für die Umstellung des Wirtschaftsjahres. Der Ansatz eines mutmaßlichen Ergebnisses von zwölf Monaten kommt nicht in Betracht. Auch eine Umrechnung auf das Ergebnis eines Zeitraums von zwölf Monaten kommt nicht in Betracht. Auch eine Umrechnung auf das Ergebnis eines Zeitraums von zwölf Monaten (Hinweis auf Absatz 2) kommt in den Fällen der Umstellung des Wirtschaftsjahres nicht in Betracht, vorausgesetzt, daß die Steuerpflicht während des ganzen Kalenderjahres bestanden hat.

Beispiele:

A. Ein Gewerbetreibender hatte bisher ein Wirtschaftsjahr vom 1. Juli bis 30. Juni. Er stellt im Jahr 1944 das Wirtschaftsjahr auf das Kalenderjahr um. Er bildet deshalb ein Rumpfwirtschaftsjahr vom 1. Juli bis 31. Dezember 1944.

Es enden im Kalenderjahr 1944 zwei Wirtschaftsjahre, die zusammen 18 Monate umfassen. Maßgebender Gewerbeertrag für das Kalenderjahr 1944 ist der Gewerbeertrag, der in diesen 18 Monaten erzielt worden ist. Dieser Gewerbeertrag gilt als in der Zeit vom 1. Januar bis 31. Dezember 1944 bezogen. Eine Umrechnung findet nicht statt.

B. Ein Gewerbebetrieb tritt am 1. Januar 1945 in die Steuerpflicht ein. Das Wirtschaftsjahr läuft vom 1. Juli bis 30. Juni. Der Unternehmer bildet deshalb ein Rumpfwirtschaftsjahr vom 1. Januar bis 30. Juni 1945.

Im Kalenderjahr 1945 endet nur das Rumpfwirtschaftsjahr, das 6 Monate umfaßt. Maßgebender Gewerbeertrag für das Kalenderjahr 1945 ist der Gewerbeertrag, der in diesen 6 Monaten erzielt worden ist. Dieser Gewerbeertrag gilt als in der Zeit vom 1. Januar bis 31. Dezember 1945 bezogen. Eine Umrechnung findet auch hier nicht statt, weil die Steuerpflicht während des ganzen Kalenderjahres 1945 bestanden hat.

b) Maßgebender Gewerbeertrag, wenn die Steuerpflicht nicht während des ganzen Kalenderjahres bestanden hat.

(2) Hat die Steuerpflicht nicht während des ganzen Kalenderjahres bestanden, ist § 2 Absatz 2 Satz 3 GewStVV. gemäß der während der Dauer der Steuerpflicht im Kalenderjahr bezogene Gewerbeertrag auf einen Jahresbetrag umzurechnen. Diese Umrechnung ist ohne Rücksicht darauf durchzuführen, welchen Gewerbeertrag der Steuerpflichtige mutmaßlich erzielt hätte, wenn das Unternehmen während des ganzen Kalenderjahrs betrieben worden wäre. Es sind bei der Umrechnung Monate, in denen die Steuerpflicht nur während eines Teils bestanden hat, als volle Monate zu rechnen. Für die Erhebung der Gewerbesteuer, die sich auf Grund des danach ermittelten einheitlichen Steuermeßbetrags ergibt, sind die Vorschriften im § 22 Absätzen 1 und 2 GewStG. zu beachten.

Beispiele:

A. Die Gewerbesteuerpflicht des Betriebs eines Einzelkaufmanns, dessen Wirtschaftsjahr mit dem Kalenderjahr übereinstimmt, erlischt am 6. Juli 1944. Der Gewerbeertrag in der Zeit vom 1. Januar bis 6. Juli 1944 beträgt 3500 Reichsmark. Maßgebender Gewerbeertrag für das Kalenderjahr 1944 ist der auf einen Jahresbetrag umgerechnete Gewerbeertrag des Zeitraums vom 1. Januar bis 6. Juli 1944. Der Festsetzung des Steuermeßbetrags sind demgemäß $\left(\frac{12 \times 3500 \text{ RM}}{7} =\right)$ 6000 Reichsmark zugrunde zu legen.

Der Steuermeßbetrag nach dem Gewerbeertrag wird auf 120 Reichsmark festgesetzt. Ist das Gewerbekapital auf den 1. Januar 1944 auf 70000 Reichsmark festgestellt worden, beträgt der Steuermeßbetrag nach dem Gewerbekapital 140 Reichsmark. Der einheitliche Steuermeßbetrag beträgt (120 Reichsmark

+ 140 Reichsmark =) 260 Reichsmark. Ist der maßgebende Hebesatz 150 vom Hundert, errechnet sich die Gewerbesteuer für das Kalenderjahr 1944 auf 390 Reichsmark. Davon werden § 22 Absatz 2 GewStG. gemäß sieben Zwölftel = 227,50 Reichsmark erhoben.

B. Der Betrieb eines Einzelgewerbetreibenden tritt am 10. März 1944 in die Steuerpflicht ein. Das Wirtschaftsjahr läuft vom 1. Juli bis 30. Juni. Der Unternehmer bildet zunächst ein Rumpfwirtschaftsjahr vom 10. März bis 30. Juni 1944. Der Gewerbeertrag, der in diesem Rumpfwirtschaftsjahr erzielt worden ist, beträgt 3000 Reichsmark. Er gilt als in der Zeit vom 10. März bis 31. Dezember 1944 bezogen. Der Festsetzung des Steuermeßbetrags sind $\left(\frac{12 \times 3000 \text{ RM}}{10}\right) = 3600$ Reichsmark zugrunde zu legen.

Der Steuermeßbetrag nach dem Gewerbeertrag wird auf 36 Reichsmark festgesetzt. Maßgebendes Gewerbekapital ist das auf den 10. März 1944 festgestellte Gewerbekapital (§ 27 der Dritten GewStDV.). Beträgt dieses Gewerbekapital 50000 Reichsmark, wird der Steuermeßbetrag nach dem Gewerbekapital auf 100 Reichsmark festgesetzt. Der einheitliche Steuermeßbetrag beträgt (36 Reichsmark + 100 Reichsmark =) 136 Reichsmark. Ist der maßgebende Hebesatz 200 vom Hundert, errechnet sich die Gewerbesteuer für 1944 auf 272 Reichsmark. Davon werden § 22 Absatz 1 GewStG. gemäß neun Zwölftel (für die Zeit vom 1. April bis 31. Dezember 1944) erhoben. Das sind 204 Reichsmark.

C. Ein Gewerbebetrieb wird am 5. Oktober 1944 neu gegründet. Das Wirtschaftsjahr läuft vom 1. Oktober bis 30. September. Ein während der Dauer der Steuerpflicht im Kalenderjahr 1944 (5. Oktober bis 31. Dezember 1944) bezogener Gewerbeertrag ist nicht vorhanden, weil der Gewerbeertrag des ersten Wirtschaftsjahres (5. Oktober 1944 bis 30. September 1945) als im Kalenderjahr 1945 bezogen gilt. Es kommt deshalb auch eine Umrechnung nicht in Betracht.

Der Betrieb kann für das Kalenderjahr 1944 nur zur Gewerbekapitalsteuer herangezogen werden. Maßgebendes Gewerbekapital ist das auf den 5. Oktober 1944 festgestellte Gewerbekapital (§ 27 der Dritten GewStDV.). Die Gewerbesteuer wird § 22 Absatz 1 GewStG. gemäß in Höhe von zwei Zwölfteln (für die Zeit vom 1. November bis 31. Dezember 1944) erhoben.

c) Ermittlung des Gewerbeertrags bei Unternehmerwechsel.

(3) Beim Unternehmerwechsel wird durch die Regelungen im § 2 Absatz 2 GewStVV. und im § 1 der Zweiten GewStVV. erreicht, daß der Betrieb für jeden der Unternehmer getrennt zur Gewerbesteuer herangezogen wird, und zwar nach dem Gewerbeertrag, den jeder der Unternehmer während der Dauer seiner Unternehmerschaft erzielt hat. Hinweis auf Abschnitt 3 Absätze 1 bis 3 zu § 5.

Beispiel:

Der Betrieb des Einzelkaufmanns A (Wirtschaftsjahr vom 1. Juli bis 30. Juni) geht am 30. Juni 1944 auf den bereits bestehenden Betrieb des Einzelkaufmanns B (Wirtschaftsjahr vom 1. Januar bis 31. Dezember) über.

Die Steuerpflicht des Betriebs A ist § 1 Satz 1 der Zweiten GewStVV. gemäß am 30. Juni 1944 erloschen. Beim Unternehmer B liegt § 1 Satz 2 der Zweiten GewStVV. gemäß eine Neugründung nicht vor. B hat seinen Gewerbebetrieb durch den Hinzuerwerb des Betriebs A ab dem 1. Juli 1944 nur vergrößert. Hinweis auf Abschnitt 3 Absatz 2 zu § 5.

Der Gewerbeertrag, den A in der Zeit vom 1. Juli 1943 bis 30. Juni 1944 erzielt hat, gilt als in der Zeit vom 1. Januar bis 30. Juni 1944 bezogen. Der Festsetzung des Steuermeßbetrags sind zwölf Sechstel dieses Ertrags (= umgerechneter Jahresertrag) zugrunde zu legen. Maßgebendes Gewerbekapital ist das auf den 1. Januar 1944 oder einen früheren Zeitpunkt gegenüber A festgestellte Gewerbekapital (§ 2 Absatz 3 GewStVV.). Die Gewerbesteuer wird von A § 22 Absatz 2 GewStG. gemäß in Höhe von sechs

Zwölfteln (für die Zeit vom 1. Januar bis 30. Juni 1944) erhoben.

Maßgebender Gewerbeertrag des B für das Kalenderjahr 1944 ist der Ertrag, den er in der Zeit vom 1. Januar bis 31. Dezember 1944 erzielt hat. Darin ist der Teil des Gewerbeertrags, der auf den übernommenen Betrieb A in der Zeit vom 1. Juli bis 31. Dezember 1944 entfällt, ohne weiteres enthalten. Maßgebendes Gewerbekapital ist das auf den 1. Januar 1944 oder einen früheren Zeitpunkt gegenüber B festgestellte Gewerbekapital (§ 2 Absatz 3 GewStVV.). Die Gewerbesteuer wird von B in Höhe von zwölf Zwölfteln (für das volle Kalenderjahr 1944) erhoben.

d) Ermittlung des Gewerbeertrags bei Abwicklung und Konkurs.

(4) Die Verteilung des im Abwicklungszeitraum (Hinweis auf Abschnitt 5 Absatz 1) erzielten Gewerbeertrags auf die einzelnen Jahre geschieht nach dem Verhältnis, in dem die Zahl der Kalendermonate, in denen im einzelnen Jahr die Steuerpflicht bestanden hat, zu der Gesamtzahl der Kalendermonate des Abwicklungszeitraums steht. Dabei ist der angefangene Monat voll zu rechnen. Es ist während der Geltungsdauer der GewStVV. für die einzelnen Kalenderjahre (Erhebungszeiträume § 2 Absatz 1 GewStVV. gemäß) von den Gewerbeerträgen auszugehen, die für die maßgebenden Bemessungszeiträume (§ 2 Absatz 2 GewStVV.) auf Grund der Verteilung errechnet worden sind.

Beispiel:

Eine Kapitalgesellschaft, deren Wirtschaftsjahr mit dem Kalenderjahr übereinstimmt, tritt am 1. Januar 1944 in die Abwicklung ein. Die Abwicklung ist am 20. Juli 1946 beendet. Der Gewerbeertrag des Abwicklungszeitraums (1. Januar 1944 bis 30. Juli 1946) beträgt 46500 Reichsmark. Von diesem Ertrag entfallen, weil der Monat Juli 1946 voll zu rechnen ist,

auf das Kalenderjahr 1944	
$^{12}/_{31}$ von 46500 RM	= 18000 RM
auf das Kalenderjahr 1945	
$^{12}/_{31}$ von 46500 RM	= 18000 RM
auf das Kalenderjahr 1946	
$^{7}/_{31}$ von 46500 RM	= 10500 RM
zusammen	46500 RM

Das Unternehmen hat § 4 GewStVV. gemäß zunächst Vorauszahlungen für den Abwicklungszeitraum zu entrichten. Jede Vorauszahlung beträgt grundsätzlich ein Viertel der Steuer, die sich bei der letzten Veranlagung ergeben hat.' Die Vorauszahlungen sind bis zum Ende der Abwicklung zu entrichten.

Nach der Beendigung der Abwicklung geschieht die Festsetzung der Steuermeßbeträge für die Kalenderjahre 1944, 1945 und 1946. Maßgebend ist für die Kalenderjahre 1944 und 1945 ein Gewerbeertrag von je 18000 Reichsmark. Der auf das Kalenderjahr 1946 (Januar bis Juli 1946) entfallende Gewerbeertrag von 10500 Reichsmark ist § 2 Absatz 2 Satz 3 GewStVV. gemäß auf einen Jahresbetrag umzurechnen. Das ergibt 18000 Reichsmark. Die sich ergebende Gewerbesteuer wird für die Kalenderjahre 1944 und 1945 voll und für das Kalenderjahr 1946 § 22 Absatz 2 GewStG. gemäß in Höhe von sieben Zwölfteln der Jahressteuerschuld erhoben. Die geleisteten Vorauszahlungen werden § 5 GewStVV. gemäß auf die Gewerbesteuerschuld angerechnet.

Aus der Rechtsprechung des RFH.

Zu § *10* GewStG.

Tritt bei Eigentumswechsel eines Unternehmens eine Änderung in dessen Rechtsform ein, so bedeutet das in der Regel nicht schon eine Betriebsänderung.

(RFH.-Urteil vom 17. Dezember 1941 VI 367/41, RStBl. 1942 Nr. 95.)

Wesentliche Änderung eines Betriebs bei Aufteilung eines aus mehreren Geschäftszweigen bestehenden Unternehmens.

(RFH.-Urteil vom 11. März 1942 VI 258/41, RStBl. 1942 Nr. 351.)

Berichtigung des mutmaßlichen Ergebnisses im Sinn von § 10 Absatz 3 GewStG.

(RFH.-Urteil vom 29. April 1942 VI 72/42, RStBl. 1942 Nr. 423.)

Wesentliche Änderungen in den Betriebsverhältnissen können gewerbesteuerrechtlich nur dann als Neugründung eines Gewerbebetriebs beurteilt werden, wenn sie gleichzeitig mit einem Unternehmerwechsel verbunden sind.

(RFH.-Urteil vom 3. September 1941 VI 205/41, RStBl. 1941 Nr. 771.)

Bei der Ermittlung des Gewerbeertrags für das Drittjahr eines neugegründeten Unternehmens kann ein in sinngemäßer Anwendung des § 19 der Dritten GewStDV. berechneter Verlust des Vorjahres abgezogen werden, auch wenn bei der Schätzung des mutmaßlichen Ergebnisses der ersten zwölf Monate ein Verlust berücksichtigt ist.

(RFH.-Urteil vom 28. Oktober 1941 I 234/41, RStBl. 1941 Nr. 949.)

„Mutmaßliches Ergebnis" im Sinn des § 10 GewStG. (RFH.-Urteil vom 17. Januar 1940 VI 753/39, RStBl. 1940 Nr. 372.)

Eine wesentliche Änderung des Betriebes im Sinn des GewStG. wird in der Regel dann vorliegen, wenn der Alleininhaber einer Agenturvertretung einen Teilhaber aufnimmt.

(RFH. vom 21. Juni 1939 VI 411/39, RStBl. 1939 Nr. 886.)

§ 11.

Steuermeßzahl und Steuermeßbetrag.

(1) Bei der Berechnung der Gewerbesteuer nach dem Gewerbeertrag ist von einem Steuermeßbetrag auszugehen. Dieser ist durch Anwendung eines Hundertsatzes (Steuermeßzahl) auf den Gewerbeertrag zu ermitteln. Der Gewerbeertrag ist auf volle 100 Reichsmark nach unten abzurunden.

(2) Die Steuermeßzahlen für den Gewerbeertrag betragen:

1. bei natürlichen Personen und bei Gesellschaften im Sinn des § 2 Absatz 2 Ziffer 1:
   für die ersten 1200 RM des Gewerbeertrags 0 v. H.,
   für die weiteren 1200 RM des Gewerbeertrags 1 v. H.,
   für die weiteren 1200 RM des Gewerbeertrags 2 v. H.,
   für die weiteren 1200 RM des Gewerbeertrags 3 v. H.,
   für die weiteren 1200 RM des Gewerbeertrags 4 v. H.,
   für alle weiteren Beträge 5 v. H..
2. bei anderen Unternehmen 5 v. H.

(3) Bei Hausgewerbetreibenden ermäßigen sich die Steuermeßzahlen des Absatzes 2 Ziffer 1 auf die Hälfte.

Der Gewerbeertrag wird gem. § 7 ermittelt, berichtigt durch die Hinzurechnungen des § 8 und die Kürzungen des § 9. Der so festgestellte Gewerbeertrag wird auf volle 100 RM nach unten abgerundet. Von diesem Ertrag wird unter Zugrundelegung der Steuermeßzahlen des Abs. 2 der Steuermeßbetrag berechnet. Die Steuermeßbeträge sind aus der im Anhang abgedruckten Tabelle ersichtlich.

Beispiel:

Abgerundeter Gewerbeertrag 28500 RM, Steuermeßbetrag 1245.

Dritte GewStDV.

§ 26.

Hausgewerbetreibende.

(1) Hausgewerbetreibende sind natürliche Personen oder Personenzusammenschlüsse, wenn sie als Gewerbetreibende in eigener Wohnung oder Betriebstätte in Auftrag und für Rechnung von Gewerbetreibenden oder Zwischenmeistern unter eigener Handarbeit Waren herstellen oder bearbeiten. Die Personen müssen selbst wesentlich am Stück mitarbeiten.

Die Vorschrift des § 11 Absatz 3 des Gesetzes gilt für Hausgewerbetreibende, wenn der nach § 11 Absatz 1 Satz 3 des Gesetzes abgerundete Gewerbeertrag in dem maßgebenden Bemessungszeitraum nicht mehr als 4000 Reichsmark betragen hat.

(2) Die Vorschrift des § 11 Absatz 3 des Gesetzes gilt auch für Zwischenmeister, wenn der abgerundete Gewerbeertrag in dem maßgebenden Bemessungszeitraum nicht mehr als 4000 Reichsmark betragen hat. Zwischenmeister ist, wer die ihm von Gewerbetreibenden übertragene Arbeit an Heimarbeiter oder Hausgewerbetreibende weitergibt.

GewStR. 1943.

1. Steuermeßzahlen im Fall der Organschaft.

Es sind im Fall der Organschaft auf die Gesamtheit der Gewerbeerträge des beherrschenden Unternehmens und der Organgesellschaften (Hinweis auf Abschnitt 5 zu § 7) die Steuermeßzahlen anzuwenden, die § 11 GewStG. gemäß für das beherrschende Unternehmen maßgebend sind.

2. Steuermeßzahlen für Hausgewerbetreibende und Zwischenmeister.

Betreibt ein Hausgewerbetreibender oder ein Zwischenmeister noch eine andere gewerbliche Tätigkeit, zum Beispiel als selbständiger Schneidermeister, und sind beide Tätigkeiten als Einheit zu behandeln (Hinweis auf Abschnitt 11 zu § 2), ist die Vergünstigung des § 11 Absatz 3 GewStG. (§ 26 der Dritten GewStDV.) für den Gesamtertrag zu gewähren, wenn die Tätigkeit als Hausgewerbetreibender (Zwischenmeister) die andere gewerbliche Tätigkeit eindeutig überwiegt.

3. Tabelle der Steuermeßbeträge.

Die Steuermeßbeträge bei natürlichen Personen und bei Personengesellschaften (§ 11 Absatz 2 Ziffer 1 GewStG.) ergeben sich aus der als Anlage beigefügten Tabelle.

Unterabschnitt 2:

Gewerbesteuer nach dem Gewerbekapital.

§ 12.

Begriff des Gewerbekapitals.

(1) Als Gewerbekapital gilt der Einheitswert des gewerblichen Betriebs im Sinn des Reichsbewer-

tungsgesetzes mit den sich aus den Absätzen 2 bis 4 ergebenden Änderungen.

(2) Dem Einheitswert des gewerblichen Betriebs werden folgende Beträge wieder hinzugerechnet, soweit sie bei der Feststellung des Einheitswerts abgezogen sind:

1. die Verbindlichkeiten, die den Schuldzinsen, den Renten und dauernden Lasten und den Gewinnanteilen im Sinn des § 8 Ziffern 1 bis 3 entsprechen;
2. die Werte (Teilwerte) der nicht in Grundbesitz bestehenden Wirtschaftsgüter, die dem Betrieb dienen, aber im Eigentum eines Mitunternehmers oder eines Dritten stehen, es sei denn, daß sie zum Gewerbekapital des Überlassenden gehören.

(3) Die Summe des Einheitswerts des gewerblichen Betriebs und der Hinzurechnungen wird gekürzt um:

1. die Summe der Einheitswerte, mit denen die Betriebsgrundstücke in dem Einheitswert des gewerblichen Betriebs enthalten sind;
2. den Wert (Teilwert) einer zum Gewerbekapital gehörenden Beteiligung an einer offenen Handelsgesellschaft, einer Kommanditgesellschaft oder einer anderen Gesellschaft, bei der die Gesellschafter als Unternehmer (Mitunternehmer) des Gewerbebetriebs anzusehen sind.

(4) Unterhält ein Unternehmen eine oder mehrere Betriebstätten im Ausland, so ist nur das inländische Gewerbekapital zu berücksichtigen.

(5) Maßgebend ist der Einheitswert, der durch den letzte nEinheitswertbescheid festgestellt worden ist.

1. Grundlage für die Berechnung des Gewerbekapitals bildet der letzte Einheitswertbescheid des gewerblichen Betriebes. Dieser Einheitswert ist zu berichtigen durch die Hinzurechnungen des Abs. 2 und die Kürzungen des Abs. 3, die ihrerseits wieder in Wechselbeziehung stehen zu den Vorschriften der §§ 8 und 9.
2. Durch Artikel VI des Kontrollratgesetzes Nr. 13 zur Änderung der Vermögensteuergesetze sind die in § 11 der Steuervereinfachungsverordnung vorgenommenen Änderungen des § 22 des Reichsbewertungsgesetzes aufgehoben worden, und es ist § 22 RBewG. in seiner unmittelbar vor dem 14. September 1944 bestehenden Fassung wieder in Kraft getreten. § 22 RBewG. betrifft die Neufeststellung des Einheitswertes im Falle von Wertänderungen.
   Außerdem ist durch Artikel VII des Kontrollratgesetzes Nr. 13 bestimmt, daß vermögensteuerpflichtige Vermögen einer neuen Hauptveranlagung zu unterziehen sind, welcher der Wert des steuerpflichtigen Vermögens nach dem Stichtag vom 1. Januar 1946 zugrunde zu legen ist.

Dritte GewStDV.

§ 21.

Dauerschulden bei Kreditinstituten.

Bei Kreditinstituten im Sinn des § 1 des Gesetzes über das Kreditwesen vom 25. September 1939 (RGBl. I S. 1955), die geschäftsmäßig Geldbeträge annehmen und abgeben, gelten hereingenommene Gelder, Darlehen und Anleihen nur insoweit als Dauerschulden, als der Ansatz der zum Anlagevermögen gehörigen Betriebsgrundstücke (einschließlich Gebäude) und dauernden Beteiligungen das Eigenkapital überschreitet.

§ 22.

Überschuldete Betriebe des Gaststätten- und Beherbergungsgewerbes.

Übersteigen bei Betrieben des Gaststätten- und Beherbergungsgewerbes die Dauerschulden 180 vom Hundert des Einheitswerts der Betriebsgrundstücke, und führt die Hinzurechnung dieser Schulden oder ihrer Zinsen zu einer unbilligen Besteuerung, so ist auf Antrag insoweit von einer Hinzurechnung abzusehen.

§ 25.

Maßgebender Einheitswert.

Maßgebend ist der Einheitswert vom letzten Feststellungszeitpunkt (Hauptfeststellungs-, Fortschreibungs- oder Nachfeststellungszeitpunkt) der dem Beginn des Erhebungszeitraums unmittelbar vorangeht. Der Einheitswert vom Hauptfeststellungszeitpunkt ist nur dann maßgebend, wenn er mindestens fünf Vierteljahre vor dem Beginn des Erhebungszeitraums liegt.

§ 27.

Gewerbekapital beim Eintritt in die Steuerpflicht.

(1) Beim Eintritt eines Gewerbebetriebs in die Steuerpflicht ist das Gewerbekapital auf den Zeitpunkt des Beginns der Steuerpflicht nach den Grundsätzen des § 12 des Gesetzes und des Reichsbewertungsgesetzes zu ermitteln.

(2) Das nach Absatz 1 ermittelte Gewerbekapital ist der Festsetzung des Steuermeßbetrags so lange zugrunde zu legen, bis ein nach § 25 maßgebender Einheitswert des gewerblichen Betriebs festgestellt ist.

§ 28.

Veränderungen im Bestand an Betriebsgrundstücken.

(1) Der Erwerb oder die Veräußerung eines Betriebsgrundstücks wird bei der Ermittlung des Gewerbekapitals nach Maßgabe der Absätze 2 und 3 berücksichtigt, wenn das Betriebsgrundstück nach dem Zeitpunkt, auf den der maßgebende Einheitswert des gewerblichen Betriebs (§ 25) festgestellt worden ist, und vor dem Beginn des Kalenderjahrs, in dem der Erhebungszeitraum beginnt, erworben oder veräußert worden ist

(2) Beim Erwerb eines Betriebsgrundstücks ist das Gewerbekapital um den Betrag der Anschaffungskosten für das Grundstück zu kürzen. Verbindlichkeiten im Sinn des § 12 Absatz 2 Ziffer 1 des Gesetzes, die mit dem Erwerb des Grundstücks zusammenhängen, sind dem Gewerbekapital hinzuzurechnen.

(3) Bei der Veräußerung eines Betriebsgrundstücks ist der Betrag des Veräußerungserlöses abzüglich der Verbindlichkeiten im Sinn des § 12 Absatz 2 Ziffer 1 des Gesetzes, die bei der Veräußerung des Grundstücks weggefallen sind, dem Gewerbekapital hinzuzurechnen.

GewStVV.

§ 2.

(1) Der einheitliche Steuermeßbetrag (§ 14 des Gewerbesteuergesetzes) wird ab dem Kalenderjahr 1943 jeweils für ein Kalenderjahr (Erhebungszeitraum) nach dessen Ablauf

festgesetzt. Fällt die Steuerpflicht im Laufe des Kalenderjahres weg, so kann der einheitliche Steuermeßbetrag sofort festgesetzt werden.

(2) . . . . .

(3) Maßgebender Einheitswert im Sinn des § 9 Ziffer 1 und des § 12 des Gewerbesteuergesetzes ist der Einheitswert, der auf den letzten Feststellungszeitpunkt (Hauptfeststellungs-, Fortschreibungs- oder Nachfeststellungszeitpunkt) vor dem Ende des Kalenderjahres (Absatz 1) lautet.

GewStR. 1943.

1. Begriff des Gewerbekapitals (§ 12 Absatz 1 GewStG.).

Als Gewerbekapital gilt der Einheitswert des gewerblichen Betriebs im Sinn des Reichsbewertungsgesetzes, vermehrt um die Hinzurechnungen § 12 Absatz 2 GewStG. gemäß und vermindert um die Kürzungen § 12 Absatz 3 GewStG. gemäß. Der Steuermeßbetrag beruht hinsichtlich des Gewerbekapitals auf dem Einheitswert des gewerblichen Betriebs. Die Rechtslage ist insoweit eine andere als beim Gewerbeertrag: Beim Gewerbeertrag ist die einkommensteuerliche (körperschaftsteuerliche) Gewinnermittlung nicht bindend, beim Gewerbekapital liegt eine unmittelbare Bindung an den Einheitswert des gewerblichen Betriebs vor. Hinweis auf § 218 AO. Danach muß der Steuermeßbescheid von Amts wegen durch einen neuen Bescheid ersetzt werden, wenn die im Einheitswertbescheid enthaltene Feststellung des maßgebenden Einheitswerts durch Rechtsmittelentscheidung, Berichtigungsfeststellung oder Fortschreibung geändert ist. Der Gewerbesteuermeßbescheid kann nicht mit der Begründung angefochten werden, daß der Einheitswert des gewerblichen Betriebs unzutreffend festgestellt worden sei. Dieser Einwand kann nur gegen den Einheitswertbescheid erhoben werden.

2. Maßgebender Einheitswert (§ 12 Absatz 5 GewStG.).

(1) Maßgebend ist § 12 Absatz 5 GewStG. und § 25 der Dritten GewStDV. gemäß der Einheitswert vom letzten Feststellungszeitpunkt (Hauptfeststellungs-, Fortschreibungs- oder Nachfeststellungszeitpunkt), der dem Beginn des Erhebungszeitraums unmittelbar vorangeht. Der Einheitswert vom Hauptfeststellungszeitpunkt ist aber nur dann maßgebend, wenn er mindestens fünf Vierteljahre vor dem Beginn des Erhebungszeitraums liegt.

(2) Wegen des maßgebenden Einheitswerts für Erhebungszeiträume, die nach dem 31. März 1943 beginnen, Hinweis auf Abschnitt 10 Absatz 1.

3. Hinzurechnungen und Kürzungen (§ 12 Absätze 2 und 3 GewStG.).

(1) Ebenso wie bei der Ermittlung des Gewerbeertrags sind auch bei der Feststellung des Gewerbekapitals bestimmte Hinzurechnungen und Kürzungen vorzunehmen. Es ist deshalb möglich, daß ein mit einem Minusbetrag festgestellter Einheitswert ein positives Gewerbekapital ergibt. Die Hinzurechnungen und die Kürzungen sind auf den gleichen Stichtag vorzunehmen, auf den der Einheitswert des gewerblichen Betriebs festgestellt worden ist. Das gilt insbesondere für die Dauerschulden (Hinweis auf Abschnitt 4 Absatz 2). Wegen der besonderen Regelung bei Veränderungen im Bestand an Betriebsgrundstücken Hinweis auf Abschnitt 6 und auf Abschnitt 10 Absatz 3.

(2) Für Grundstücke, die sich im Zustand der Bebauung befinden, ist die Summe des Einheitswerts des gewerblichen Betriebs und der Hinzurechnungen § 12 Absatz 3 Ziffer 1 GewStG gemäß um den nach § 33 a Absatz 1 oder 2 RBewDV. festgestellten Einheitswert zu kürzen. Dieser Einheitswert umfaßt nur den Wert des Grund und Bodens und den Wert etwaiger bezugsfertiger Gebäude. Hinweis auf das RFH.-Urteil vom 4. Mai 1943, RStBl. 1943 S. 540 Nr. 514. Wegen der Ermittlung des Gewerbeertrags in diesen Fällen Hinweis auf Abschnitt 1 Absatz 6 zu § 9.

4. Dauerschulden (§ 12 Absatz 2 Ziffer 1 GewStG.).

(1) Wegen des Begriffs der Dauerschulden Hinweis auf Abschnitt 1 zu § 8.

(2) Änderungen in der Höhe der Dauerschulden, die seit der letzten Einheitswertfeststellung eingetreten sind, bleiben für die Ermittlung des Gewerbekapitals so lange unberücksichtigt, bis ein neuer maßgebender Einheitswert des gewerblichen Betriebs festgestellt worden ist Hinweis auf das RFH.-Urteil vom 11. Oktober 1939, RStBl. 1939 S. 89 Nr. 78. Es ist für die Höhe der Dauerschulden, die dem Einheitswert hinzuzurechnen sind, ihr Stand in dem Zeitpunkt maßgebend, auf den der Einheitswert festgestellt worden ist. Es besteht danach der folgende Unterschied zwischen der Behandlung der Dauerschuldzinsen und der Behandlung der Dauerschulden: Als Dauerschuldzinsen sind dem Gewerbeertrag die im Bemessungszeitraum tatsächlich gezahlten Beträge hinzuzurechnen, die am Tage der maßgeblichen Einheitsbewertung als Dauerschulden anzusehen waren.

Beispiele:

A. Ein Gewerbebetrieb hatte am 1. Januar 1940 10000 Reichsmark Dauerschulden. Am 1. Januar 1944 sind

Dauerschulden nicht mehr vorhanden. Eine Fortschreibung des Einheitswerts hat nicht stattgefunden. Die Dauerschuld von 10000 Reichsmark ist bei der Ermittlung des Gewerbekapitals für den Erhebungszeitraum 1944 noch zu berücksichtigen. Dauerschuldzinsen können bei der Ermittlung des Gewerbeertrags für diesen Erhebungszeitraum nicht hinzugerechnet werden.

B. Ein anderer Gewerbebetrieb hatte am 1. Januar 1940 keine Dauerschulden. Auf den 1. Januar 1943 hat eine Fortschreibung des Einheitswerts stattgefunden. An diesem Tag waren Dauerschulden in Höhe von 10000 Reichsmark vorhanden. Im Laufe des Kalenderjahres (= Wirtschaftsjahres) 1944 hat sich die Dauerschuld infolge einer Betriebserweiterung von 10000 Reichsmark auf 50000 Reichsmark erhöht. Als Dauerschuldzinsen sind im Kalenderjahr 1944 2600 Reichsmark gezahlt worden. Für das Kalenderjahr 1944 sind bei der Gewerbeertragsermittlung (vorbehaltlich der Vorschrift im § 2 der Zweiten GewStVV.) 2600 Reichsmark und bei der Gewerbekapitalermittlung 10000 Reichsmark hinzuzurechnen.

(3) Die Höhe der Dauerschulden mit wechselndem Bestand, insbesondere der Kontokorrentschulden, richtet sich für die Ermittlung des Gewerbekapitals nach dem Mindestbetrag der Schuld in der Zeit von etwa einem Jahr vor und einem Jahr nach dem Stichtag, der für die Feststellung des Einheitswerts maßgebend ist. Die Zugrundelegung dieses Zeitraums setzt aber voraus, daß die Verhältnisse des Betriebs in beiden Jahren ungefähr gleich waren. Trifft das nicht zu, ist der Betrag als Dauerschuld anzusetzen, der sich während eines längeren Zeitraums in dem Jahr vor dem maßgebenden Stichtag als Mindestbestand ergibt. Ebenso ist in den Fällen zu verfahren, in denen der maßgebende Einheitswert auf den 1. Januar des Kalenderjahres festgestellt worden ist, in dem der Erhebungszeitraum beginnt. Hinweis auf die RFH.-Urteile vom 15. November 1938, RStBl. 1939 S. 288 Nr. 279 und vom 14. Juni 1939, RStBl. 1939 Nr. 1106 S. 1057. Wegen des Begriffs des Mindestbetrags und wegen der abweichenden Ermittlung des Mindestbetrags für die Dauerschuldzinsen Hinweis auf Abschnitt 1 Absatz 7 zu § 8.

(4) Wegen der Dauerschulden bei Betrieben des Gaststätten- und Beherbergungsgewerbes (§ 22 der Dritten GewStDV.) Hinweis auf Abschnitt 3 zu § 8.

(5) Die Sonderregelung im § 21 der Dritten GewStDV. über die Dauerschulden bei Kreditinstituten (Hinweis auf Abschnitt 4 zu § 8) gilt auch für die Hinzurechnung von Dauerschulden bei der Feststellung des Gewerbekapitals. Die Berechnung der als Dauerschulden geltenden Beträge weicht von der im Abschnitt 4 Absatz 1 zu § 8 wiedergegebenen Berechnung insofern ab, als die Betriebsgrundstücke und die dauernden Beteiligungen nicht mit ihrem Steuerbilanzansatz, sondern mit ihrem Ansatz für den Einheitswert des Betriebsvermögens angesetzt werden.

(6) Wegen der Frage, inwieweit Spareinlagen bei Spar- und Darlehnskassen mit überwiegendem Warengeschäft als Dauerschulden zu behandeln sind, Hinweis auf Abschnitt 5 zu § 8. Bei der Ermittlung des Gewerbekapitals ist maßgebend der kleinste Bestand der bezeichneten Anlagewerte in der Zeit von etwa einem Jahr vor und einem Jahr nach dem Stichtag, der für die Feststellung des Einheitswerts maßgebend ist.

(7) Geschäftsguthaben der Genossen sind bei der Ermittlung des Gewerbekapitals der Genossenschaft nicht als Dauerschulden zu behandeln.

5. Wirtschaftsgüter, die dem Betrieb dienen, aber im Eigentum eines Mitunternehmers oder eines Dritten stehen (§ 12 Absatz 2 Ziffer 2 GewStG.).

(1) Es sind für den Begriff der Wirtschaftsgüter im Sinn des § 12 Absatz 2 Ziffer 2 GewStG. nur die Vorschriften des Reichsbewertungsgesetzes (nicht auch die Vorschriften über die Gewinnermittlung in den §§ 4 und 5 EStG.) maßgebend. Es kommt deshalb für den Ansatz eines Wirtschaftsguts des Betriebsvermögens § 12 Absatz 2 Ziffer 2 GewStG. gemäß darauf an, daß das Wirtschaftsgut bewertungsfähig im Sinn des Reichsbewertungsgesetzes ist. Es darf deshalb zum Beispiel der Wert eines persönlichen unveräußerlichen Apothekenbetriebsrechts dem Einheitswert des gewerblichen Betriebs des Apothekenpächters nicht hinzugerechnet werden. Hinweis auf das RFH.-Urteil vom 25. März 1942, RStBl. 1942 S. 434 Nr. 305. Diese Regelung weicht von der Handhabung bei der Ermittlung des Gewerbeertrags ab. Hinweis auf Abschnitt 10 Absatz 2 zu § 8.

(2) Unter den Wirtschaftsgütern im Sinn des § 12 Absatz 2 Ziffer 2 GewStG. sind nur solche Werte zu verstehen, die der Eigentümer dem Betrieb überlassen hat und die auf Grund dieser Überlassung vom Betrieb in Gebrauch genommen sind. Diese Voraussetzung trifft zum Beispiel bei einem Monopolrecht, das einem Betrieb von einer Stadtgemeinde zur Belieferung der Stadt mit elektrischem Strom

eingeräumt worden ist, nicht zu. Hinweis auf das RFH.-Urteil vom 9. Februar 1943, RStBl. 1943 S. 508 Nr. 470. Liegt die Überlassung eines Wirtschaftsguts an den Betrieb in dem bezeichneten Sinn vor, ist es für die Hinzurechnung § 12 Absatz 2 Ziffer 2 GewStG. gemäß einerlei, auf welchem Rechtsgrund (Miete, Pacht, Leihe usw.) die Überlassung beruht und ob ein Entgelt für die Überlassung gezahlt wird oder nicht. Hinweis auf das RFH.-Urteil vom 21. Februar 1939, RStBl. 1939 S. 867 Nr. 849.

(3) Die Deutsche Reichspost überläßt den Fernsprechteilnehmern posteigene Fernsprechanlagen. Der Wert der Fernsprechanlagen ist nicht § 12 Absatz 2 Ziffer 2 GewStG. gemäß dem Einheitswert des gewerblichen Betriebs hinzuzurechnen. Wegen der Gebühren für solche Fernsprechanlagen Hinweis auf Abschnitt 10 Absatz 5 zu § 8.

6. Veränderungen im Bestand an Betriebsgrundstücken (§ 28 der Dritten GewStDV.).

(1) § 12 Absatz 3 Ziffer 1 GewStG. gemäß wird die Summe des Einheitswerts des gewerblichen Betriebs und der Hinzurechnungen um die Summe der Einheitswerte gekürzt, mit denen die Betriebsgrundstücke in dem Einheitswert des gewerblichen Betriebs enthalten sind. Der Erwerb oder die Veräußerung eines Betriebsgrundstücks wird für sich allein in der Regel keine Fortschreibung des Einheitswerts für die Gesamtheit des gewerblichen Betriebs bedingen, weil bei einem Kauf oder Verkauf der Einheitswert des Betriebsgrundstücks und der gezahlte Gegenwert in der Regel sich nicht so erheblich voneinander unterscheiden, daß die Wertgrenzen für eine Wertfortschreibung überschritten werden. Die Gewerbekapitalsteuer mußte deshalb vor dem Inkrafttreten der Dritten GewStDV. für einen längeren Zeitraum unverändert bleiben. Dagegen ändert sich für den Gewerbetreibenden bei der Grundsteuer die Steuerlast rascher, weil der Eigentumswechsel an dem Betriebsgrundstück bereits auf den Beginn des folgenden Jahres mit Wirkung für das darin beginnende Rechnungsjahr zu einer Fortschreibung des Einheitswerts und zu einer Fortschreibungsveranlagung der Grundsteuer führt. Es ergab sich daraus nach der gesetzlichen Regelung, wie sie vor dem Inkrafttreten der Dritten GewStDV. bestand, beim Erwerb eines Betriebsgrundstücks eine doppelte Belastung mit Gewerbekapitalsteuer und Grundsteuer. Wurde ein Betriebsgrundstück veräußert, blieb die Kürzung beim Gewerbekapital § 12 Absatz 3 Ziffer 1 GewStG., gemäß bestehen, obwohl von dem Unternehmer Grundsteuer nicht mehr zu entrichten war. Beide Ergebnisse standen mit dem Zweck der Vorschrift im § 12 Absatz 3 Ziffer 1 GewStG.,

die doppelte steuerliche Belastung der Betriebsgrundstücke mit Grundsteuer und Gewerbekapitalsteuer zu vermeiden, nicht im Einklang. § 28 der Dritten GewStDV. bestimmt deshalb, daß derartige Veränderungen im Bestand an Betriebsgrundstücken durch Hinzurechnungen und Kürzungen beim Gewerbekapital zu berücksichtigen sind.

(2) Die Vorschrift im § 28 Absatz 2 der Dritten GewStDV. ist entsprechend anzuwenden, wenn aus Mitteln des gewerblichen Betriebs Aufwendungen auf Betriebsgrundstücke gemacht werden und das zu einer Fortschreibung des Einheitswerts der Betriebsgrundstücke geführt hat.

(3) Die Vorschrift im § 28 der Dritten GewStDV. läßt das Gewerbekapital, das § 12 GewStG. gemäß (gegebenenfalls unter Anwendung des § 22 der Dritten GewStDV.) festgestellt worden ist, im übrigen unberührt. Veräußert ein überschuldeter Betrieb des Gaststätten- und Beherbergungsgewerbes, bei dessen Gewerbesteuerveranlagung Dauerschulden § 22 der Dritten GewStDV. gemäß nur in Höhe von 130 vom Hundert des Einheitswerts der Betriebsgrundstücke dem Gewerbekapital hinzugerechnet wurden, ein Betriebsgrundstück in dem Zeitraum, der im § 28 Absatz 1 der Dritten GewStDV. bestimmt ist, gilt das folgende: Es sind § 28 Absatz 1 der Dritten GewStDV. gemäß die tatsächlich weggefallenen Dauerschulden abzurechnen, nicht etwa die verhältnismäßig auf das veräußerte Grundstück entfallenden Verbindlichkeiten im Ausmaß von 130 vom Hundert des Einheitswerts dieses Grundstücks. Hinweis auf das RFH.-Urteil vom 14. Oktober 1941, RStBl. 1941 S. 885 Nr. 903.

(4) Wegen des Zeitraums, der für die Geltungsdauer der GewStVV. im Fall des § 28 der Dritten GewStDV. maßgebend ist, Hinweis auf Abschnitt 10 Absatz 3.

7. Hinzurechnungen und Kürzungen bei Kartellen und bei Syndikaten.

Hinzurechnungen und Kürzungen im Sinn des § 12 Absätze 2 und 3 GewStG. sind bei der Ermittlung des Gewerbekapitals der Kartelle und der Syndikate selbst vorzunehmen. Die Kartelle und die Syndikate können aber die bezeichneten Hinzurechnungen und Kürzungen unter bestimmten Voraussetzungen auf die Mitglieder verlagern. Hinweis auf § 11 der Verordnung über Körperschaftsteuer, Vermögensteuer und Gewerbesteuer der Kartelle und der Syndikate vom 20. Dezember 1941, RGBl. I S. 791, RStBl. 1941 S. 953 Nr. 977 und auf Abschnitt 13 meines Erlasses vom 20. Dezember 1941, RStBl. 1941 S. 954 Nr. 978.

8. Inländisches Gewerbekapital (§ 12 Absatz 4 GewStG.).

(1) Das Gewerbekapital, das auf ausländische Betriebstätten entfällt, bleibt § 12 Absatz 4 GewStG. gemäß bei der Ermittlung des Steuermeßbetrags außer Ansatz. Enthält der Einheitswert des gewerblichen Betriebs den Wert der ausländischen Betriebstätten, ist dieser Teil auszugliedern. Die Anteile, die von den gesamten Hinzurechnungen und Kürzungen auf die ausländischen Betriebstätten entfallen, sind nach dem Verhältnis zu berechnen, in dem der Anteil am Einheitswert, der sich für die ausländischen Betriebstätten ergibt, zu dem gesamten Einheitswert steht. Stehen aber einzelne Beträge, die für die Hinzurechnung oder Kürzung in Betracht kommen, ausschließlich mit dem inländischen oder ausschließlich mit dem ausländischen Betriebsvermögensteil in wirtschaftlichem Zusammenhang, sind sie nur bei dem Betriebsvermögensteil zu berücksichtigen, mit dem der wirtschaftliche Zusammenhang besteht.

(2) Bei der Ermittlung des Gewerbekapitals ist unter bestimmten Voraussetzungen der Wert (Teilwert) von Beteiligungen an ausländischen Gesellschaften, die einer deutschen Offenen Handelsgesellschaft, Kommanditgesellschaft oder anderen Unternehmergemeinschaft entsprechen, nicht anzusetzen. Hinweis auf Abschnitt III Absatz 4 meines Erlasses vom 25. Oktober 1939, RStBl. 1939 S. 1070 Nr. 1126.

9. Ermittlung des Gewerbekapitals in besonderen Fällen.

(1) Beim Eintritt eines Gewerbebetriebs in die Steuerpflicht liegt für den ersten Erhebungszeitraum ein Einheitswert des gewerblichen Betriebs regelmäßig nicht vor. Ist der Betrieb in den Monaten Januar bis März in die Steuerpflicht eingetreten, fehlt auch für das auf den Eintritt in die Steuerpflicht folgende Rechnungsjahr ein Einheitswert des gewerblichen Betriebs, an den für die Ermittlung des Gewerbekapitals angeknüpft werden könnte. Das Gewerbekapital ist in diesen Fällen § 27 der Dritten GewStDV. gemäß nach den Grundsätzen des § 12 GewStG. und des Reichsbewertungsgesetzes besonders zu ermitteln. Maßgebend sind die Verhältnisse im Zeitpunkt des Eintritts in die Steuerpflicht. Es ist in diesem Zusammenhang unbeachtlich, daß die Gewerbesteuer erst om Beginn des Monats ab erhoben wird, der auf den Eintritt in die Steuerpflicht folgt. Wegen der Vereinfachungsmaßnahmen Hinweis auf Abschnitt 10 Absatz 4.

(2) Wechselt die Person des Unternehmers, und führt der neue Unternehmer den Betrieb im wesentlichen unverändert fort, ist das folgende zu beachten: Das Gewerbekapital, das gegenüber dem bisherigen Unternehmer festgestellt worden

ist, ist bei der Festsetzung des Gewerbesteuermeßbetrags für den neuen Unternehmer so lange zugrunde zu legen, bis ein auf den neuen Unternehmer fortgeschriebener, nach § 25 der Dritten GewStDV. maßgebender Einheitswert des gewerblichen Betriebs vorliegt. Wegen der Vereinfachungsmaßnahmen in den Fällen des Unternehmerwechsels Hinweis auf Abschnitt 10 Absätze 5 und 6

(3) Beim Vorliegen eines Organverhältnisses sind die Gewerbekapitalien des beherrschenden Unternehmens und der Organgesellschaften getrennt zu ermitteln. Die so ermittelten Gewerbekapitalien werden zusammengerechnet. Auf die Summe ist die Steuermeßzahl anzuwenden. Es ist nicht erforderlich, daß bei der Ermittlung der einzelnen Gewerbekapitalien jeweils der Einheitswert auf den gleichen Stichtag zugrunde gelegt wird. Fortschreibungen des Einheitswerts der Organgesellschaften sind auch dann zu berücksichtigen, wenn der Einheitswert des gewerblichen Betriebs des beherrschenden Unternehmens nicht fortgeschrieben worden ist In den Fällen, in denen ein Organverhältnis zwischen dem Unternehmen eines Einzelkaufmanns oder einer Personengesellschaft und einer Kapitalgesellschaft besteht, ist zu beachten, daß in dem Einheitswert und damit auch in dem Gewerbekapital des Einzelunternehmens oder der Personengesellschaft — anders als in den Fällen, in denen das beherrschende Unternehmen eine Kapitalgesellschaft ist (Schachtelvergünstigung) — die Anteile an der Organgesellschaft voll enthalten sind. Zur Vermeidung einer doppelten steuerlichen Belastung müssen die Wertansätze für die Anteile an der Organgesellschaft aus dem Einheitswert des beherrschenden Unternehmens ausgeschieden werden.

(4) In den Fällen des Absatzes 3 sind bei der Ermittlung der zusammenzurechnenden Gewerbekapitalien Hinzurechnungen § 12 Absatz 2 GewStG. gemäß insoweit nicht vorzunehmen, als die in Betracht kommenden Beträge bereits zu einem der zusammenzurechnenden Gewerbekapitalien gehören.

Beispiel:

Eine Organgesellschaft hat von dem beherrschenden Unternehmen einen Dauerkredit von 100000 Reichsmark erhalten. Dieser Betrag gehört als Forderung an die Organgesellschaft zum Gewerbekapital des beherrschenden Unternehmens. Er ist deshalb dem Einheitswert des gewerblichen Betriebs der Organgesellschaft nicht mehr hinzuzurechnen.

(5) Wegen der Behandlung der Geschäftsguthaben der Genossen bei der Ermittlung des Betriebsvermögens von Genossenschaften Hinweis auf § 52a RBewDV. Wegen der Ermittlung des Einheitswerts des Betriebsvermögens bei Sparkassen Hinweis auf Abschnitt 8 meines Erlasses vom 19. April 1943 RStBl. 1943 S. 338 Nr. 304.

10. Vereinfachungsmaßnahmen.

a) Maßgebender Einheitswert.

(1) § 2 Absatz 3 GewStVV. gemäß ist der Einheitswert maßgebend, der auf den letzten Feststellungszeitpunkt vor dem Ende des Kalenderjahrs lautet, für das der einheitliche Steuermeßbetrag festgesetzt wird. Das gilt auch für den Einheitswert des Hauptfeststellungszeitpunkts. Die Vorschrift im § 25 der Dritten GewStDV. ist für die Geltungsdauer der GewStVV. gegenstandslos.

b) Hinzurechnungen und Kürzungen.

(2) Die Verhältnisse am letzten Feststellungszeitpunkt vor dem Ende des Kalenderjahres, für das der einheitliche Steuermeßbetrag festgesetzt wird, sind auch für die Hinzurechnungen und die Kürzungen im Sinn des § 12 Absätze 2 und 3 GewStG. maßgebend.

(3) Für die Berücksichtigung von Veränderungen im Bestand an Betriebsgrundstücken § 28 der Dritten GewStDV. gemäß (Hinweis auf Abschnitt 6) kommt es künftig darauf an, ob das Betriebsgrundstück nach dem Zeitpunkt, auf den der maßgebende Einheitswert des gewerblichen Betriebs festgestellt worden ist (Hinweis auf Absatz 1), und vor dem Beginn des Erhebungszeitraums, für den der einheitliche Steuermeßbetrag festgesetzt wird, erworben oder veräußert worden ist.

Beispiele:

A. Eine Aktiengesellschaft erwirbt am 1. Oktober 1943 ein Grundstück zum Preis von 95000 Reichsmark unter Übernahme von Hypotheken in Höhe von 60000 Reichsmark. Der Einheitswert des Grundstücks beträgt 105000 Reichsmark. Der Einheitswert des gewerblichen Betriebs auf den 1. Januar 1943 beträgt 720000 Reichsmark. In diesem Betrag sind Einheitswerte von Betriebsgrundstücken mit zusammen 189000 Reichsmark enthalten. Verbindlichkeiten im Sinn des § 12 Absatz 2 Ziffer 1 GewStG. sind in Höhe von 230000 Reichsmark abgezogen worden. Die Voraussetzungen für eine Fortschreibung des Einheitswerts des gewerblichen Betriebs auf den 1. Januar 1944 sind nicht erfüllt.

Das Gewerbekapital errechnet sich für die Gewerbesteuer des Kalenderjahrs 1944 wie folgt:

Einheitswert des gewerblichen Betriebs auf den 1. Januar 1943 . .	720000 RM
zuzüglich Dauerschulden	230000 RM
Summe des Einheitswerts und der Hinzurechnungen	950000 RM
abzüglich Einheitswerte der Betriebsgrundstücke	189000 RM
Gewerbekapital	761000 RM

Dieser Betrag ist § 28 Absatz 2 der Dritten GewStDV. gemäß wie folgt zu berichtigen:

Gewerbekapital	761000 RM
abzüglich Anschaffungskosten des am 1. Oktober 1943 erworbenen Betriebsgrundstücks	95000 RM
	666000 RM
zuzüglich Betrag der übernommenen Hypothek (Dauerschuld)	60000 RM
maßgebendes Gewerbekapital für das Kalenderjahr 1944	726000 RM

B. Das Gewerbekapital eines anderen Betriebs errechnet sich für die Gewerbesteuer des Kalenderjahrs 1944 wie folgt:

Einheitswert des gewerblichen Betriebs auf den 1. Januar 1940 . .	118000 RM
zuzüglich Dauerschulden	90000 RM
Summe des Einheitswerts und der Hinzurechnungen	208000 RM
abzüglich Einheitswert des Betriebsgrundstücks	29000 RM
Gewerbekapital	179000 RM

Das Betriebsgrundstück wurde am 1. Oktober 1943 für 31000 Reichsmark verkauft. Dabei übernahm der Erwerber eine Hypothek von 7000 Reichsmark, die bisher als Dauerschuld behandelt worden ist.

Das Gewerbekapital ist § 28 der Dritten GewStDV. gemäß wie folgt zu berichtigen:

Gewerbekapital		179000 RM
Hinzuzurechnen ist:		
der Veräußerungserlös für das Grundstück . . .	31000 RM	
abzüglich der weggefallenen Verbindlichkeiten im Sinn des § 12 Absatz 2 Ziffer 1 GewStG. . . .	7000 RM	24000 RM
maßgebendes Gewerbekapital für das Kalenderjahr 1944		= 203000 RM

c) Ermittlung des Gewerbekapitals in besonderen Fällen.

(4) Beim Eintritt eines Gewerbebetriebs in die Steuerpflicht ist das Gewerbekapital für den ersten Erhebungszeitraum (Kalenderjahr) auch künftig § 27 der Dritten GewStDV. gemäß besonders zu ermitteln.

Beispiel:

A veräußert seinen Gewerbebetrieb am 20. Juni 1944 an B, der den Betrieb fortführt. Beim Unternehmer B liegt § 1 Satz 2 der Zweiten GewStVV. gemäß eine Neugründung vor. Das Gewerbekapital ist für B § 27 der Dritten GewStDV. gemäß auf den 20. Juni 1944 nach den Grundsätzen des § 12 GewStG. und des Reichsbewertungsgesetzes besonders zu ermitteln. Der Wert, der § 27 der Dritten GewStDV. gemäß ermittelt worden ist, ist so lange zugrunde zu legen, bis ein maßgebender Einheitswert festgestellt ist. Das kann erst zum 1. Januar 1945 geschehen.

(5) Ein Gewerbebetrieb, der im ganzen auf einen anderen Unternehmer übergeht und mit einem bereits bestehenden Gewerbebetrieb vereinigt wird, ist durch den anderen Unternehmer nicht als neugegründet anzusehen. Hinweis auf Abschnitt 3 Absatz 2 zu § 5. In dem Fall ist das Gewerbekapital, das gegenüber dem Übernehmer zuletzt festgestellt worden ist, bei diesem so lange unverändert zugrunde zu legen, wie der Einheitswert nicht fortgeschrieben ist.

Beispiel:

Der Betrieb des Einzelkaufmanns A geht am 30. September 1944 auf den bereits bestehenden Betrieb des

Einzelkaufmanns B über. Das Wirtschaftsjahr jedes der beiden Betriebe stimmt mit dem Kalenderjahr überein. Die Steuerpflicht des Betriebs A ist § 1 Satz 1 der Zweiten GewStVV. gemäß am 30. September 1944 erloschen. Beim Unternehmer B liegt § 1 Satz 2 der Zweiten GewStVV. gemäß eine Neugründung nicht vor.

Maßgebendes Gewerbekapital für das Kalenderjahr 1944 ist für A das auf den 1. Januar 1944 oder einen früheren Zeitpunkt festgestellte Gewerbekapital (§ 2 Absatz 3 GewStVV.).

Maßgebendes Gewerbekapital für das Kalenderjahr 1944 ist für B das Gewerbekapital, das ihm gegenüber auf den 1. Januar 1944 oder einen früheren Zeitpunkt festgestellt worden ist (§ 2 Absatz 3 GewStVV.).

Der Einheitswert des übernehmenden Betriebs ist erst auf den 1. Januar 1945 durch Wertfortschreibung neu festzustellen, wenn die Voraussetzungen dafür gegeben sind. Der fortgeschriebene Einheitswert ist erstmalig für die Gewerbesteuer des Kalenderjahres 1945 maßgebend.

(6) Geht ein Teilbetrieb eines Unternehmens auf einen anderen Unternehmer über, liegt beim Veräußerer die Einstellung eines Gewerbebetriebs nicht vor. Hinweis auf Abschnitt 8 Absatz 3 zu § 5. Das Gewerbekapital, daß gegenüber dem Veräußerer zuletzt festgestellt worden ist, ist bei diesem so lange unverändert zugrunde zu legen, wie der Einheitswert nicht fortgeschrieben ist.

Aus der Rechtsprechung des RFH.

Zu § 12 GewStG.

Verbindlichkeiten eines Unternehmens, das lediglich noch Vermittlergeschäfte betreibt, sind keine Dauerschulden, soweit die Verpflichtungen aus der früheren Tätigkeit der Firma als Bank herrühren.

(RFH.-Urteil vom 4. November 1942 VI 167/42, RStBl. 1942 Nr. 1005.)

Geschäftsgrundstück, das auf Grund des Nutznießungsrechts am Kindesvermögen dem Betrieb des Vaters dient, als Betriebsgrundstück des Vaters.

(RFH.-Urteil vom 17. Mai 1939 VI 76/39, RStBl. 1939 Nr. 934.)

Eine dem Gesetz über Abwertungsgewinne unterliegende Währungsschuld besteht bis zur Erfüllung oder Ablösung des Schuldverhältnisses in der ursprünglichen Höhe fort; eine vor diesem Zeitpunkt in der Bilanz als Schuld ausgewiesene Rückstellung für den später an das Reich abzuliefernden Teil des Abwertungsgewinns ist daher bei der Ermittlung des Gewerbekapitals wieder hinzuzurechnen, wenn sie bei der Feststellung des Einheitswerts abgezogen wurde.

(RFH. vom 5. Juli 1939 VI 269/39, RStBl. 1939 Nr. 1159.)

Zu § 12 Absatz 2 Ziffer 1 GewStG.

Wird von einem überschuldeten Betrieb des Gaststätten- und Beherbergungsgewerbes, bei dessen Gewerbesteuerveranlagung gemäß § 22 der Dritten GewStDV. Dauerschulden nur im Betrag von 130 vH. des Einheitswerts der Betriebsgrundstücke dem Gewerbekapital hinzugerechnet würden, ein Betriebsgrundstück in dem in § 28 Absatz 1 der Dritten GewStDV. näher bezeichneten Zeitraum veräußert, so sind nach dem Absatz 3 des § 28 die tatäschlich weggefallenen Verbindlichkeiten im Sinn des § 12 Absatz 2 Ziffer 1 des Gesetzes abzurechnen und nicht die verhältnismäßig auf das veräußerte Grundstück entfallenden Verbindlichkeiten im Ausmaß von 130 vH. des Einheitswerts dieses Grundstücks.

(RFH.-Urteil vom 14. Oktober 1941 I 207/41, RStBl. 1941 Nr. 903.)

Nach § 12 Abs. 2 Ziff. 1 GewStG. ist für die Höhe der zur Ermittlung des Gewerbekapitals dem Einheitswert zuzuschlagenden Dauerschulden deren Stand in dem Zeitpunkt maßgebend, auf den der Einheitswert festgestellt worden ist. § 1 StAnpG. gestattet keine hiervon abweichende Gesetzesauslegung.

(RFH. vom 11. Oktober 1938 I 288/38, RStBl. 1939 Nr. 78.)

Höhe der Dauerschulden für die Ermittlung des Gewerbekapitals bei saisonbedingten Verhältnissen.

(RFH. vom 14. Juni 1939 VI 67/39, RStBl. 1939 Nr. 1106.)

Zu § 12 Absatz 2 Ziffer 2 GewStG.

Für die Ermittlung des steuerpflichtigen Gewerbekapitals sind dem Einheitswert des gewerblichen Betriebs die Teilwerte der in § 12 Absatz 2 Ziffer 2 GewStG. bezeichneten Wirtschaftsgüter hinzuzurechnen ohne Rücksicht darauf, auf welchem Rechtsgrund (Miete, Pacht, Leihe usw.) die Überlassung der Wirtschaftsgüter beruht und ob ein Entgelt für die Überlassung gezahlt wird oder nicht.

(RFH. vom 21. Februar 1939 I 468/38, RStBl. 1939 Nr. 849.)

Zu § 12 Absatz 3 Ziffer 1 GewStG.

Für Grundstücke, die sich im Zustand der Bebauung befinden, ist an der Summe des Einheitswerts des gewerblichen Betriebs und der Hinzurechnungen auf Grund des § 12 Absatz 3 Ziffer 1 des GewStG. nur der nach § 33a Absätze 1 und 2 der RBewDV. ermittelte Wert des Grund und Bodens zu kürzen.

(RFH.-Urteil vom 4. Mai 1943 I 6/43, RStBl. 1943 Nr. 514.)

Für die Kürzung des Gewerbekapitals um die Einheitswerte des Betriebsgrundstücks (§ 12 Absatz 3 Ziffer 1 GewStG.) ist der gleiche Stichtag maßgebend, auf den der Einheitswert des gewerblichen Betriebs festgestellt worden ist.

(RFH. vom 5. September 1939 I 69/39, RStBl. 1940 Nr. 238.)

§ 13.

Steuermeßzahl und Steuermeßbetrag.

(1) Bei der Berechnung der Gewerbesteuer nach dem Gewerbekapital ist von einem Steuermeßbetrag auszugehen. Dieser ist durch Anwendung

eines Tausendsatzes (Steuermeßzahl) auf das Gewerbekapital zu ermitteln. Das Gewerbekapital ist auf volle 1000 Reichsmark nach unten abzurunden.

(2) Die Steuermeßzahl für das Gewerbekapital beträgt 2 vom Tausend.

(3) Für Gewerbebetriebe, deren Gewerbekapital weniger als 3000 Reichsmark beträgt, wird ein Steuermeßbetrag nicht festgesetzt.

1. Die Steuermeßzahl für das Gewerbekapital beträgt einheitlich 2‰, sie ist nicht gestaffelt, wie die Steuermeßzahl für den Gewerbeertrag.
2. Die Steuermeßzahl von 2‰ wird auf das gem. § 12 festgestellte Gewerbekapital angewandt. Dabei wird das Gewerbekapital auf volle 1000 Reichsmark nach unten abgerundet. Auf Grund dieses Gewerbekapitals wird vermittels der Steuermeßzahl der Steuermeßbetrag errechnet.

Beispiel:

Abgerundetes Gewerbekapital 150000 Reichsmark; Steuermeßzahl 2‰; Steuermeßbetrag 300.

Zweite GewStVV.

§ 3.

Gewerbesteuer nach dem Gewerbekapital.

(1) War für das Rechnungsjahr 1942 ein Steuermeßbetrag nach dem Gewerbekapital von nicht mehr als vierzig Reichsmark anzusetzen, ist der Steuermeßbetrag nach dem Gewerbekapital für einen Erhebungszeitraum, der nach dem 31. März 1943 beginnt, mit dem Betrag anzusetzen, der bei der Feststellung des einheitlichen Steuermeßbetrags für das Rechnungsjahr 1942 zu berücksichtigen war.

GewStR. 1943.

1. . . . .

2. Vereinfachungsmaßnahmen.

(1) War für das Rechnungsjahr 1942 ein Steuermeßbetrag nach dem Gewerbekapital von nicht mehr als vierzig Reichsmark anzusetzen, sind die Steuermeßbeträge nach dem Gewerbekapital für das Kalenderjahr 1943 und die folgenden

Kalenderjahre der im § 3 Absatz 1 Satz 1 der Zweiten GewSt-VV. getroffenen Regelung gemäß unter allen Umständen gleich hoch. Sie stimmen mit dem Steuermeßbetrag nach dem Gewerbekapital für das Rechnungsjahr 1942 überein. Es ist dabei ohne Bedeutung, ob das Gewerbekapital nach bisherigem Gewerbesteuerrecht wegen einer Fortschreibung des Einheitswerts des gewerblichen Betriebs neu zu berechnen gewesen wäre.

(2) In den Fällen, in denen ein Gewerbebetrieb im Laufe des Kalenderjahres 1943 oder im Laufe eines späteren Kalenderjahres neu gegründet wird, bleibt es bei der bisherigen Regelung. Das Gewerbekapital ist zunächst § 27 der Dritten GewStDV. gemäß auf den Zeitpunkt des Beginns der Steuerpflicht besonders zu ermitteln. Ein Einheitswert für den gewerblichen Betrieb kann erst auf den nächsten 1. Januar festgestellt werden (Nachfeststellung). Die Nachfeststellung ist für Zwecke der Gewerbesteuer erforderlich, wenn das Gewerbekapital mindestens 3000 Reichsmark beträgt. Hinweis auf § 13 Absatz 3 GewStG.

(3) . . . . .

Unterabschnitt 3:

Einheitlicher Steuermeßbetrag.

§ 14.

Festsetzung des einheitlichen Steuermeßbetrags.

(1) Durch Zusammenrechnung der Steuermeßbeträge, die sich nach dem Gewerbeertrag und dem Gewerbekapital ergeben, wird ein einheitlicher Steuermeßbetrag gebildet.

(2) Der einheitliche Steuermeßbetrag wird für das Rechnungsjahr (Erhebungszeitraum) festgesetzt und, soweit mehrere Gemeinden beteiligt sind (§ 4 Absatz 1 Satz 2), zerlegt. Als Rechnungsjahr gilt der Zeitraum vom 1. April bis 31. März.

Der Steuermeßbetrag nach dem Gewerbeertrag und der Steuermeßbetrag nach dem Gewerbekapital werden zusammengerechnet, sie ergeben den einheitlichen Steuermeßbetrag.

Beispiel:

Steuermeßbetrag nach dem Ertrage"	= 1200
Steuermeßbetrag nach dem Kapital	= 400
einheitlicher Steuermeßbetrag	= 1600

Dritte GewStDV.

§ 29.

Gewerbesteuererklärung.

(1) Eine Gewerbesteuererklärung zur Festsetzung der Gewerbesteuer nach dem Gewerbeertrag und dem Gewerbekapital ist abzugeben:

1. für alle gewerbesteuerpflichtigen Unternehmen, deren Gewerbeertrag im Wirtschaftsjahr den Betrag von 4000 Reichsmark oder deren Gewerbekapital an dem maßgebenden Feststellungszeitpunkt den Betrag von 20 000 Reichsmark überstiegen hat;
2. für Kapitalgesellschaften (Aktiengesellschaften, Kommanditgesellschaften auf Aktien, Gesellschaften mit beschränkter Haftung, Kolonialgesellschaften, bergrechtliche Gewerkschaften);
3. für Erwerbs- und Wirtschaftsgenossenschaften und für Versicherungsvereine auf Gegenseitigkeit.

   Für sonstige juristische Personen des privaten Rechts und für nichtrechtsfähige Vereine ist eine Gewerbesteuererklärung nur abzugeben, soweit diese Unternehmen einen wirtschaftlichen Geschäftsbetrieb (ausgenommen Land- und Forstwirtschaft) unterhalten, der über den Rahmen einer Vermögensverwaltung hinausgeht;
4. ohne Rücksicht auf die Höhe des Gewerbeertrags oder die Höhe des Gewerbekapitals für alle gewerbesteuerpflichtigen Unternehmen, bei denen der Gewinn auf Grund eines Buchabschlusses zu ermitteln ist oder ermittelt wird;
5. für alle gewerbesteuerpflichtigen Unternehmen, für die vom Finanzamt eine Gewerbesteuererklärung besonders verlangt wird.

(2) . . . . .

§ 30.

Zuschlag wegen verspäteter Abgabe der Steuererklärung.

(1) Das Finanzamt kann einen Zuschlag (§ 168 Absatz 2 der Reichsabgabenordnung) bis zu zehn vom Hundert des endgültig festgesetzten Steuermeßbetrags festsetzen, wenn die Steuererklärungsfrist nicht gewahrt wird. Der Zuschlag ist zu unterlassen oder zurückzunehmen, wenn die Versäumnis entschuldbar erscheint.

(2) Der Zuschlag fließt der Gemeinde zu. Sind mehrere Gemeinden an der Gewerbesteuer beteiligt, so fließt der Zuschlag der Gemeinde zu, der der größte Zerlegungsanteil zugewiesen ist.

GewStVV.

§ 2.

(1) Der einheitliche Steuermeßbetrag (§ 14 des Gewerbesteuergesetzes) wird ab dem Kalenderjahr 1943 jeweils für ein Kalenderjahr (Erhebungszeitraum) nach dessen Ablauf festgesetzt. Fällt die Steuerpflicht im Laufe des Kalenderjahres weg, so kann der einheitliche Steuermeßbetrag sofort festgesetzt werden.

(2) ......

(3) ......

GewStR. 1934.

1. Festsetzung des einheitlichen Steuermeßbetrags.

(1) Der einheitliche Gewerbesteuermeßbetrag ist stets für ein volles Rechnungsjahr (Erhebungszeitraum) festzusetzen. Das gilt auch dann, wenn der Betrieb nur während eines Teils des Rechnungsjahres bestanden hat. Beginn und Wegfall der Steuerpflicht im Laufe des Erhebungszeitraums werden dadurch berücksichtigt, daß von der Jahressteuerschuld, die auf Grund des einheitlichen Steuermeßbetrags ermittelt worden ist, nur der Teil erhoben wird, der auf die Zeit der Steuerpflicht entfällt. Hinweis auf § 22 GewStG. Die Entscheidung über den Zeitpunkt des Eintritts eines neugegründeten Gewerbebetriebs in die Steuerpflicht ist bei der erstmaligen Festsetzung des einheitlichen Gewerbesteuermeßbetrages zu treffen. Hinweis auf das RFH.-Urteil vom 23. Mai 1939 RStBl. 1939 S. 774 Nr. 743. Der Zeitpunkt des Erlöschens der Steuerpflicht muß erforderlichenfalls in dem Verfahren § 226 Absatz 1 AO. gemäß festgestellt werden. Wegen der Änderungen, die sich für die Festsetzung des einheitlichen Steuermeßbetrags aus der Umstellung des Veranlagungssystems § 2 GewStVV. gemäß ergeben, Hinweis auf Abschnitt 3.

(2) Wegen der Pauschalierung von Steuermeßbeträgen, die die Grundlage für die Festsetzung nachzuholender Gewerbesteuern bilden, Hinweis auf Abschnitt 2 zu § 15.

2. Listenführung.

(1) Die V-Liste ist bei den Finanzämtern auch für die Zwecke der Gewerbesteuer zu verwenden. Die Anschriftplattenkartei, die für die V-Steuerpflichtigen geführt wird, ist für die Zwecke der Gewerbesteuer nutzbar zu machen.

Dadurch wird erreicht, daß die Gewerbesteuerpflichtigen für die Gewerbesteuer mit denselben Steuernummern bezeichnet werden wie für die anderen V-Steuern.

(2) Der Geschäftsverkehr zwischen den Finanzämtern und den Gemeindebehörden wird erleichtert, wenn die Gemeinden ihre Gewerbesteuerlisten von den Adressiermaschinenstellen der Finanzämter aufstellen lassen. Die Gemeinden haben deshalb grundsätzlich von dieser Möglichkeit Gebrauch zu machen. Die erforderlichen Listenvordrucke sind den Finanzämtern von den Gemeinden zu liefern.

3. Vereinfachungsmaßnahmen.

(1) Der einheitliche Gewerbesteuermeßbetrag wird ab dem Kalenderjahr 1943 nicht mehr für ein Rechnungsjahr, sondern jeweils für ein Kalenderjahr nach dessen Ablauf festgesetzt. Hinweis auf § 2 Absatz 1 GewStVV. Der einheitliche Steuermeßbetrag ist wie bisher stets mit einem vollen Jahresbetrag festzusetzen. Beim Beginn und beim Wegfall der Steuerpflicht im Laufe des Erhebungszeitraums bleibt es für die Erhebung der Gewerbesteuer bei der bisherigen Regelung. Hinweis auf § 22 GewStG. und auf Abschnitt 1 Absatz 1. Der einheitliche Steuermeßbetrag für ein Kalenderjahr kann, wenn die Steuerpflicht im Laufe des Kalenderjahres wegfällt, sofort festgesetzt werden.

(2) Es ist auch der einheitliche Steuermeßbetrag für das Kalenderjahr 1943 mit dem vollen Jahresbetrag festzusetzen. Die Tatsache, daß die Steuerfestsetzung für das Rechnungsjahr 1942 den Zeitraum vom 1. Januar bis 31. März 1943 mitumfaßt, wird dadurch berücksichtigt, daß der Gewerbesteuerfestsetzung für 1943 nur dann neun Zwölftel des einheitlichen Gewerbesteuermeßbetrags für das Kalenderjahr 1943 zugrunde gelegt werden. Hinweis auf § 13 Satz 1 GewStVV.

(3) Der Zuschlag § 30 der Dritten GewStDV. gemäß fließt insoweit, als die Finanzämter für die Festsetzung und die Erhebung der Gewerbesteuer nach dem Gewerbeertrag und dem Gewerbekapital zuständig sind, in das schlüsselmäßig zu verteilende Gewerbesteueraufkommen. Hinweis auf Abschnitt 2 Absätze 3 und 4 zu § 4.

§ 15.

Pauschfestsetzung.

Wird die Einkommensteuer oder die Körperschaftsteuer in einem Pauschbetrag festgesetzt, so kann die für diese Festsetzung zuständige Behörde im Einvernehmen mit dem Reichsminister des Innern oder der von ihm bestimmten Behörde auch den einheitlichen Steuermeßbetrag in einem Pauschbetrag festsetzen.

GewStR. 1943.

1. Pauschfestsetzung § 15 GewStG. gemäß.

(1) Es ist zu der Pauschfestsetzung § 15 GewStG. gemäß das Einverständnis der oberen Gemeindeaufsichtsbehörde einzuholen, wenn der einheitliche Steuermeßbetrag auf einen Betrag von nicht mehr als 5000 Reichsmark festgesetzt werden soll. Soll der einheitliche Steuermeßbetrag auf einen Betrag von mehr als 5000 Reichsmark festgesetzt werden, ist das Einverständnis des Reichsministers des Innern einzuholen.

(2) Die Anordnung im Absatz 1 Satz 1 gilt nicht, wenn der Steuermeßbetrag auf einen Betrag von nicht mehr als 1000 Reichsmark festgesetzt wird und die Steuer nach dem pauschalierten Steuermeßbetrag auf Grund des GewStVV. vom Finanzamt festzusetzen und zu erheben ist.

2. Pauschfestsetzung bei Steuernachholungen.

(1) Die Finanzämter können Steuermeßbeträge, die die Grundlage für die Festsetzung nachzuholender Gewerbesteuer bilden, im Pauschweg ermitteln und in Pauschbeträgen festsetzen. Hinweis auf die Verordnung zur Vereinfachung des Verfahrens bei Steuernachforderungen vom 28. Juli 1941 RGBl. I S. 489, RStBl. 1941 S. 569 Nr. 618. Ist Gewerbesteuer für mehrere Jahre nachzuholen, müssen für die einzelnen Jahre getrennte Gewerbesteuermeßbeträge (getrennte Pauschbeträge) festgesetzt werden. Es ist zu der Pauschalierung die Zustimmung der oberen Gemeindeaufsichtsbehörde einzuholen, wenn es sich um Fälle von außergewöhnlicher Bedeutung handelt. Hinweis auf meine Erlasse vom 28. Juli 1941 RStBl. 1941 S. 569 Nr. 619 und vom 26. Oktober 1942 RStBl. 1942 S. 1001 Nr. 879.

(2) Die Möglichkeit der Pauschalierung von Gewerbesteuermeßbeträgen auf Grund der im Absatz 1 bezeichneten Verordnung vom 28. Juli 1941 wird durch die Vorschriften der GewStVV. vom 31. März 1943 nicht berührt. Bei Steuernachholungen für Erhebungszeiträume, die vor dem 1. April enden, ist durch die Eigenart des für diese Fälle vorgesehenen Steuerfestsetzungsverfahren (Hinweis auf § 8 GewStVV.) die Pauschalierung gegenüber bisher erleichtert. Ist Gewerbesteuer für mehrere Erhebungszeiträume, die vor dem 1. April 1943 enden, nachzuholen, kann das Finanzamt künftig das

Mehr an Steuermeßbeträgen für diese Erhebungszeiträume in einem Pauschbetrag zusammenfassen, vorausgesetzt, daß für die mehreren Erhebungszeiträume derselbe Hebesatz maßgebend ist. Das wird in der Regel der Fall sein. Die bezeichnete Zusammenfassung in einem Pauschbetrag ist auch dann möglich, wenn der ursprüngliche Steuermeßbetrag zu zerlegen war, weil wegen Änderungen des einheitlichen Steuermeßbetrags, die nach dem 31. März 1943 durchgeführt werden, eine neue Zerlegung nicht in Betracht kommt. Wegen der Steuerfestsetzung in diesen Fällen Hinweis auf Abschnitt 5 Absätze 14 bis 18 zu § 16.

Unterabschnitt 4:
Festsetzung und Erhebung der Steuer.

§ 16.
Hebesatz.

Die Steuer wird auf Grund des einheitlichen Steuermeßbetrags nach dem von der Gemeinde für jedes Rechnungsjahr festzusetzenden Hundertsatz (Hebesatz) festgesetzt und erhoben. Der Hebesatz muß unbeschadet der Vorschrift des § 17 für alle in der Gemeinde vorhandenen Unternehmen der gleiche sein.

Die Gemeinden setzen für jedes Rechnungsjahr den Hebesatz fest. Der Hebesatz beträgt z. B. für die Stadt Berlin für das Rechnungsjahr 1946/47 (vom 1. April 1946 bis 31. März 1947) für die Gewerbeertrag- und die Gewerbekapitalsteuer 300%. Auf Grund des einheitlichen Steuermeßbetrages wird dann unter Zugrundelegung des Hebesatzes die Gewerbesteuer festgesetzt.

Beispiel: einheitlicher Steuermeßbetrag 1600, Hebesatz 300 %, Gewerbesteuer 4800 RM.

GewStVV.

§ 3.

(1) Die Gewerbesteuer wird auf Grund des einheitlichen Steuermeßbetrags (§ 2 Absatz 1) nach dem Hebesatz festgesetzt und erhoben, der für das Rechnungsjahr festgesetzt ist (§ 16 des Gewerbesteuergesetzes), das in dem Erhebungs-

zeitraum beginnt. Es ist der Hebesatz der Gemeinde maßgebend, in der der Gewerbebetrieb am Ende des Kalenderjahres betrieben wird. Ist die Steuerpflicht im Laufe des Kalenderjahres weggefallen, so ist der Hebesatz der Gemeinde maßgebend, in der der Gewerbebetrieb zuletzt betrieben worden ist.

(2) Die Gemeinden haben als Hebesatz für die Gewerbesteuer nach dem Gewerbeertrag und dem Gewerbekapital für das Rechnungsjahr 1943 und die folgenden Rechnungsjahre denjenigen Hundertsatz festzusetzen, der sich ergibt, wenn der für das Rechnungsjahr 1942 festgesetzte allgemeine Hebesatz für die Gewerbesteuer nach dem Gewerbeertrag und dem Gewerbekapital auf den nächsten vollen, durch fünf teilbaren Betrag aufgerundet wird. Der Reichsminister des Innern kann im Einvernehmen mit dem Reichsminister der Finanzen eine abweichende Festsetzung zulassen.

(3) Befinden sich am Ende des Kalenderjahres oder im Zeitpunkt des Wegfalls der Steuerpflicht Betriebstätten desselben Gewerbebetriebs in mehreren Gemeinden oder erstreckt sich eine Betriebstätte über mehrere Gemeinden, so wird die Gewerbesteuer auf Grund des einheitlichen Steuermeßbetrags (§ 2 Absatz 1) nach dem Hebesatz festgesetzt und erhoben, der sich als gewogener Durchschnitt (Absatz 4) aus den Hebesätzen ergibt, die von den beteiligten Gemeinden für das Rechnungsjahr 1942 festgesetzt waren. Dabei ist die Zweigstellensteuer (§ 17 des Gewerbesteuergesetzes) zu berücksichtigen. Mehrbelastungen (§ 3 des Einführungsgesetzes zu den Realsteuergesetzen vom 1. Dezember 1936, RGBl. I S. 961) bleiben außer Betracht. Der danach ermittelte Hebesatz ist auf den nächsten vollen, durch fünf teilbaren Hundertsatz aufzurunden. Der Reichsminister des Innern kann im Einvernehmen mit dem Reichsminister der Finanzen den Hebesatz ändern.

(4) Gewogener Durchschnitt im Sinn des Absatzes 3 ist der Durchschnitt der Hebesätze, gewogen nach den Anteilen am einheitlichen Steuermeßbetrag, die auf die beteiligten Gemeinden (Absatz 5) entfallen. Für die Ermittlung dieser Anteile sind die Vorschriften der §§ 28 bis 33 des Gewerbesteuergesetzes entsprechend anzuwenden. Anteile am einheitlichen Steuermeßbetrag von nicht mehr als einhundert Reichsmark sind dabei auszuscheiden.

(5) Beteiligte Gemeinden im Sinn des Absatzes 4 sind:

a) wenn der einheitliche Steuermeßbetrag für das Rechnungsjahr 1942 nach den Vorschriften des Gewerbesteuergesetzes zu zerlegen war: die Gemeinden, die an dieser Zerlegung zu beteiligen waren;

b) in allen anderen Fällen: die Gemeinden, in denen am

Ende des Erhebungszeitraums (§ 2 Absatz 1) Betriebstätten sich befinden oder auf die an diesem Zeitpunkt eine Betriebstätte sich erstreckt. Maßgebend ist der Erhebungszeitraum, in dem diese Voraussetzung erstmals erfüllt ist.

§ 6.

(1) Vereinbarungen auf Grund des § 5 des Einführungsgesetzes zu den Realsteuergesetzen über die Höhe der Gewerbesteuer nach dem Gewerbeertrag und dem Gewerbekapital treten für die Geltungsdauer dieser Verordnung außer Kraft. Die Laufzeit der Steuervereinbarungen wird dadurch nicht unterbrochen.

(2) Die Vorschrift des § 3 des Einführungsgesetzes zu den Realsteuergesetzen (Mehrbelastung) ist ab 1. April 1943 auf die Gewerbesteuer nach dem Gewerbeertrag und dem Gewerbekapital nicht mehr anzuwenden.

§ 8.

(1) Steuerfestsetzungen für Erhebungszeiträume, die vor dem 1. April 1943 enden, werden bei Änderung des einheitlichen Steuermeßbetrags nicht mehr berichtigt, wenn die Änderung des Steuermeßbetrags nach dem 31. März 1943 durchgeführt worden ist. Führt die Änderung des Steuermeßbetrags zu einer Erhöhung gegenüber dem ursprünglichen Steuermeßbetrag, so ist der Unterschiedsbetrag dem einheitlichen Steuermeßbetrag für das Kalenderjahr 1943 zuzuschlagen. Führt die Änderung des Steuermeßbetrags zu einer Herabsetzung gegenüber dem ursprünglichen Steuermeßbetrag, so ist der Unterschiedsbetrag von dem einheitlichen Steuermeßbetrag für die Kalenderjahre 1943 abzuziehen.

(2) Ist der einheitliche Steuermeßbetrag für das Kalenderjahr 1943 bereits festgesetzt, so ist der Zuschlag oder der Abzug bei der Festsetzung des einheitlichen Steuermeßbetrags zu berücksichtigen, die als nächste für ein späteres Kalenderjahr vorzunehmen ist.

(3) Ist der Zuschlag oder der Abzug weder nach Absatz 1 noch nach Absatz 2 möglich, so setzt das Finanzamt auf Grund des Unterschiedsbetrags zwischen dem zuletzt festgesetzten und dem neuen Steuermeßbetrag den Steuerbetrag fest, der gegenüber der letzten Steuerfestsetzung mehr oder weniger zu entrichten ist. Maßgebend ist der Hebesatz, der für den betreffenden Erhebungszeitraum von der Gemeinde festgesetzt war, in der zu Beginn dieses Erhebungszeitraums die Geschäftsleitung des Gewerbebetriebs sich befunden hat. Befand sich die Geschäftsleitung im Ausland, so ist der Hebesatz der Gemeinde maßgebend, in der sich die wirtschaftlich bedeutendste der inländischen Betriebstätten befand.

(4) Steuerfestsetzungen für Erhebungszeiträume, die vor dem 1. April 1943 enden, werden bei Änderung der Zerlegung des einheitlichen Steuermeßbetrags (§§ 28 bis 34 des Gewerbesteuergesetzes) nicht mehr berichtigt, wenn die Änderung der Zerlegung nach dem 31. März 1943 durchgeführt worden ist. Das Finanzamt setzt den Steuerbetrag fest, der auf Grund der neuen Zerlegung an alle beteiligten Gemeinden zusammen mehr oder weniger zu entrichten wäre als auf Grund der vorangegangenen Zerlegung.

(5) Mehrbeträge nach den Absätzen 3 und 4 sind innerhalb eines Monats nach Bekanntgabe des Bescheids an das Finanzamt zu zahlen. Zuviel gezahlte Beträge werden vom Finanzamt durch Zurückzahlung oder Aufrechnung ausgeglichen.

§ 9.

Die Steuermeßbeträge, die der Steuerschuldner in den Fällen des § 8 von der Steuerfestsetzung durch das Finanzamt an die Gemeinde gezahlt hat, verbleiben in voller Höhe der Gemeinde, an die die Zahlung geleistet worden ist.

§ 10.

. . . . .

(5) Der Hebesatz für die Gewerbesteuer der Wander-Gewerbebetriebe beträgt 240 vom Hundert des einheitlichen Steuermeßbetrags. § 3 Absatz 3 letzter Satz gilt entsprechend.

GewStR. 1943.

1. . . . . .

2. Anfechtung des Hebesatzes.

Die Einhaltung der Anordnungen, durch die die Höhe der gemeindlichen Hebesätze geregelt ist, kann im Rechtsmittelverfahren gegen den Gewerbesteuerbescheid nicht nachgeprüft werden. Zur Nachprüfung berufen sind die nach der Deutschen Gemeindeordnung zuständigen Aufsichtsbehörden. Hinweis auf die RFH.-Urteile vom 29. Oktober 1940 RStBl. 1940 S. 978 Nr. 903 und vom 6. November 1940 RStBl. 1941 S. 37 Nr. 49.

3. Bekanntgabe der Gewerbesteuerbescheide.

Hinweis auf die Verordnung über Postzustellung in der öffentlichen Verwaltung (Postzustellungsverordnung) vom 23. August 1943 RGBl. I S. 527, RStBl. 1943 S. 677 Nr. 661 und auf meinen Erlaß vom 20. September 1943 RStBl. 1943 S. 719 Nr. 706.

4. Kleinbeträge.

Die Finanzämter haben Gewerbesteuer nur festzusetzen, wenn die Steuer im einzelnen Fall zwei Reichsmark oder mehr beträgt. Berichtigungen von Gewerbesteuerfestsetzungen sind nicht vorzunehmen, wenn der Unterschied zwischen dem neu festzusetzenden und dem bisher festgesetzten Betrag kleiner als zwei Reichsmark ist. Hinweis auf Abschnitt 2 meines Erlasses vom 30. Oktober 1942 RStBl. 1942 S. 1025 Nr. 901. Wegen der Kleinbetragsgrenze für Vorauszahlungen Hinweis auf § 4 Absatz 3 GewStVV.

5. Vereinfachungsmaßnahmen.

a) Festsetzung und Erhebung der Gewerbesteuer nach dem Gewerbeertrag und dem Gewerbekapital für Erhebungszeiträume, die nach dem 31. März 1943 beginnen.

1. Hebesatz bei Betrieben mit Betriebstätten in nur einer Gemeinde (§ 3 Absätze 1 und 2 GewStVV.).

(1) Die Gewerbesteuer wird festgesetzt, indem auf den einheitlichen Steuermeßbetrag der Hebesatz angewendet wird, den die Gemeinde für das Rechnungsjahr festgesetzt hat, das in dem betreffenden Erhebungszeitraum (Kalenderjahr) beginnt.

Beispiel:

Die Gewerbesteuer für das Kalenderjahr 1944 bemißt sich nach dem Hebesatz, den die Gemeinde für das Rechnungsjahr 1944 (1. April bis 31. März 1945) festsetzt.

§ 3 Absatz 1 Satz 2 GewStVV. gemäß ist der Hebesatz der Gemeinde maßgebend, in der der Gewerbebetrieb am Ende des Kalenderjahres, für das die Gewerbesteuer zu veranlagen ist, betrieben wird. Ist die Steuerpflicht im Laufe des Kalenderjahres weggefallen, ist § 3 Absatz 1 Satz 3 GewStVV. gemäß der Hebesatz der Gemeinde maßgebend, in der der Gewerbebetrieb zuletzt betrieben worden ist. Bei Verlegung des Betriebs im Laufe eines Kalenderjahres ist für das ganze Jahr der Hebesatz der Gemeinde maßgebend, in der sich der Betrieb am Ende des Kalenderjahres befindet.

Beispiel:

Ein Gewerbebetrieb befindet sich am 31. Dezember 1943 in der Gemeinde A. Er wird im Jahr 1944 in die Gemeinde B verlegt und dort im Oktober 1945 eingestellt.

Es sind folgende Hebesätze maßgebend:

für das Kalenderjahr 1943 der Hebesatz der Gemeinde A für das Rechnungsjahr 1943,

für das Kalenderjahr 1944 der Hebesatz der Gemeinde B für das Rechnungsjahr 1944,
für das Kalenderjahr 1945 der Hebesatz der Gemeinde B für das Rechnungsjahr 1945.

(2) Die Höhe der Hebesätze für die Rechnungsjahre, die nach dem 31. März 1943 beginnen, ist den Gemeinden bindend vorgeschrieben. Hinweis auf § 3 Absatz 2 GewStVV. Die Hebesätze für das Rechnungsjahr 1943 und die folgenden Rechnungsjahre müssen danach grundsätzlich mit dem (auf den nächsten vollen, durch fünf teilbaren Hundertsatz aufgerundeten) Hebesatz des Rechnungsjahres 1942 übereinstimmen. Der Reichsminister des Innern kann im Einvernehmen mit mir eine abweichende Festsetzung des Hebesatzes zulassen. Eine abweichende Festsetzung kommt nur in ganz besonderen Ausnahmefällen in Betracht. Bei einer Erhöhung ist außerdem Voraussetzung, daß die erforderliche Einnahmeerhöhung nicht durch Einführung oder Erhöhung der Lohnsummensteuer geschaffen werden kann. Die Gemeinden haben Anträge auf abweichende Festsetzung des Hebesatzes spätestens an dem 1. Januar, der dem Rechnungsjahr vorangeht, über die Gemeindeaufsichtsbehörde dem Reichsminister des Innern mit eingehender Begründung vorzulegen. Die Gemeindeaufsichtsbehörde hat zu den Anträgen Stellung zu nehmen.

(3) Sind für Gebietsteile einer Gemeinde § 4 des Einführungsgesetzes zu den Realsteuergesetzen gemäß verschiedene Hebesätze auf bestimmte Zeit zugelassen, ist der Hebesatz maßgebend, der für das betreffende Rechnungsjahr für den Gebietsteil gilt, in dem der Gewerbebetrieb am Ende des Kalenderjahres betrieben wird. Besonderheiten gelten für den Fall, daß die Zulassung der verschiedenen Hebesätze § 4 EinfGRealStG. gemäß am 31. März 1943 außer Kraft getreten ist. Die Gemeinde, die in einem solchen Fall für den bisher begünstigten Gebietsteil für das Rechnungsjahr 1943 den allgemeinen (höheren) Hebesatz festsetzen will, müßte zu dieser Festsetzung § 3 Absatz 2 letzter Satz GewStVV. gemäß die Genehmigung (Hinweis auf Absatz 2) einholen. Diese Genehmigung ist durch Abschnitt I Unterabschnitt 2 Absatz 2 des Erlasses vom 21. April 1943 RStBl. 1943 S. 363 Nr. 318, den der Reichsminister des Innern und ich gemeinsam erlassen haben, allgemein erteilt worden. Als Hebesatz 1943 für den bis zum 31. März 1943 begünstigten Gebietsteil ist danach der Hebesatz festzusetzen, der infolge des Außerkrafttretens der Zulassung der verschiedenen Hebesätze für das Rechnungsjahr 1943 nach bisherigem Recht festzusetzen gewesen wäre. Dieser Hebesatz ist auf den nächsten vollen, durch fünf teilbaren Betrag aufzurunden.

Beispiel:

Der Gebietsteil X ist im Jahre 1940 in die Gemeinde A eingemeindet worden. Es sind für die Rechnungsjahre 1940 bis 1944 § 4 EinfGRealStG. gemäß verschiedene Hebesätze zugelassen worden. Der Hebesatz für das Rechnungsjahr 1942 ist

für die Gemeinde A (mit Ausnahme des Gebietsteils X) auf 232 vH.,

für den Gebietsteil X auf 163 vH.

festgesetzt worden.

Der Hebesatz für das Rechnungsjahr 1943 ist § 3 Absatz 2 GewStVV. gemäß

für die Gemeinde A (mit Ausnahme des Gebietsteils X) auf 235 vH.,

für den Gebietsteil X auf 165 vH.

festzusetzen.

Für die Gewerbebetriebe, die am Ende des Kalenderjahres 1943 im Gebietsteil X betrieben werden, gilt für die Gewerbesteuer des Kalenderjahres 1943 der Hebesatz von 165 vom Hundert, für die anderen Gewerbebetriebe in der Gemeinde A der Hebesatz von 235 vom Hundert.

Wären die verschiedenen Hebesätze nur für die Rechnungsjahre 1940 bis 1942 zugelassen worden, würde auf Grund des oben bezeichneten Erlasses vom 21. April 1943 der Hebesatz für das Rechnungsjahr 1943 auch für den Gebietsteil X auf 235 vom Hundert festzusetzen sein.

(4) Die Vorschrift im § 3 des Einführungsgesetzes zu den Realsteuergesetzen — Mehrbelastung — ist ab 1. April 1943 nicht mehr anzuwenden. Hinweis auf § 6 Absatz 2 GewStVV. Die Festsetzung erhöhter Hebesätze auf Grund dieser Vorschrift kommt demgemäß ab dem Rechnungsjahr 1943 nicht mehr in Betracht.

2. Hebesatz bei Betrieben mit Betriebstätten in mehreren Gemeinden oder mit einer mehrgemeindlichen Betriebstätte (§ 3 Absätze 3 bis 5 GewStVV.).

(5) Die Gewerbesteuer wird auf Grund des einheitlichen Steuermeßbetrags nach einem Durchschnittshebesatz festgesetzt und erhoben, wenn sich am Ende des Kalenderjahres oder im Zeitpunkt des Wegfalls der Steuerpflicht Betrieb-

stätten in mehreren Gemeinden befinden oder wenn an diesem Zeitpunkt eine Betriebstätte sich über mehrere Gemeinden erstreckt. Dieser Durchschnitthebesatz ist vom Finanzamt zu ermitteln. Der einmal ermittelte Durchschnitthebesatz ist für die Gewerbesteuerveranlagungen des Kalenderjahres 1943 und aller folgenden Kalenderjahre maßgebend. Er gilt auch für die Kalenderjahre, in denen gemeindliche Rechnungsjahre beginnen, für die der Reichsminister des Innern im Einvernehmen mit mir einer beteiligten Gemeinde eine abweichende Festsetzung des Hebesatzes § 8 Absatz 2 Satz 2 GewStVV. gemäß zugestanden hat. Der Durchschnitthebesatz kann in einem solchen Fall und in anderen Fällen, in denen die Beibehaltung des bisherigen Durchschnitthebesatzes zu einer ungerechtfertigten Besteuerung führen würde, nur durch den Reichsminister des Innern im Einvernehmen mit mir geändert werden. Hinweis auf § 3 Absatz 3 letzter Satz GewStVV. Es ist bei der Ermittlung des Durchschnitthebesatzes zwischen den Fällen zu unterscheiden, in denen der einheitliche Steuermeßbetrag für das Rechnungsjahr 1942 nach den Vorschriften des Gewerbesteuergesetzes zu zerlegen war (Absätze 6 und 7) und allen anderen Fällen (Absatz 8).

(6) War eine Zerlegung nach den Vorschriften des Gewerbesteuergesetzes für das Rechnungsjahr 1942 durchzuführen, ist § 3 Absatz 3 und Absatz 5 Buchstabe a GewStVV. gemäß als Hebesatz der Hundertsatz maßgebend, der sich als gewogener Durchschnitt aus den Hebesätzen 1942 der Gemeinden ergibt, die an der Zerlegung 1942 zu beteiligen waren. Als Hebesatz 1942 ist insoweit, als das Unternehmen in der betreffenden Gemeinde nach den Verhältnissen am 1. April 1942 der Zweigstellensteuer (§ 17 GewStG.) unterlag, der von der Gemeinde für das Rechnungsjahr 1942 festgesetzte erhöhte Hebesatz anzusetzen. Dagegen bleiden Erhöhungen des Hebesatzes 1942 auf Grund des § 3 EinfGRealStG. (Mehrbelastungen) außer Betracht.

(7) Für die Ermittlung des gewogenen Durchschnitts ist § 3 Absatz 4 GewStVV. gemäß von den Anteilen am einheitlichen Steuermeßbetrag auszugehen, die §§ 28 bis 33 GewStG. gemäß auf die Gemeinden entfallen, die an der Zerlegung 1942 zu beteiligen waren. Anteile am einheitlichen Steuermeßbetrag von nicht mehr als 100 Reichsmark sind dabei auszuscheiden. Der so ermittelte Hebesatz ist § 3 Absatz 3 GewStVV. gemäß auf den nächsten vollen, durch fünf teilbaren Hundertsatz aufzurunden.

Beispiel:

Ein Wareneinzelhandelsunternehmen (gemischtes Unternehmen im Sinn des § 32 der Dritten GewStDV.) hat am 31. Dezember 1943 Betriebstätten in den Gemeinden A und C. Es hatte am 1. April 1942 seine Hauptniederlassung in der Gemeinde A und Zweigniederlassungen in den Gemeinden B, C, D und E. Die Betriebstätte in D diente nicht den Zwecken des Wareneinzelhandelsgeschäfts. Die Gemeinde B erhebt keine Zweigstellensteuer.

Der einheitliche Steuermeßbetrag für das Rechnungsjahr 1942 in Höhe von 1155 Reichsmark ist wie folgt zerlegt worden:

Zerlegungsanteil der Gemeinde A . .	530 RM
Zerlegungsanteil der Gemeinde B . .	270 RM
Zerlegungsanteil der Gemeinde C . .	165 RM
Zerlegungsanteil der Gemeinde D . .	105 RM
Zerlegungsanteil der Gemeinde E . .	85 RM
zusammen . . .	1155 RM

Die Gemeinden hatten für 1942 die folgenden Hebesätze festgesetzt:

	Allgemeiner Hebesatz	Hebesatz einschl. Zweigstellensteuer
Gemeinde A . .	194 vH.	252,2 vH.
Gemeinde B . .	210 vH.	210 vH.
Gemeinde C . .	200 vH.	260 vH.
Gemeinde D . .	180 vH.	234 vH.
Gemeinde E . .	150 vH.	195 vH.

Der für die Gewerbesteuer 1943 maßgebende Hebesatz ist wie folgt zu ermitteln:

194 vH. von 530 RM Zerlegungsanteil der Gemeinde A	= 1028,20 RM
210 vH. von 270 RM Zerlegungsanteil der Gemeinde B	= 567,— RM
260 vH. von 165 RM Zerlegungsanteil der Gemeinde C	= 429,— RM
180 vH. von 105 RM Zerlegungsanteil der Gemeinde D	= 189,— RM
zusammen . . .	2213,20 RM

Der Anteil der Gemeinde E scheidet für die Berechnung aus, weil er nicht mehr als 100 Reichsmark beträgt. Der maßgebende Hebesatz 1943 (gewogener Durchschnitt) errechnet sich danach auf

$\frac{2213{,}20 \times 100}{1155 - 85} = 206{,}84$ vom Hundert, aufgerundet 210 vom Hundert. Dieser Hebesatz gilt ohne Rücksicht auf die etwaige Verlegung, Einstellung oder Neuerrichtung von Betriebstätten auch für die Gewerbesteuer des Kalenderjahres 1944 und der folgenden Kalenderjahre, solange das Unternehmen Betriebstätten nicht nur in einer Gemeinde hat oder der Reichsminister des Innern im Einvernehmen mit mir den Hebesatz nicht ändert.

(8) War eine Zerlegung nach den Vorschriften des Gewerbesteuergesetzes für das Rechnungsjahr 1942 nicht durchzuführen, ist § 8 Absatz 3 und Absatz 5 Buchstabe b GewStVV. gemäß der Hebesatz anzuwenden, der sich als gewogener Durchschnitt aus den Hebesätzen 1942 der Gemeinden ergibt, in denen sich am Ende des Kalenderjahres (im Zeitpunkt des Wegfalls der Steuerpflicht) Betriebstätten befinden oder auf die an diesem Zeitpunkt eine Betriebstätte sich erstreckt. Maßgebend ist der Erhebungszeitraum, in dem diese Voraussetzung erstmals erfüllt wird. Für die Ermittlung des gewogenen Durchschnitts ist der einheitliche Steuermeßbetrag in entsprechender Anwendung der §§ 28 bis 33 GewStG. auf die beteiligten Gemeinden aufzuteilen. Beziehen sich die Zerlegungsgrundlagen für die einzelnen Betriebstätten (Arbeitslöhne, Betriebseinnahmen) nicht auf ein volles Kalenderjahr (Erhebungszeitraum), sind sie auf einen Jahresbetrag umzurechnen. Es gelten im übrigen die Ausführungen in den Absätzen 6 und 7. Für die Entscheidung der Frage, ob und inwieweit der § 17 GewStG. gemäß erhöhte Hebesatz (Zweigstellensteuer) zu berücksichtigen ist, sind die Verhältnisse am Ende des Kalenderjahres maßgebend.

Beispiel:

Ein Bankunternehmen hat am Ende des Kalenderjahres 1943 Betriebstätten in den Gemeinden A und B. Eine Zerlegung des einheitlichen Steuermeßbetrags für das Rechnungsjahr 1942 war nicht durchzuführen. Die Gemeinden A und B haben für das Rechnungsjahr 1942 Zweigstellensteuer nicht erhoben.

Der für die Gewerbesteuer 1943 maßgebende Hebesatz ist der Durchschnitt der Hebesätze *1942* der Gemeinden A und B, gewogen nach den Anteilen am einheitlichen Steuermeßbetrag 1943, die bei entsprechender Anwendung der Zerlegungsvorschriften

(§§ 28 bis 33 GewStG.) auf die einzelnen Gemeinden entfallen.

Es betragen:

der einheitliche Steuermeßbetrag für das Kalenderjahr 1943	20000 RM
die Betriebseinnahmen (§ 29 Absatz 1 Ziffer 1 GewStG.) im Kalenderjahr 1943	
in der Gemeinde A	750000 RM
in der Gemeinde B	250000 RM
die Hebesätze für das Rechnungsjahr 1942	
in der Gemeinde A	290 vH.
in der Gemeinde B	204 vH.

Von dem einheitlichen Steuermeßbetrag 1943 entfallen

auf die Gemeinde A $\frac{20000 \times 750000}{1000000} = 15000$ RM

auf die Gemeinde B $\frac{20000 \times 250000}{1000000} = 5000$ RM

Es ergibt sich danach unter Zugrundelegung der Hebesätze 1942 das Folgende:

Gemeinde A 290 vH. von 15000 RM = 43500 RM
Gemeinde B 204 vH. von 5000 RM = 10200 RM
zusammen = 53700 RM

Das entspricht — bezogen auf den einheitlichen Steuermeßbetrag von 20000 Reichsmark — einem durchschnittlichen Hebesatz von 268,5 vom Hundert, aufgerundet 270 vom Hundert. Dieser Hebesatz gilt für 1943 und für alle folgenden Jahre, solange das Unternehmen Betriebstätten nicht nur in einer Gemeinde hat oder der Reichsminister des Innern im Einvernehmen mit mir den Hebesatz nicht ändert.

Der gewogene Durchschnitt der Hebesätze kann statt auf Grund der Anteile am einheitlichen Steuermeßbetrag unmittelbar auf Grund der Anteile an den Zerlegungsgrundlagen (hier der Betriebseinnahmen) festgestellt werden. Auf diese Weise wird die Berechnung wesentlich vereinfacht.

Es ergibt sich dann das folgende:

Gemeinde A 290 vH. von 750000 RM . . . . = 2175000 RM

Gemeinde B 204 vH. von 250000 RM . . . . = 510000 RM

zusammen = 2685000 RM

Das entspricht — bezogen auf die Summe der Betriebseinnahmen von 1000000 Reichsmark — einem durchschnittlichen Hebesatz von 268,5 vom Hundert, aufgerundet 270 vom Hundert (wie oben). Die Vorschrift, daß Anteile am einheitlichen Steuermeßbetrag die 100 Reichsmark nicht übersteigen, auszuscheiden sind, muß auch bei dieser Berechnung berücksichtigt werden. Das geschieht dadurch, daß festgestellt wird, welcher Anteil an den Zerlegungsgrundlagen (hier der Betriebseinnahmen) einem Steuermeßbetragsanteil von 100 Reichsmark entspricht. Betriebstätten, auf die nicht mindestens dieser Anteil an den Zerlegungsgrundlagen entfällt, sind bei der Ermittlung des gewogenen Durchschnitts auszuscheiden. Bei einem einheitlichen Steuermeßbetrag von 20000 Reichsmark und Betriebseinnahmen von 1000000 Reichsmark entfallen auf einen Steuermeßbetragsanteil von 100 Reichsmark $\left(\frac{1000000 \times 100}{20000} =\right)$ 5000 Reichsmark Betriebseinnahmen. Es sind deshalb im vorliegenden Fall beide Betriebstätten bei der Ermittlung des gewogenen Durchschnitts zu berücksichtigen.

(9) Ist die Zulassung verschiedener Hebesätze § 4 des Einführungsgesetzes zu den Realsteuergesetzen gemäß am 31. März 1943 außer Kraft getreten, ist bei der Ermittlung des Durchschnitthebesatzes der nach Absatz 3 für das Rechnungsjahr 1943 festzusetzende — aber nicht aufgerundete — Hebesatz an Stelle des Hebesatzes zugrunde zu legen, der für den begünstigten Gebietsteil für das Rechnungsjahr 1942 festgesetzt worden ist.

(10) . . . . .

3. Feststellung der von den Gemeinden festgesetzten Hebesätze

(11) Die Gemeinden haben die Hebesätze, die der Steuerfestsetzung und der Festsetzung des Durchschnitthebesatzes

zugrunde zu legen sind, den Finanzämtern mitgeteilt. Hinweis auf Abschnitt II Unterabschnitt 1 des Erlasses vom 21. April 1943 RStBl. 1943 S. 363 Nr. 318, den der Reichsminister des Innern und ich gemeinsam erlassen haben. Ein Finanzamt, das für die Feststellung eines Durchschnitthebesatzes die Hebesätze 1942 von Gemeinden benötigt, die nicht zu seinem Bezirk gehören, stellt diese Hebesätze durch Anfrage bei seinem Oberfinanzpräsidenten oder bei dem Finanzamt fest, das der Oberfinanzpräsident für die Beantwortung der Anfragen der Finanzämter bestimmt hat. Hinweis auf Abschnitt 5 Absgtz 9 meines Erlasses vom 22. April 1943 RStBl. 1943 S. 353 Nr. 317.

(12) Wird § 3 Absatz 2 letzter Satz GewStVV. gemäß ein Hebesatz festgesetzt, der von dem aufgerundeten Hebesatz für das Rechnungsjahr 1942 abweicht, hat die Gemeinde dem zuständigen Finanzamt den abweichenden Hebesatz umgehend mitzuteilen. Der Mitteilung ist eine beglaubigte Abschrift des Genehmigungsbescheids beizufügen.

4. Steuervereinbarungen.

(13) Vereinbarungen auf Grund des § 5 EinfGRealStG. über die Höhe der Gewerbesteuer nach dem Gewerbeertrag und dem Gewerbekapital treten für die Geltungsdauer der GewStVV. außer Kraft, Hinweis auf § 6 Absatz 1 GewStVV. Die Finanzämter haben deshalb die Gewerbesteuer auch in den Fällen, in denen Steuervereinbarungen abgeschlossen worden sind, stets auf Grund des einheitlichen Steuermeßbetrags festzusetzen. Das Außerkrafttreten der Steuervereinbarungen kann in einzelnen Fällen zu besonderen Härten für den Steuerpflichtigen führen. Ich behalte mir vor, in diesen Fällen einen Teil der Steuer aus Billigkeitsgründen zu erlassen.

b) Festsetzung und Erhebung der Gewerbesteuer nach dem Gewerbeertrag und dem Gewerbekapital für Erhebungszeiträume, die vor dem 1. April 1943 enden.

(14)—(22) überholt.

c) Hebesatz bei Wandergewerbebetrieben.

(23) Der Hebesatz für die Gewerbesteuer der Wandergewerbebetriebe ist durch § 10 Absatz 5 GewStVV. für alle Wandergewerbebetriebe einheitlich auf 240 vom Hundert des einheitlichen Steuermeßbetrags festgesetzt worden.

d) Anfechtung des Hebesatzes.

(24) Die Ausführungen im Abschnitt 2 gelten grundsätzlich auch für den Fall, daß der Gewerbesteuerbescheid vom

Finanzamt erteilt wird. Der Steuerpflichtige kann in diesem Fall den Gewerbesteuerbescheid mit der Begründung anfechten, daß der Hebesatz einer anderen Gemeinde anzuwenden sei (§ 3 Absatz 1, § 8 Absatz 3 GewStVV.) oder daß der Durchschnitthebesatz (§ 8 Absätze 3 bis 5 GewStVV.) falsch ermittelt worden sei. Er kann aber nicht die Höhe des angewendeten gemeindlichen Hebesatzes oder die Höhe der bei der Ermittlung des Durchschnitthebesatzes berücksichtigten gemeindlichen Hebesätze anfechten.

Aus der Rechtsprechung des RFH.

Sind gegen einen gemeindlichen Gewerbesteuerbescheid (Realsteuerbescheid) die Rechtsmittel der Reichsabgabenordnung (Anfechtung und Rechtsbeschwerde) gegeben, so kann der Steuerpflichtige nur die Ordnungsmäßigkeit der Festsetzung des Hebesatzes bestreiten.

(RFH.-Urteil vom 6. November 1940 VI 372/40, RStBl. 1941 Nr. 49.)

Der Gewerbesteuerbescheid einer Gemeinde kann im Rechtsmittelverfahren nicht erfolgreich mit der Behauptung angefochten werden, daß der allgemeine Hebesatz der Gemeinde mit den Bestimmungen des Einführungsgesetzes zu den Realsteuergesetzen in Widerspruch steht.

(RFH.-Urteil vom 29. Oktober 1940 I 347/40, RStBl. 1940 Nr. 903.)

§ 17.

Zweigstellensteuer.

(1) Für Bank-, Kredit- und Wareneinzelhandelsunternehmen, die in einer Gemeinde eine Betriebstätte unterhalten, ohne in dieser ihre Geschäftsleitung zu haben, kann der Hebesatz hinsichtlich der in dieser Gemeinde belegenen Betriebstätte bis zu drei Zehnteln höher sein als für die übrigen Gewerbebetriebe (Zweigstellensteuer). Für die Zweigstellensteuer sind die Verhältnisse zu Beginn des Erhebungszeitraums maßgebend.

(2) Dient eine Betriebstätte, die unter Absatz 1 fällt, nur zum Teil Zwecken des Bank-, Kredit-

oder Wareneinzelhandelsgeschäfts (z. B. Fabrikationszweigstelle mit Ladengeschäft), so gilt die Erhöhung des Hebesatzes nur für den Teil des Steuermeßbetrags, der auf diesen Teil der Betriebstätte entfällt.

(3) Die Zweigstellensteuer muß für alle in der Gemeinde vorhandenen Unternehmen der im Absatz 1 bezeichneten Art die gleiche sein.

Dritte GewStDV.

§ 31.

Wareneinzelhandelsunternehmen.

(1) Wareneinzelhandelsunternehmen im Sinn des § 17 des Gesetzes sind Unternehmen, die ausschließlich oder neben anderen Umsätzen Lieferungen im Einzelhandel bewirken. Lieferungen im Einzelhandel, die neben anderen Umsätzen bewirkt werden, bleiben außer Betracht, wenn sie ein Hundertstel des Gesamtumsatzes nicht übersteigen.

(2) Lieferungen im Einzelhandel im Sinn des Absatzes 1 sind

a) die im § 11 Absatz 3 der Durchführungsbestimmungen zum Umsatzsteuergesetz vom 23. Dezember 1938 (RGBl. I S. 1935) bezeichneten Lieferungen,

b) Lieferungen im Großhandel, sonstige Leistungen und Eigenverbrauch, die als solche aus der Buchführung nicht eindeutig und leicht nachprüfbar ersichtlich sind.

(3) Die im § 53 Absatz 1 der Durchführungsbestimmungen zum Umsatzsteuergesetz bezeichneten Lieferungen gelten nicht als Lieferungen im Einzelhandel.

§ 32.

Gemischte Unternehmen.

(1) Dient in einem Unternehmen, das sowohl Umsätze im Einzelhandel als auch andere Umsätze bewirkt (gemischtes Unternehmen), eine Betriebstätte nur zum Teil Zwecken des Wareneinzelhandelsgeschäfts, so unterliegt nur derjenige Teil des Zerlegungsanteils dem erhöhten Hebesatz, der auf den Wareneinzelhandel entfällt. § 31 Absatz 1 Satz 2 ist entsprechend anzuwenden.

(2) Der Teil des Steuermeßbetrags, der nach Absatz 1 dem erhöhten Hebesatz unterliegt, bestimmt sich nach dem Verhältnis, in dem die Summe der Arbeitslöhne, die auf die Einzelhandelstätigkeit in der Betriebstätte entfallen, zu dem

Gesamtbetrag der in der Betriebstätte gezahlten Löhne steht. Läßt sich dieses Verhältnis nicht feststellen oder führt die Zugrundelegung dieses Verhältnisses zu einem unbilligen Ergebnis, so ist der Zerlegungsteil nach einem Maßstab aufzuteilen, der die tatsächlichen Verhältnisse besser berücksichtigt.

GewStVV.

§ 3.

(1) . . . . .

(2) . . . .

(3) Befinden sich am Ende des Kalenderjahres oder im Zeitpunkt des Wegfalls der Steuerpflicht Betriebstätten desselben Gewerbebetriebs in mehreren Gemeinden oder erstreckt sich eine Betriebstätte über mehrere Gemeinden, so wird die Gewerbesteuer auf Grund des einheitlichen Steuermeßbetrags (§ 2 Absatz 1) nach dem Hebesatz festgesetzt und erhoben, der sich als gewogener Durchschnitt (Absatz 4) aus den Hebesätzen ergibt, die von den beteiligten Gemeinden für das Rechnungsjahr 1942 festgesetzt waren. Dabei ist die Zweigstellensteuer (§ 17 des Gewerbesteuergesetzes) zu berücksichtigen. Mehrbelastungen (§ 8 des Einführungsgesetzes zu den Realsteuergesetzen vom 1. Dezember 1936, RGBl. I S. 961) bleiben außer Betracht. Der danach ermittelte Hebesatz ist auf den nächsten vollen, durch fünf teilbaren Hundertsatz aufzurunden. Der Reichsminister des Innern kann im Einvernehmen mit dem Reichsminister der Finanzen den Hebesatz ändern.

(4) Gewogener Durchschnitt im Sinn des Absatzes 3 ist der Durchschnitt der Hebesätze, gewogen nach den Anteilen am einheitlichen Steuermeßbetrag, die auf die beteiligten Gemeinden (Absatz 5) entfallen. Für die Ermittlung dieser Anteile sind die Vorschriften der §§ 28 bis 33 des Gewerbesteuergesetzes entsprechend anzuwenden. Anteile am einheitlichen Steuermeßbetrag von nicht mehr als einhundert Reichsmark sind dabei auszuscheiden.

(5) Beteiligte Gemeinden im Sinn des Absatzes 4 sind:

a) wenn der einheitliche Steuermeßbetrag für das Rechnungsjahr 1942 nach den Vorschriften des Gewerbesteuergesetzes zu zerlegen war: die Gemeinden, die an dieser Zerlegung zu beteiligen waren;

b) in allen anderen Fällen: die Gemeinden, in denen am Ende des Erhebungszeitraums (§ 2 Absatz 1) Betriebstätten sich befinden oder auf die an diesem Zeitpunkt eine Betriebstätte sich erstreckt. Maßgebend ist der Erhebungszeitraum, in dem diese Voraussetzung erstmals erfüllt ist.

GewStR. 1943.

1. Wareneinzelhandelsunternehmen.

(1) Wareneinzelhandelsunternehmen im Sinn des § 17 GewStG. sind Unternehmen, die ausschließlich oder neben anderen Umsätzen Lieferungen im Einzelhandel bewirken. Hinweis auf § 31 der Dritten GewStDV. Die Zweigstellensteuerpflicht wird demgemäß nicht dadurch ausgeschlossen, daß neben Einzelhandelslieferungen auch andere Umsätze bewirkt werden. Die Zweigstellensteuerpflicht soll aber nicht ausgelöst werden, wenn das Unternehmen neben anderen Umsätzen Einzelhandelslieferungen nur in geringem Umfang (etwa an Gefolgschaftsmitglieder usw.) tätigt. § 31 Absatz 1 Satz 2 der Dritten GewStDV. bestimmt, daß Einzelhandelslieferungen nicht berücksichtigt werden, wenn sie ein Hundertstel des Gesamtumsatzes nicht übersteigen.

(2) Lieferungen im Einzelhandel sind die im § 11 Absatz 3 UStDB. 1938 bezeichneten Lieferungen. Danach liegt eine Lieferung im Einzelhandel vor, wenn die Lieferung keine Lieferung im Großhandel ist. Eine Lieferung im Großhandel liegt vor, wenn der Unternehmer einen Gegenstand an einen anderen Unternehmer zur Verwendung in dessen Unternehmen liefert (zur gewerblichen Weiterveräußerung — sei es in derselben Beschaffenheit, sei es nach vorheriger Bearbeitung oder Verarbeitung — oder zur gewerblichen Herstellung anderer Gegenstände oder zur Bewirkung gewerblicher oder beruflicher Leistungen). Wird ein Gegenstand teils zu den bezeichneten Zwecken, teils zu anderen Zwecken erworben, ist der Haupterwerbszweck maßgebend. Eine Änderung des Erwerbszwecks nach der Lieferung bleibt unberücksichtigt (§ 11 Absatz 1 UStDB. 1938). Die Lieferungen an das Reich oder an andere Körperschaften des öffentlichen Rechts (§ 11 Absatz 2 UStDB. 1938), die Lieferungen von Wasser, Gas, Elektrizität oder Wärme und die Lieferungen von Brennstoffen, und zwar von Steinkohle, Braunkohle, Preßkohle (Briketts) und aus Kohle hergestellten Koks (§ 53 Absatz 1 UStDB. 1938) sind niemals Lieferungen im Einzelhandel. Für Zwecke der Zweigstellensteuer galten auch Lieferungen im Großhandel, sonstige Leistungen und Eigenverbrauch, die als solche aus der Buchführung nicht eindeutig und leicht nachprüfbar ersichtlich sind, als Lieferungen im Einzelhandel. Hinweis auf § 31 Absatz 2 Buchstabe b der Dritten GewStDV. Diese Vorschrift ist ab dem Rechnungsjahr 1942 nicht mehr anzuwenden. Hinweis auf Abschnitt 6 meines Erlasses vom 12. März 1942 RStBl. 1942 S. 333 Nr. 216. Der Handel mit Zeitungen gilt für die Zweigstellensteuer nicht als Wareneinzelhandel.

(3) Für die Zweigstellensteuer sind die Verhältnisse zu Beginn des Erhebungszeitraums maßgebend. Die Frage, ob

ein Unternehmen als Wareneinzelhandelsunternehmen anzusehen ist, das heißt ob es Umsätze im Einzelhandel bewirkt, beurteilt sich ebenfalls nach den Verhältnissen in diesem Zeitpunkt. Es geht nicht an, die Umsätze eines bestimmten Zeitraums (etwa des Erhebungszeitraums oder des Bemessungszeitraums) zugrunde zu legen. Maßgebend ist das Gesamtbild zu Beginn des Erhebungszeitraums. Dafür wird im allgemeinen die wirtschaftliche Betätigung in der Zeit einen Anhalt bieten, die dem Erhebungszeitraum unmittelbar vorangeht.

(4) Die Behandlung der gemischten Unternehmen, die § 31 Absatz 1 der Dritten GewStDV. gemäß zu den Wareneinzelhandelsunternehmen gehören, macht bei der Zweigstellensteuer dann keine Schwierigkeiten, wenn die einzelne Betriebstätte entweder ausschließlich oder überhaupt nicht den Zwecken des Wareneinzelhandelsgeschäfts dient. Im ersten Fall ist der Zerlegungsanteil in vollem Umfang dem erhöhten Hebesatz zu unterwerfen, im zweiten Fall ist eine Zweigstellensteuerpflicht nicht gegeben. Dient eine Betriebstätte zugleich Zwecken des Wareneinzelhandelsgeschäfts und anderen Zwecken, ist nur ein Teil des Steuermeßbetrags dem erhöhten Hebesatz zu unterwerfen. § 32 Absatz 2 der Dritten GewStDV. bestimmt als Aufteilungsmaßstab das Verhältnis, in dem die Arbeitslöhne, die auf die Einzelhandelstätigkeit entfallen, zu den Gesamtarbeitslöhnen der Betriebstätte stehen. Läßt sich dieses Verhältnis nicht ermitteln oder führt es zu einem unbilligen Ergebnis, kann auch ein anderer Maßstab für die Aufteilung gewählt werden, zum Beispiel eine Aufteilung unter Zugrundelegung des Ertrags oder eine Aufteilung nach dem Verhältnis der verschiedenen Umsätze. Die Aufteilung unter Zugrundelegung der Arbeitslöhne wird aber in der Regel den tatsächlichen Verhältnissen am besten gerecht werden und sich auch ohne größere Schwierigkeiten durchführen lassen.

2. Bank- und Kreditunternehmen.

Unter Bank- und Kreditunternehmen im Sinn des § 17 GewStG. sind Kreditinstitute im Sinn des Gesetzes über das Kreditwesen vom 25. September 1939 RGBl. I S. 1955 zu verstehen.

3. Organschaft.

Wegen der Zweigstellensteuerpflicht im Fall der Organschaft Hinweis auf das RFH.-Urteil vom 11. März 1942 RStBl. 1942 S. 546 Nr. 401.

4. Rechtsmittel.

Die Anforderung der erhöhten Gewerbesteuer (Zweigstellensteuer) ist Sache der Gemeinde. Der Steuerpflichtige kann, wenn die Gemeinde Zweigstellensteuer von ihm anfordert, beantragen, daß das Finanzamt darüber entscheidet, ob eine Betriebstätte ganz oder zu einem Teil (gegebenenfalls zu welchem Teil) der Zweigstellensteuer unterliegt. Hinweis auf § 212c Absatz 2 AO. Der Steuerpflichtige kann diesen Antrag nur innerhalb der Frist stellen, in der er nach Landesrecht ein Rechtsmittel gegen den Anforderungsbescheid einlegen könnte. Wird der Antrag nicht innerhalb dieser Frist gestellt, wird die Anforderung der Zweigstellensteuer rechtskräftig. Wird der Antrag nicht beim Finanzamt, sondern bei einer anderen Stelle (zum Beispiel bei der Gemeinde) gestellt, hat diese unverzüglich die Sache zur Entscheidung an das Finanzamt abzugeben. Hat der Steuerpflichtige den Antrag unrichtig (zum Beispiel als Beschwerde gegen die Steueranforderung) bezeichnet, erleidet er dadurch keinen Rechtsnachteil. Die Einwendungen, die der Steuerpflichtige unter der unrichtigen Bezeichnung vorgebracht hat, sind als Antrag im Sinn des § 212c Absatz 2 AO. zu behandeln.

5. Vereinfachungsmaßnahmen.

(1) Die Unternehmen, für die eine Zweigstellensteuerpflicht in Betracht kommt, gehören zu den Unternehmen, die ab 1. April 1943 nach einem Durchschnitthebesatz zur Gewerbesteuer nach dem Gewerbeertrag und dem Gewerbekapital heranzuziehen sind. Hinweis auf § 3 Absatz 3 GewStVV. Der Durchschnitthebesatz wird aus den Hebesätzen gebildet, die die beteiligten Gemeinden für das Rechnungsjahr 1942 festgesetzt haben. Dabei ist die Zweigstellensteuer zu berücksichtigen. Es ist deshalb, wenn das Unternehmen an dem maßgebenden Stichtag in einer Gemeinde der Zweigstellensteuer unterlag, der von der Gemeinde festgesetzte erhöhte Hebesatz für das Rechnungsjahr 1942 anzusetzen. Hinweis auf Abschnitt 5 Absätze 6 bis 8 zu § 16. Es folgt daraus, daß für Erhebungszeiträume, die nach dem 31. März 1943 beginnen, die Zweigstellensteuer nicht mehr besonders anzufordern ist. Die Gemeinden haben demgemäß für das Rechnungsjahr 1943 und für die folgenden Rechnungsjahre Hebesätze für die Zweigstellensteuer bei der Gewerbesteuer nach dem Gewerbeertrag und dem Gewerbekapital nicht festzusetzen.

(2) Aus der im Absatz 1 bezeichneten Regelung folgt, daß Änderungen in den Betriebsverhältnissen, die die Zweigstellensteuerpflicht berühren, grundsätzlich unberücksichtigt bleiben, wenn sie nach dem Stichtag eingetreten sind, der für die Ermittlung des Durchschnitthebesatzes maßgebend ist. Es kann in einem solchen Fall nur eine Änderung des Durchschnitthebesatzes durch den Reichsminister des Innern im Einvernehmen mit mir in Betracht kommen. Eine solche Änderung

wird nur vorgenommen, wenn die Berücksichtigung der Änderung in den Betriebsverhältnissen die Höhe des Durchschnitthebesatzes wesentlich beeinflussen würde. Hinweis auf Abschnitt 5 Absatz 5 zu § 16.

(3) Für die Berücksichtigung der Zweigstellensteuer bei Steuerfestsetzungen durch die Finanzämter für Erhebungszeiträume, die vor dem 1. April 1943 enden, gilt das folgende: (überholt).

Aus der Rechtsprechung des RFH.

Zu § 17 GewStG.

Die Erhebung der Zweigstellensteuer (§ 17 GewStG.) setzt nicht voraus, daß die Zweigstelle die Absatztätigkeit einheimischer ähnlicher Unternehmen sachlich oder räumlich beeinträchtigt.

(RFH. vom 2. August 1940 I 409/39, RStBl. 1940 Nr. 871.)

§ 18.
Fälligkeit.

(1) Die Steuer ist mit je einem Viertel ihres Jahresbetrags am 15. Mai, 15. August, 15. November und 15. Februar fällig.

(2) Abweichend vom Absatz 1 ist die Steuer fällig:

1. am 15. Mai mit ihrem Jahresbetrag, wenn dieser 5 Reichsmark nicht übersteigt,
2. am 15. Mai und 15. November zu je einer Hälfte ihres Jahresbetrags, wenn dieser 10 Reichsmark nicht übersteigt.

§ 19.
Vorauszahlungen.

Der Steuerschuldner hat bis zur Bekanntgabe eines neuen Steuerbescheids zu den im § 18 bezeichneten Zeitpunkten entsprechende Vorauszahlungen unter Zugrundelegung der zuletzt festgesetzten Jahressteuerschuld zu entrichten.

Aus der Rechtsprechung des RFH.

Zu § 19 GewStG.

Die Heranziehung einer in der Abwicklung befindlichen Kapitalgesellschaft zur Gewerbesteuer bemißt sich nach dem Steuermeßbetrag der für den dem Eintritt in die Liquidation vorangegangenen Bemessungszeitraum festgesetzt worden ist. Dieser Meßbetrag ist auch für die Vorauszahlungen maßgebend. Werden nach Beendigung der Liquidation die Steuermeßbeträge nach Maßgabe des § 15 Abs. 1 der Ersten GewStDV. für den Abwicklungszeitraum festgesetzt, so sind auf die sich hiernach ergebende Steuerschuld die Vorauszahlungen anzurechnen.

(RFH. vom 22. August 1939 I 436/38, RStBl. 1940 Nr. 79.)

§ 20.

Abrechnung über die Vorauszahlungen.

(1) Ist die Summe der Vorauszahlungen, die bis zur Bekanntgabe des neuen Steuerbescheids zu entrichten waren (§ 19), kleiner als die Steuerschuld, die sich nach dem bekanntgegebenen Steuerbescheid für die vorangegangenen Fälligkeitstage ergibt (§ 18), so hat der Steuerschuldner den Unterschiedsbetrag innerhalb eines Monats nach Bekanntgabe des neuen Steuerbescheids zu entrichten (Nachzahlung). Die Verpflichtung, rückständige Vorauszahlungen schon früher zu entrichten, bleibt unberührt.

(2) Ist die Summe der Vorauszahlungen, die bis zur Bekanntgabe des neuen Steuerbescheids entrichtet worden sind, größer als die Steuerschuld, die sich nach dem bekanntgegebenen Steuerbescheid für die vorangegangenen Fälligkeitstage ergibt, so wird der Unterschiedsbetrag durch Aufrechnung oder Zurückzahlung ausgeglichen.

(3) Die Vorschriften der Absätze 1 und 2 gelten entsprechend, wenn die Festsetzung durch einen neuen Bescheid (z. B. Berichtigungsfestsetzung, Rechtsmittelentscheidung) geändert wird.

§ 21.

Nachentrichtung der Steuer.

Hatte der Steuerschuldner bis zur Bekanntgabe der Jahressteuerschuld keine Vorauszahlungen nach § 19 zu entrichten, so hat er die Steuerschuld, die sich nach dem bekanntgegebenen Steuerbescheid für die vorangegangenen Fälligkeitstage ergibt (§ 18), innerhalb eines Monats nach Bekanntgabe des Steuerbescheids zu entrichten.

GewStVV.

§ 4.

(1) Der Steuerschuldner hat am 10. Februar, 10. Mai, 10. August und 10. November Vorauszahlungen zu entrichten.

(2) Jede Vorauszahlung beträgt grundsätzlich ein Viertel der Steuer, die sich bei der letzten Veranlagung ergeben hat. Das Finanzamt kann die Vorauszahlung der Steuer anpassen, die sich für das laufende Kalenderjahr voraussichtlich ergeben wird.

(3) Die einzelne Vorauszahlung ist auf den nächsten vollen Reichsmarkbetrag nach unten abzurunden. Sie wird nur festgesetzt, wenn sie mindestens fünf Reichsmark beträgt.

§ 5.

(1) Die nach § 4 für ein Kalenderjahr entrichteten Vorauszahlungen werden auf die Steuerschuld für dieses Kalenderjahr angerechnet.

(2) Ist die Steuerschuld größer als die Summe der anzurechnenden Vorauszahlungen, so ist der Unterschiedsbetrag innerhalb eines Monats nach Bekanntgabe des Steuerbescheids zu entrichten (Abschlußzahlung). Der Teil der Abschlußzahlung, der den im Kalenderjahr fällig gewordenen, aber nicht entrichteten Vorauszahlungen entspricht, ist sofort zu entrichten.

(3) Ist die Steuerschuld kleiner als die Summe der anzurechnenden Vorauszahlungen, so wird der Unterschiedsbetrag

nach Bekanntgabe des Steuerbescheids durch Aufrechnung oder Zurückhaltung ausgeglichen.

§ 8.

(1) Steuerfestsetzungen für Erhebungszeiträume, die vor dem 1. April 1943 enden, werden bei Änderung des einheitlichen Steuermeßbetrags nicht mehr berichtigt, wenn die Änderung des Steuermeßbetrags nach dem 31. März 1943 durchgeführt worden ist. Führt die Änderung des Steuermeßbetrags zu einer Erhöhung gegenüber dem ursprünglichen Steuermeßbetrag, so ist der Unterschiedsbetrag dem einheitlichen Steuermeßbetrag für das Kalenderjahr 1943 zuzuschlagen. Führt die Änderung des Steuermeßbetrags zu einer Herabsetzung gegenüber dem ursprünglichen Steuermeßbetrag, so ist der Unterschiedsbetrag von dem einheitlichen Steuermeßbetrag für das Kalenderjahr 1943 abzuziehen.

(2) Ist der einheitliche Steuermeßbetrag für das Kalenderjahr 1943 bereits festgesetzt, so ist der Zuschlag oder der Abzug bei der Festsetzung des einheitlichen Steuermeßbetrags zu berücksichtigen, die als nächste für ein späteres Kalenderjahr vorzunehmen ist.

(3) Ist der Zuschlag oder der Abzug weder nach Absatz 1 noch nach Absatz 2 möglich, so setzt das Finanzamt auf Grund des Unterschiedsbetrags zwischen dem zuletzt festgesetzten und dem neuen Steuermeßbetrag den Steuerbetrag fest, der gegenüber der letzten Steuerfestsetzung mehr oder weniger zu entrichten ist. Maßgebend ist der Hebesatz, der für den betreffenden Erhebungszeitraum von der Gemeinde festgesetzt war, in der zu Beginn dieses Erhebungszeitraums die Geschäftsleitung des Gewerbebetriebs sich befunden hat. Befand sich die Geschäftsleitung im Ausland, so ist der Hebesatz der Gemeinde maßgebend, in der sich die wirtschaftlich bedeutendste der inländischen Betriebstätten befand.

(4) Steuerfestsetzungen für Erhebungszeiträume, die vor dem 1. April 1943 enden, werden bei Änderung der Zerlegung des einheitlichen Steuermeßbetrags (§§ 28 bis 34 des Gewerbesteuergesetzes) nicht mehr berichtigt, wenn die Änderung der Zerlegung nach dem 31. März 1943 durchgeführt worden ist. Das Finanzamt setzt den Steuerbetrag fest, der auf Grund der neuen Zerlegung an alle beteiligten Gemeinden zusammen mehr oder weniger zu entrichten wäre als auf Grund der vorangegangenen Zerlegung.

(5) Mehrbeträge nach den Absätzen 3 und 4 sind innerhalb eines Monats nach Bekanntgabe des Bescheids an das Finanzamt zu zahlen. Zuviel gezahlte Beträge werden vom Finanzamt durch Zurückzahlung oder Aufrechnung ausgeglichen.

§ 9.

Die Steuerbeträge, die der Steuerschuldner in den Fällen des § 8 vor der Steuerfestsetzung durch das Finanzamt an die Gemeinde gezahlt hat, verbleiben in voller Höhe der Gemeinde, an die die Zahlung geleistet worden ist.

§ 13.

Die Gewerbesteuer nach dem Gewerbeertrag und dem Gewerbekapital bemißt sich für die Zeit vom 1. April bis 31. Dezember 1943 bei stehenden Gewerbebetrieben nach neun Zwölfteln des einheitlichen Steuermeßbetrags für das Kalenderjahr 1943. Die Zuschläge oder Abzüge § 8 Absatz 1 gemäß sind daneben in voller Höhe zu berücksichtigen.

§ 14.

(1) Der Steuerschuldner hat bis zur Bekanntgabe des ersten Steuerbescheids auf Grund dieser Verordnung an das Finanzamt zu den im § 4 Absatz 1 bezeichneten Zeitpunkten, erstmals zum 10. Mai 1943, Vorauszahlungen auf die Gewerbesteuer nach dem Gewerbeertrag und dem Gewerbekapital zu entrichten. Die Höhe der Vorauszahlungen bestimmt sich nach § 4 Absatz 2. Waren bei der letzten Veranlagung mehrere Gemeinden hebeberechtigt, so bemessen sich die Vorauszahlungen nach der Steuer, die sich für alle hebeberechtigten Gemeinden zusammen bei der letzten Veranlagung ergeben hat. Die einzelne Vorauszahlung wird nur erhoben, wenn sie mindestens fünf Reichsmark beträgt.

(2) Bei Wandergewerbebetrieben setzt das Finanzamt die Vorauszahlung fest. Die Vorauszahlungen bemessen sich nach der Steuer, die sich für das Kalenderjahr 1943 voraussichtlich ergeben wird.

GewStR. 1943.

1. Vereinfachungsmaßnahmen.

a) Umstellung des Veranlagungssystems.

(1) Der einheitliche Steuermeßbetrag wird § 2 Absatz 1 Satz 1 GewStVV. gemäß ab dem Kalenderjahr 1943 jeweils für ein Kalenderjahr nach dessen Ablauf festgesetzt. Entsprechend wird auch die Gewerbesteuer jeweils für ein Kalenderjahr nach dessen Ablauf veranlagt. § 4 Absatz 1 GewStVV. gemäß hat der Steuerschuldner im Laufe des Kalenderjahres Vorauszahlungen zu entrichten. Das bedeutet den Übergang zu einem System, das dem Veranlagungssystem bei der Einkommensteuer entspricht.

b) Vorauszahlungen.

(2) Das Finanzamt kann die Vorauszahlungen so erhöhen oder ermäßigen, daß sie zusammen mit den bereits fällig ge-

wesenen Vorauszahlungen der Steuer gleichkommen, die für das betreffende Kalenderjahr voraussichtlich zu erheben sein wird. Hinweis auf § 4 Absatz 2 Satz 2 GewStVV. Es können auch Vorauszahlungen, die bereits fällig gewesen sind, ermäßigt werden, wenn das in Anpassung an die tatsächlichen Verhältnisse geboten ist. Zuviel entrichtete Vorauszahlungen sind in diesem Fall zu erstatten oder anzurechnen. Die Erhöhung bereits fällig gewesener Vorauszahlungen ist nicht zulässig. Wegen der Entrichtung voraussichtlicher Abschlußzahlungen Hinweis auf Absatz 7.

(3) Die Vorschrift im § 4 Absatz 2 Satz 2 GewStVV. ist eine Kannvorschrift. Die Finanzämter haben die Vorschrift nach pflichtgemäßem Ermessen anzuwenden. Sie müssen sich besonders bei der Erhöhung der Vorauszahlungen auf die lohnenden Fälle beschränken. Dabei ist aber zu beachten, daß es für den Steuerpflichtigen von Bedeutung sein kann, daß die Gewerbesteuer-Vorauszahlungen der voraussichtlichen Jahressteuerschuld angepaßt werden. Der Steuerpflichtige kann dadurch weitgehend vermeiden, daß die Gewerbesteuer-Abschlußzahlung § 6 der Zweiten GewStVV. gemäß in ein Wirtschaftsjahr verlagert wird, auf das sich diese Belastung in Wirklichkeit nicht bezieht. Hinweis auf Abschnitt 8 Absatz 12 EStER. 1943. Beantragt ein Steuerpflichtiger aus diesem Grund eine Erhöhung der Vorauszahlungen und macht er glaubhaft, daß durch die beantragte Erhöhung die Summe der Vorauszahlungen der voraussichtlichen Jahressteuerschuld angepaßt wird, ist einem solchen Antrag regelmäßig zu entsprechen.

(4) Die Vorauszahlungen müssen erstmalig festgesetzt werden, wenn der Gewerbebetrieb bisher zur Gewerbesteuer nicht herangezogen worden ist.

(5) Für die Änderung oder die erstmalige Festsetzung der Vorauszahlungen ist der Hebesatz maßgebend, der voraussichtlich bei der Veranlagung für das betreffende Kalenderjahr anzuwenden sein wird. Wird ein Hebesatz geändert, kann das ein Grund für die Änderung der Vorauszahlungen sein.

c) Abschlußzahlung.

(6) Die für ein Kalenderjahr entrichteten Vorauszahlungen werden § 5 GewStVV. gemäß auf die Steuerschuld für dieses Kalenderjahr angerechnet. Zuwenig gezahlte Beträge sind als Abschlußzahlung zu entrichten, zuviel gezahlte Beträge werden durch Aufrechnung oder Zurückzahlung ausgeglichen. Diese Regelung entspricht der Regelung bei der Einkommensteuer.

(7) Eine nachträgliche Erhöhung von Vorauszahlungen ist nicht möglich. Der Steuerpflichtige kann deshalb, wenn die

Vorauszahlungszeitpunkte für einen Erhebungszeitraum verstrichen sind, nicht mehr durch eine Erhöhung der Vorauszahlungen (Hinweis auf Absatz 3) vermeiden, daß die Gewerbesteuer-Abschlußzahlung § 6 der Zweiten GewStVV. gemäß in ein Wirtschaftsjahr verlagert wird, auf das sich diese Belastung in Wirklichkeit nicht bezieht. Der Steuerpflichtige kann aber in dem Fall bereits vor Durchführung der Veranlagung einen Betrag an das Finanzamt entrichten, den er als voraussichtliche Gewerbesteuer-Abschlußzahlung glaubhaft macht. Der bezeichnete Betrag muß noch vor Auflauf des Wirtschaftsjahres, für das die Belastung anerkannt werden soll, entrichtet werden. Hinweis auf Abschnitt 8 Absatz 13 EStER. 1943. Die voraussichtliche Gewerbesteuer-Abschlußzahlung ist bei der Anrechnung § 5 GewStVV. gemäß wie eine Vorauszahlung zu behandeln. Wegen der Entrichtung voraussichtlicher Gewerbesteuer-Abschlußzahlungen für den Erhebungszeitraum 1943 Hinweis auf meinen Erlaß vom 15. Februar 1944 RStBl. 1944 S. 57 Nr. 79.

§ 22.

Erhebung bei Beginn und Erlöschen der Steuerpflicht.

(1) Wird im Lauf des Erhebungszeitraums ein Gewerbebetrieb neu gegründet oder tritt ein bereits bestehender Gewerbebetrieb infolge Wegfalls des Befreiungsgrunds in die Steuerpflicht ein, so wird die Steuer vom Beginn des Monats ab erhoben, der auf den Eintritt in die Steuerpflicht folgt.

(2) Erlischt die Steuerpflicht im Lauf des Erhebungszeitraums, so wird die Steuer bis zum Ende des Kalendermonats erhoben, in dem die Steuerpflicht wegfällt. Entsprechendes gilt für die Fälle, in denen eine Betriebstätte in einer Gemeinde im Lauf des Erhebungszeitraums wegfällt, es sei denn, daß in dieser Gemeinde eine von mehreren Betriebstätten bestehen bleibt. Vorübergehende Unterbrechungen, die durch die Art des Betriebs veranlaßt sind, heben die Steuerpflicht für die

Zwischenzeit bis zur Wiederaufnahme des Betriebs nicht auf.

(3) Geht ein Gewerbebetrieb auf einen anderen bereits bestehenden Gewerbebetrieb über, so wird die Steuer bis zum Schluß des Erhebungszeitraums erhoben, in dem der Übergang erfolgt.

1. Als Zeitpunkt der Neugründung bei Kapitalgesellschaften, Erwerbs- und Wirtschaftsgenossenschaften und Versicherungsvereinen auf Gegenseitigkeit gilt der Tag der Errichtung des Gesellschaftsvertrages. Bei natürlichen Personen gilt als Zeitpunkt der Neugründung die Aufnahme der gewerblichen Tätigkeit.
2. Bei Neugründungen beginnt die Steuerpflicht am 1. desjenigen Monats, welcher auf den Zeitpunkt der Neugründung folgt.
3. Während der Geltungsdauer der beiden GewStVV. sind die Vorschriften des Absatz 2 Satz 2 und Absatz 3 des § 22 nicht anzuwenden.

Dritte GewStDV.

§ 33.

Verlegung von Betriebstätten.

Wird eine Betriebstätte im Laufe des Erhebungszeitraums in eine andere Gemeinde verlegt, so ist die Gewerbesteuer in dieser Gemeinde für die Zeit vom Beginn des auf die Verlegung folgenden Kalendermonats bis zum Ende des Erhebungszeitraums nach dem für den Erhebungszeitraum festgesetzten einheitlichen Steuermeßbetrag (Zerlegungsanteil) zu entrichten. Das gilt nicht, wenn in der Gemeinde, aus der die Betriebstätte verlegt wird, mindestens eine Betriebstätte des Unternehmens bestehen bleibt.

GewSRt. 1943.

1. Erhebung bei Beginn und Erlöschen der Steuerpflicht.

(1) Die Steuer wird beim Eintritt in die Steuerpflicht (Hinweis auf Abschnitt 12 zu § 2) § 22 Absatz 1 GewStG. gemäß vom Beginn des Kalendermonats ab erhoben, der auf den Eintritt in die Steuerpflicht folgt.

Beispiel:

Ein Gewerbebetrieb wird am 15. Januar 1942 neu gegründet. Der einheitliche Steuermeßbetrag für das

Rechnungsjahr 1941 wird vom Finanzamt auf 90 Reichsmark festgesetzt. Beträgt der von der Gemeinde beschlossene Hebesatz 200 vom Hundert, ergibt sich eine Jahressteuerschuld von 180 Reichsmark. Es sind für die Zeit vom 1. Februar bis 31. März 1942 zwei Zwölftel = 30 Reichsmark zu erheben.

(2) Beim Erlöschen der Steuerpflicht (Hinweis auf Abschnitt 13 zu § 2) wird die Steuer § 22 Absatz 2 Satz 1 GewStG. gemäß bis zum Ende des Kalendermonats erhoben, in dem die Steuerpflicht weggefallen ist.

Beispiel:

Ein Gewerbebetrieb wird am 10. November 1942 eingestellt. Die Gewerbesteuer für das Rechnungsjahr 1942 war auf 240 Reichsmark festgesetzt worden. Von diesem Betrag sind bis zur Einstellung des Betriebs zwei Teilbeträge von zusammen 120 Reichsmark entrichtet. Die Steuer ist zu erheben für die Zeit vom 1. April bis 30. November 1942, das heißt mit acht Zwölfteln von 240 Reichsmark = 160 Reichsmark. Es bleibt demgemäß noch ein Betrag von 40 Reichsmark zu entrichten.

Entsprechendes gilt § 22 Absatz 2 Satz 2 GewStG. gemäß für die Fälle, in denen von mehreren Betriebstätten eines Unternehmens alle in einer Gemeinde gelegenen Betriebsstätten im Laufe des Rechnungsjahres wegfallen.

(3) Die Regelung im Absatz 2 gilt nicht, wenn der Gewerbebetrieb auf einen anderen, bereits bestehenden Gewerbebetrieb übergeht. In diesem Fall wird die Steuer § 22 Absatz 3 GewStG. gemäß bis zum Schluß des Rechnungsjahres erhoben, in dem der Übergang erfolgt. Wegen der Steuerschuldnerschaft Hinweis auf Abschnitt 1 Absatz 3 zu § 5. Ein Übergang eines Gewerbebetriebs im Sinn des § 22 Absatz 3 GewStG. liegt nur dann vor, wenn der Betrieb tatsächlich von dem einen Inhaber auf den anderen übergegangen ist. Ein Übergang in dem bezeichneten Sinn liegt deshalb nicht vor, wenn ein Gebäudeeigentümer ein von ihm eingerichtetes und an einen Interessenten verpachtetes Geschäftslokal an einen anderen Interessenten verpachtet. Hinweis auf das RFH.-Urteil vom 21. Juni 1939 RStBl. 1939 S. 1234 Nr. 1304. Es ist anderseits für die Anwendbarkeit der Vorschrift im § 22 Absatz 3 GewStG. nicht erforderlich, daß der Betrieb als Ganzes übernommen wird, es genügt vielmehr der Übergang des laufenden Geschäfts. Hinweis auf das RFH.-Urteil vom

29. April 1940 RStBl. 1941 S. 531 Nr. 584. Besteht Streit darüber, ob ein Gewerbebetrieb auf einen anderen, bereits bestehenden Gewerbebetrieb übergegangen ist, ist die Vorschrift im § 226 Absatz 1 AO. anzuwenden. Hinweis auf meinen Erlaß vom 27. April 1940 RStBl. 1940 S. 477 Nr. 334. Das Finanzamt kann in einem Bescheid nach § 226 Absatz 1 AO. auch feststellen, daß ein Gewerbebetrieb die Gewerbesteuer für einen auf ihn übergegangenen Betrieb bis zum Schluß des Rechnungsjahres zu entrichten hat. Hinweis auf das RFH.-Urteil vom 29. April 1940 RStBl. 1941 S. 531 Nr. 584.

(4) In den Fällen, in denen von mehreren in verschiedenen Gemeinden gelegenen Betriebstätten eines Unternehmens alle in einer Gemeinde gelegenen Betriebstätten im Laufe des Rechnungsjahres auf ein anderes, bereits bestehendes Unternehmen übergehen, ist der bisherige Unternehmer vom Beginn des auf den Übergang folgenden Monats nicht mehr Schuldner der auf die Belegenheitsgemeinde entfallenden Gewerbesteuer. Schuldner dieser Gewerbesteuer ist von dem bezeichneten Zeitpunkt ab der neue Unternehmer. Übernimmt er die Betriebstätten vom Beginn eines Kalendermonats ab, ist er schon für diesen Monat Steuerschuldner. Hinweis auf die RFH.-Urteile vom 1. Juli 1941 RStBl. 1941 S. 678 Nr. 693 und vom 20. Januar 1942 RStBl. 1942 S. 541 Nr. 393. Wegen des Verfahrens Hinweis auf § 226 Absatz 3 AO.

(5) Wegen der Vereinfachungsmaßnahmen für die Geltungsdauer der beiden Gewerbesteuer-Vereinfachungsverordnungen Hinweis auf Abschnitt 3.

2. Erhebung bei Verlegung von Betriebstätten.

(1) Die Verlegung einer Betriebstätte ist von der Neugründung zu unterscheiden. Bei einer Verlegung wird die alte Betriebstätte geschlossen, und es wird an einem anderen Ort mit den Betriebsmitteln und Vorrichtungen der alten Betriebstätte oder unter Verwendung dieser Mittel und Vorrichtungen eine neue Betriebstätte eröffnet.

(2) Wird ein Gewerbebetrieb im Laufe des Rechnungsjahres in eine andere Gemeinde verlegt, ist die Gewerbesteuer § 33 der Dritten GewStDV. gemäß in dieser Gemeinde für die Zeit vom Beginn des Kalendermonats, der auf die Verlegung folgt, bis zum Ende des Rechnungsjahres nach dem für das Rechnungsjahr festgesetzten einheitlichen Steuermeßbetrag zu entrichten. Entsprechendes gilt für die Fälle, in denen von mehreren in verschiedenen Gemeinden gelegenen Betriebstätten eines Unternehmens alle in einer Gemeinde gelegenen Betriebstätten im Laufe des Rechnungsjahres in eine andere Gemeinde verlegt werden. Der Zerlegungsanteil

geht dann auf die neue Gemeinde über. Bleibt aber in der Gemeinde, aus der eine Betriebstätte verlegt wird, auch nur eine Betriebstätte des Unternehmens bestehen, kann die neue Gemeinde die Zuteilung der Gewerbesteuer nicht beanspruchen. Der Steuermeßbetrag (der Zerlegungsanteil) verbleibt in voller Höhe der bisherigen Gemeinde.

(3) Soweit über die Zuteilung Streit besteht, ist § 390 AO. gemäß zu verfahren (Zuteilungsverfahren).

(4) Wegen der Vereinfachungsmaßnahmen während der Geltungsdauer der beiden Gewerbesteuer-Vereinfachungsverordnungen Hinweis auf Abschnitt 3.

3. Vereinfachungsmaßnahmen.

Die Vorschriften im § 22 Absatz 2 und Absatz 3 GewStG. und im § 33 der Dritten GewStDV. sind während der Geltungsdauer der beiden Gewerbesteuer-Vereinfachungsverordnungen nicht anwendbar. Sie sind teils wegen des Übergangs der Erhebung der Gewerbesteuer nach dem Gewerbeertrag und dem Gewerbekapital auf die Finanzämter und der damit in Zusammenhang stehenden Bestimmungen über die maßgebenden Hebesätze (§ 3 GewStVV.), teils wegen der Umstellung des Veranlagungssystems (§ 2 GewStVV.) künftig gegenstandslos.

Aus der Rechtsprechung des RFH.

Zu § 22 GewStG.

Gehen im Laufe eines Erhebungszeitraums die sämtlichen in einer Gemeinde gelegenen Betriebstätten eines Unternehmens auf ein anderes bereits bestehendes Unternehmen über, so ist der bisherige Unternehmer vom Beginn des auf den Übergang folgenden Monats nicht mehr Schuldner der auf die Belegenheitsgemeinde treffenden Gewerbesteuer.

RFH.-Urteil vom 20. Januar 1942 I 235/41, RStBl. 1942 Nr. 393.)
(s. a. RFH.-Urteil vom 1. Juli 1941 I 102/40, RStBl. 1941 Nr. 693.)

Zur Frage der Einstellung des Betriebs bei Einzelgewerbetreibenden und Personengesellschaften.

(RFH.-Urteil vom 14. Mai 1941 VI 149/41, RStBl. 1941 Nr. 715.)

OHG. zwischen dem Vater und den nur ihre Arbeitskraft einbringenden Söhnen.

Eintritt der bisher nur als Arbeitnehmer tätigen Söhne als Gesellschafter in das Unternehmen des Vaters als Neugründung.

(RFH. vom 30. November 1938 VI 619/38, RStBl. 1939 Nr. 183.)

Zu § 22 Absatz 3 GewStG.

Zur Feststellung des Übergangs eines Gewerbebetriebs auf einen bereits bestehenden Gewerbebetrieb im Sinn des § 22 Absatz 3 GewStG. genügt der Übergang des laufenden Geschäfts.

Besteht Streit darüber, ob ein Betriebsübergang im Sinn des § 22 Absatz 3 GewStG. vorliegt, sind die Verfahrensvorschriften des § 226 AO. anzuwenden.

In einem Bescheid nach § 226 AO. kann auch festgestellt werden, daß ein Gewerbebetrieb die Gewerbesteuer für einen auf ihn übergegangenen Gewerbebetrieb bis zum Schluß des Erhebungszeitraums zu entrichten hat.

(RFH.-Urteil vom 29. April 1940 I 35/40, RStBl. 1941 Nr. 584.)

Ein Übergang eines Gewerbebetriebs im Sinn des § 22 Absatz 3 GewStG. liegt nur dann vor, wenn der Betrieb tatsächlich von dem einen Inhaber auf den anderen übergegangen ist. Die Pachtung eines eingerichteten Geschäftslokals vom Gebäudeeigentümer, der das Geschäftslokal bisher an einen anderen Unternehmer verpachtet hatte, ist kein Betriebsübergang, auch wenn in dem Geschäftslokal ein Betrieb geführt wird, der nach außen dem bisherigen Betrieb im wesentlichen gleich oder ähnlich ist.

(RFH. vom 21. Juni 1939 VI 399/39, RStBl. 1939 Nr. 1304.)

Abschnitt III: Lohnsummensteuer.

§ 23. Besteuerungsgrundlage.

(1) Besteuerungsgrundlage ist die Lohnsumme, die in jedem Kalendermonat an die Arbeitnehmer

der in der Gemeinde belegenen Betriebstätte gezahlt worden ist.

(2) Übersteigt die Lohnsumme des Gewerbebetriebs in dem Rechnungsjahr nicht 24000 Reichsmark, so werden von ihr 7200 Reichsmark abgezogen. Hat die Steuerpflicht nicht während des ganzen Rechnungsjahres bestanden, so ermäßigen sich diese Beträge entsprechend.

Die Lohnsumme ist die dritte Besteuerungsgrundlage, die, wie auch bereits zu § 6 ausgeführt wurde, neben dem Gewerbeertrag und Gewerbekapital erhoben werden kann.

GewStVV.

§ 11.

(1) Abweichend von der Vorschrift des § 23 Absatz 1 des Gewerbesteuergesetzes ist ab 1. April 1943 Besteuerungsgrundlage die Lohnsumme, die in jedem Kalendervierteljahr an die Arbeitnehmer der in der Gemeinde belegenen Betriebstätte gezahlt worden ist. .....

(2) .....

GewStR. 1943.

1. Lohnsummensteuer bei auswärts beschäftigten Arbeitnehmern.

(1) Arbeitslöhne, die an auswärts beschäftigte Arbeitnehmer gezahlt werden, dürfen bei der Lohnsummensteuer nicht außer Betracht bleiben. Der Zusammenhang der auswärts verrichteten Arbeiten mit dem Betrieb rechtfertigt es, Arbeitnehmer, die auswärts, zum Beispiel bei Bauausführungen von vorübergehender Dauer, beschäftigt sind, stets einer der Betriebstätten zuzurechnen. Für die Zurechnung kommt die Betriebstätte in Betracht, mit der die auswärts beschäftigten Arbeitnehmer überwiegend betrieblich verbunden sind. Das wird in der Regel die Betriebstätte sein, von der aus die auswärtigen Arbeiten begonnen und geleitet werden. Diese Grundsätze sind auch anzuwenden, wenn ein inländisches Unternehmen auswärtige Arbeiten im Ausland ausführt. Die Arbeitslöhne der ständig auswärts beschäftigten Arbeitnehmer scheiden in diesem Fall als Besteuerungsgrundlage für die Lohnsummensteuer aus, wenn diese Arbeitnehmer mit einer im Ausland gelegenen Betriebstätte überwiegend betrieblich verbunden sind.

(2) Ein auswärts beschäftigter Arbeitnehmer, der mit mehreren Betriebstätten gleichmäßig verbunden ist, kann unter Umständen der Betriebstätte zuzurechnen sein, in deren hauptsächlichem Arbeitsbereich sein Wohnsitz liegt. Hinweis auf den RFH.-Beschluß vom 28. September 1938 RStBl. 1939 S. 550 Nr. 500.

2. Vereinfachungsmaßnahmen.

(1) Die Lohnsummensteuer wird — anders als die Gewerbesteuer nach dem Gewerbeertrag und dem Gewerbekapital — auch für die Zeit ab 1. April 1943 durch die Gemeinden erhoben. Auch die Umstellung des Erhebungszeitraums für die Gewerbesteuer nach dem Gewerbeertrag und dem Gewerbekapital auf das Kalenderjahr berührt die Lohnsummensteuer nicht.

(2) Durch Erlaß vom 28. April 1942 RStBl. 1942 S. 541 Nr. 392, MBliV. 1942 S. 797, den der Reichsminister des Innern und ich gemeinsam erlassen haben, waren die Gemeinden bereits ermächtigt worden, in einzelnen Fällen oder allgemein vierteljährliche Fälligkeitszeitpunkte bei der Lohnsummensteuer zu bestimmen. Durch § 11 GewStVV. ist diese Regelung nunmehr zwingend allgemein vorgeschrieben worden. Besteuerungsgrundlage ist ab 1. April 1943 die Lohnsumme, die in jedem Kalendervierteljahr an die Arbeitnehmer der in der Gemeinde belegenen Betriebstätte gezahlt worden ist.

(3) Wegen der Einführung der vierteljährlichen Lohnsumme als Besteuerungsgrundlage gelten Änderungen des Hebesatzes für die Lohnsummensteuer abweichend von der Vorschrift im § 2 Absatz 2 Satz 4 des Einführungsgesetzes zu den Realsteuergesetzen erstmalig für die Lohnsumme, die in dem Kalendervierteljahr gezahlt wird, das nach dem Erlaß der Nachtragshaushaltsatzung beginnt.

(4) Bei Betrieben, deren Lohnsumme im Rechnungsjahr den Betrag von 24 000 Reichsmark nicht übersteigt, bleibt von der Jahreslohnsumme ein Betrag von 7200 Reichsmark steuerfrei. Hinweis auf § 23 Absatz 2 GewStG. Bei den vierteljährlichen Lohnsummensteuererklärungen können demgemäß 1800 Reichsmark von der vierteljährlichen Lohnsumme steuerfrei abgesetzt werden, wenn diese den Betrag von 6000 Reichsmark nicht übersteigt. Maßgebend für die endgültig zu zahlende Steuer ist aber die Jahreslohnsumme. Für Betriebe, deren Jahreslohnsumme voraussichtlich 24 000 Reichsmark übersteigt, empfiehlt es sich deshalb, bei den vierteljährlichen Zahlungen den Freibetrag von 1800 Reichsmark nicht abzusetzen, auch wenn die Lohnsumme in einem Kalendervierteljahr ausnahmsweise nicht größer als 6000 Reichsmark war. Werden in mehreren Gemeinden

Betriebstätten unterhalten, ist der Freibetrag nach dem Verhältnis der in den einzelnen Gemeinden gezahlten Lohnsummen aufzuteilen.

Aus der Rechtsprechung des RFH.

Zu § 23 GewStG.

Diejenigen Lohnbeträge, die ohne Verknüpfung mit einer bestimmten Betriebstätte verdient werden, dürfen nicht zur Lohnsummensteuer herangezogen werden.

(RFH. vom 23. November 1938 VI 691/38, RStBl. 1939 Nr. 238.)

§ 24.

Lohnsumme.

(1) Lohnsumme ist die Summe der Vergütungen, die an die Arbeitnehmer der in der Gemeinde belegenen Betriebstätte gezahlt worden sind.

(2) Vergütungen sind vorbehaltlich der Absätze 3 bis 5 die Arbeitslöhne im Sinn des § 19 Absatz 1 Ziffer 1 des Einkommensteuergesetzes, soweit sie nicht durch besondere Bestimmungen oder Anweisungen des Reichsministers der Finanzen von der Lohnsteuer befreit sind.

(3) Zur Lohnsumme gehören nicht:

1. Beträge, die gezahlt worden sind an
   a) Lehrlinge, die auf Grund eines schriftlichen Lehrvertrages eine ordnungsmäßige Ausbildung erfahren,
   b) Arbeitnehmer, für die ein Einstellungszwang nach dem Gesetz über die Beschäftigung Schwerbeschädigter besteht,
   c) Arbeitnehmer, die das 60. Lebensjahr überschritten haben, wenn beim einzelnen Arbeitnehmer der Jahresbetrag seiner Vergütungen die Lohngrenze nicht über

schreitet, die für die Angestelltenversicherung maßgebend ist;

2. Entschädigungen, die einem Arbeitnehmer als Ersatz für entgangene oder entgehende Einnahmen oder für die Aufgabe oder Nichtausübung einer Tätigkeit, einer Gewinnbeteiligung oder einer Anwartschaft auf eine solche gewährt worden sind;
3. Beträge, die nach § 8 Ziffern 3 bis 6 für die Ermittlung des Gewerbeertrags dem Gewinn hinzuzurechnen sind.

(4) Bei Staatsbanken und Sparkassen bleiben die Vergütungen in dem Verhältnis außer Ansatz, in dem der steuerfreie Gewinn zu dem Gesamtgewinn der Staatsbanken oder Sparkasse steht.

(5) In den Fällen des § 3 Ziffern 5, 6 und 8 bleiben die Vergütungen an solche Arbeitnehmer außer Ansatz, die nicht ausschließlich oder überwiegend in dem steuerpflichtigen Betrieb oder Teil des Betriebs tätig sind.

Dritte GewStDV.

§ 34.

Urlaubsmarken im Baugewerbe.

Wird den im Baugewerbe und in den Baunebengewerben tätigen Arbeitnehmern Urlaubsgeld nach dem Markenverfahren gewährt, so gehört das gesamte Urlaubsgeld zur Lohnsumme des Unternehmens, das die Aushändigung des Urlaubsgelds an den Arbeitnehmer bewirkt. Die Aufwendungen zum Erwerb der Urlaubsmarken gehören nicht zur Lohnsumme.

GewStVV.

§ 12.

Die Vorschriften des § 24 Absatz 3 Ziffern 1 und 2 des Gewerbesteuergesetzes sind ab 1. April 1943 nicht mehr anzuwenden.

GewStR. 1943.

1. .

2. Lohnsteuerfreie Vergütungen.

(1) Die Vorschrift im § 24 Absatz 2 zweiter Halbsatz GewStG. über die Ausscheidung lohnsteuerfreier Vergütungen aus der Lohnsumme gilt nur für sachliche Lohnsteuerbefreiungen. Persönliche Lohnsteuerbefreiungen für bestimmte Gruppen von Arbeitnehmern schließen es dagegen nicht aus, daß die Arbeitslöhne dieser Arbeitnehmer für die Berechnung der Lohnsumme in Betracht kommen. Dasselbe gilt für die Vergütungen an solche Arbeitnehmer, die auf Grund von Doppelbesteuerungsabkommen von der Lohnsteuer befreit sind.

(2) Die Vorschrift über die Ausscheidung lohnsteuerfreier Vergütungen aus der Lohnsumme gilt nicht für die Zuschläge für Mehrarbeit und für Sonntags-, Feiertags- und Nachtarbeit. Hinweis auf meinen und des Reichsministers des Innern gemeinsamen Erlaß vom 28. Dezember 1940 RStBl. 1941 S. 36 Nr. 46, MBliV. 1941 S. 311. Sie gilt auch nicht für die Eisernen Sparbeträge. Hinweis auf Abschnitt 27 meines Erlasses vom 1. Oktober 1943 RStBl. 1943 S. 725 Nr. 718. Die bezeichneten Zuschläge und die Eisernen Sparbeträge müssen deshalb bei der Ermittlung der Lohnsumme berücksichtigt werden.

(3) .....

3. .....

4. Lohnsumme bei vorübergehender Überlassung von Arbeitnehmern an einen anderen Unternehmer.

Arbeitnehmer, die von einem Unternehmer einem anderen Unternehmer vorübergehend überlassen werden, bleiben Arbeitnehmer desjenigen Unternehmers, der sie zur Verfügung stellt. Die Vergütungen, die dieser Unternehmer an die bezeichneten Arbeitnehmer zahlt, gehören demgemäß zur Lohnsumme seines Betriebs. Die Arbeitnehmer sind für die Ermittlung der Lohnsumme derjenigen Betriebstätte des überlassenden Unternehmers zuzurechnen, mit der sie überwiegend betrieblich verbunden sind. Hinweis auf Abschnitt 1 zu § 23.

5. Vergütungen an Schwerbeschädigte und ihnen Gleichgestellte.

(1) § 24 Absatz 3 Ziffer 1 Buchstabe b GewStG. gemäß gehören Beträge, die an Arbeitnehmer gezahlt worden sind, für die ein Einstellungszwang nach dem Gesetz über die Beschäftigung Schwerbeschädigter vom 6. April 1920 RGBl. S. 458 — SBBG. — besteht, nicht zur Lohnsumme. Diesen Schwerbeschädigten stehen die Minderbeschädigten gleich, die

den Schwerbeschädigten § 8 SBBG. gemäß gleichgestellt sind oder § 6 Absatz 2 SBBG. gemäß dem Unternehmer auf die Zahl der zu beschäftigenden Schwerbeschädigten angerechnet werden. Das gilt auch, soweit Schwerbeschädigte oder ihnen gleichgestellte oder anrechnungsfähige Beschäftigte in nicht einstellungspflichtigen Betrieben (mit weniger als 20 Arbeitsplätzen) tätig sind.

(2) Wegen des Wegfalls der Vergünstigung § 24 Absatz 3 Ziffer 1 Buchstabe b GewStG. gemäß Hinweis auf Abschnitt 6.

6. Vereinfachungsmaßnahmen.

§ 24 Absatz 3 Ziffer 1 GewStG. gemäß gehören Beträge, die an Lehrlinge, Schwerbeschädigte und über 60 Jahre alte Arbeitnehmer gezahlt werden, unter bestimmten Voraussetzungen nicht zur Lohnsumme. Dasselbe gilt § 24 Absatz 3 Ziffer 2 GewStG. gemäß für Entschädigungen, die einem Arbeitnehmer als Ersatz für entgangene oder entgehende Einnahmen oder für die Aufgabe oder Nichtausübung einer Tätigkeit, einer Gewinnbeteiligung oder einer Anwartschaft auf eine solche gewährt worden sind. Die Ermittlung dieser Beträge verursacht eine Arbeit, die oft in einem Mißverhältnis zu der Steuerersparnis steht, die durch die Ausscheidung der Beträge aus der Lohnsumme eintritt. Außerdem haben diese Steuervergünstigungen, insbesondere wegen der durch den Krieg eingetretenen Änderung der Verhältnisse, sachlich ihre Berechtigung zum Teil verloren. Sie sind deshalb ab 1. April 1943 für die Geltungsdauer der GewStVV. aufgehoben worden.

§ 25.

Steuermeßzahl, Steuermeßbetrag und Hebesatz.

(1) Bei der Berechnung der Lohnsummensteuer ist von einem Steuermeßbetrag auszugehen. Dieser ist durch Anwendung eines Tausendsatzes (Steuermeßzahl) auf die Lohnsumme zu ermitteln. Die Lohnsumme ist auf volle 10 Reichsmark nach unten abzurunden.

(2) Die Steuermeßzahl bei der Lohnsummensteuer beträgt 2 vom Tausend.

(3) Der Hebesatz für die Lohnsummensteuer muß unbeschadet der Vorschrift des Absatzes 4 für alle in der Gemeinde vorhandenen Unter-

nehmen der gleiche sein. Er kann von dem Hebesatz für die Gewerbesteuer nach dem Gewerbeertrag und dem Gewerbekapital abweichen.

(4) Die Vorschrift des § 17 (Zweigstellensteuer) gilt entsprechend für die Lohnsummensteuer.

Die Steuermeßzahl bei der Lohnsummensteuer beträgt ebenfalls wie bei dem Gewerbekapital einheitlich 2 ‰. Die Lohnsumme selbst ist auf volle 10 Reichsmark nach unten abzurunden. Der Steuermeßbetrag wird in derselben Weise berechnet wie bei der Gewerbeertrag- und Gewerbekapitalsteuer.

Die Berechnung der Lohnsummensteuer ist z. B. folgende:

> Lohnsumme 50000, Steuermeßzahl 2 ‰, Hebesatz 1000 %, Steuerbetrag = 50 × 2 = 100 × 10 = 1000 RM.

GewStR. 1943.

Zweigstellensteuer.

Die Zweigstellensteuer bei der Gewerbesteuer nach dem Gewerbeertrag und dem Gewerbekapital wird ab 1. April 1943 bis auf weiteres nicht mehr besonders erhoben. Sie wird bei der Ermittlung des Durchschnitthebesatzes berücksichtigt. Hinweis auf Abschnitt 5 zu § 17. Für die Erhebung der Zweigstellensteuer bei der Lohnsummensteuer bleibt es dagegen in vollem Umfang bei der bisherigen Regelung.

§ 26.

Fälligkeit.

Die Lohnsummensteuer für einen Kalendermonat ist am 15. des darauffolgenden Monats fällig. Gleichzeitig mit der Entrichtung der Steuer ist der Gemeindebehörde eine Erklärung über die Berechnungsgrundlagen abzugeben.

Auf Grund der GewStVV. ist die Zahlung gleichzeitig mit der Abgabe der Erklärung nur mehr vierteljährlich zu leisten, und zwar spätestens am 15. Tag nach Ablauf des Kalendervierteljahres.

Dritte GewStDV.

§ 35.

Erklärung über die Berechnungsgrundlagen.

(1) Die Erklärung über die Berechnungsgrundlagen der Lohnsummensteuer ist auch dann zum Fälligkeitszeitpunkt der Lohnsummensteuer abzugeben, wenn die Steuer noch nicht entrichtet wird.

(2) Die Abgabe der Erklärung über die Berechnungsgrundlagen kann nach § 202 der Reichsabgabenordnung erzwungen werden. Gegen danach ergehende Verfügungen der Gemeindebehörde ist die Beschwerde an den Oberfinanzpräsidenten zulässig. Die Vorschriften der Reichsabgabenordnung über das Beschwerdeverfahren sind entsprechend anzuwenden.

GewStVV.

§ 11.

(1) Abweichend von der Vorschrift des § 23 Absatz 1 des Gewerbesteuergesetzes ist ab 1. April 1943 Besteuerungsgrundlage die Lohnsumme, die in jedem Kalendervierteljahr an die Arbeitnehmer der in der Gemeinde belegenen Betriebstätte gezahlt worden ist. Die Lohnsummensteuer für ein Kalendervierteljahr ist spätestens am fünfzehnten Tag nach Ablauf des Kalendervierteljahres zu entrichten.

(2) Eine Erklärung über die Berechnungsgrundlagen der Lohnsummensteuer (§ 26 Satz 2 des Gewerbesteuergesetzes) ist der Gemeindebehörde nur noch jeweils für ein Kalendervierteljahr, und zwar spätestens am fünfzehnten Tag nach Ablauf des Kalendervierteljahres abzugeben.

§ 27.

Festsetzung des Steuermeßbetrags.

(1) Der Steuermeßbetrag nach der Lohnsumme wird nur auf Antrag des Steuerschuldners oder einer beteiligten Gemeinde und nur dann festgesetzt, wenn ein berechtigtes Interesse an der Festsetzung dargetan wird. Die Festsetzung des Steuermeßbetrags erfolgt jeweils für ein Rechnungsjahr unter Zugrundelegung der Lohnsumme, die der Unternehmer in dem Rechnungsjahr gezahlt hat.

(2) Der Antrag auf Festsetzung des Steuermeß

betrags muß innerhalb der ersten sechs Monate nach Ablauf des Rechnungsjahrs gestellt werden.

Dritte GewStDV. § 29.

Gewerbesteuererklärung.

(1) . . . . .

(2) Eine Gewerbesteuererklärung zur Festsetzung des Steuermeßbetrags nach der Lohnsumme ist für alle gewerbesteuerpflichtigen Unternehmen abzugeben, für die vom Finanzamt eine solche Erklärung besonders verlangt wird.

§ 30.

Zuschlag wegen verspäteter Abgabe der Steuererklärung.

(1) Das Finanzamt kann einen Zuschlag (§ 168 Absatz 2 der Reichsabgabenordnung) bis zu zehn vom Hundert des endgültig festgesetzten Steuermeßbetrags festsetzen, wenn die Steuererklärungsfrist nicht gewahrt wird. Der Zuschlag ist zu unterlassen oder zurückzunehmen, wenn die Versäumnis entschuldbar erscheint.

(2) Der Zuschlag fließt der Gemeinde zu. Sind mehrere Gemeinden an der Gewerbesteuer beteiligt, so fließt der Zuschlag der Gemeinde zu, der der größte Zerlegungsanteil zugewiesen ist.

GewStR. 1943.

1. Festsetzung des Steuermeßbetrags.

(1) Die Umstellung des Erhebungszeitraums für die Gewerbesteuer nach dem Gewerbeertrag und dem Gewerbekapital durch § 2 GewStVV. hat für die Lohnsummensteuer keine Bedeutung. Der Steuermeßbetrag nach der Lohnsumme ist deshalb, wenn eine Festsetzung in Betracht kommt, wie bisher für das Rechnungsjahr (1. April bis 31. März) festzusetzen.

(2) Die Festsetzung des Steuermeßbetrags erstreckt sich auf die Lohnsumme der einzelnen Betriebstätte. Erstreckt sich eine Betriebstätte über mehrere Gemeinden, ist der Steuermeßbetrag zu zerlegen. Hinweis auf § 35 GewStG. Zuständig für die Festsetzung des Steuermeßbetrags ist das Betriebsfinanzamt. Hinweis auf § 73 Absatz 2 und § 72 Ziffer 2 AO.

(3) Die Antragsfrist § 27 Absatz 2 GewStG. gemäß ist eine Ausschlußfrist. Der Steuermeßbetrag nach der Lohnsumme ist aber auf Antrag der Gemeinde auch nach Ablauf dieser Frist festzusetzen, wenn festgestellt wird, daß der Unternehmer im Laufe des Rechnungsjahres die Erklärungen über die Berechnungsgrundlagen (§ 26 GewStG.) vorsätzlich oder fahrlässig nicht oder nicht richtig abgegeben hat.

2. Prüfungen für Zwecke der Lohnsummensteuer.

Die Finanzämter haben die Prüfungen, die sie bei den Steuerpflichtigen für Zwecke der Lohnsteuer vornehmen, auf die Lohnsummensteuer zu erstrecken. Die Feststellungen, die für Zwecke der Lohnsummensteuer getroffen werden, sind in eine besondere Niederschrift aufzunehmen. Eine Abschrift der Niederschrift ist der hebeberechtigten Gemeinde zu übersenden, wenn Abweichungen gegenüber der versteuerten Lohnsumme festgestellt worden sind.

Abschnitt IV:

Zerlegung.

§ 28.

Allgemeines.

(1) Werden Betriebstätten zur Ausübung des Gewerbes in mehreren Gemeinden unterhalten, so ist der einheitliche Steuermeßbetrag in die auf die einzelnen Gemeinden entfallenden Anteile (Zerlegungsanteile) zu zerlegen. Das gleiche gilt in den Fällen, in denen eine Betriebstätte sich über mehrere Gemeinden erstreckt.

(2) Maßgebend für die Zerlegung sind die Verhältnisse zu Beginn des Erhebungszeitraums. In den Fällen des § 22 Absatz 1 sind die Verhältnisse zu Beginn des Monats maßgebend, der auf den Eintritt in die Steuerpflicht folgt.

GewStR. 1943.

1. Zerlegungsstichtag.

Maßgebend für die Zerlegung sind die Verhältnisse zu Beginn des Erhebungszeitraums. Tritt ein Gewerbebetrieb erst im Laufe des Erhebungszeitraums infolge Neugründung oder Wegfalls eines Befreiungsgrundes in die Steuerpflicht ein, sind die Verhältnisse zu Beginn des Monats maßgebend, der auf den Eintritt in die Steuerpflicht folgt. Es sind demgemäß Betriebstätten, die nach dem maßgebenden Stichtag neu errichtet werden, bei der Zerlegung nicht zu berücksichtigen. Anderseits ist es für die Zerlegung ohne Bedeutung, daß

Betriebstätten, die am Stichtag bestanden haben, später eingestellt oder verlegt werden.

2. Rechtsmittel.

§ 388 Absatz 1 AO. gemäß ist gegen den Zerlegungsbescheid des Finanzamts und gegen eine Verfügung des Finanzamts, durch die ein Antrag auf Erlaß eines Zerlegungsbescheids abgelehnt wird, die Beschwerde an den Oberfinanzpräsidenten und gegen dessen Beschwerdeentscheidung die weitere Beschwerde an den Reichsfinanzhof gegeben. Dieser Rechtsmittelzug wird durch den Erlaß des Führers und Reichskanzlers über die Vereinfachung der Verwaltung vom 28. August 1939 RGBl. I S. 1535, RStBl. 1939 S. 953 Nr. 953 nicht berührt. Wegen der Beschränkung der bezeichneten Rechtsmittel Hinweis auf die Verordnung zur Durchführung des § 388 der Reichsabgabenordnung vom 8. Juli 1940 RMinBl. 1940 S. 193, RStBl. 1940 S. 683 Nr. 577 und auf die Zweite Verordnung zur Durchführung des § 388 der Reichsabgabenordnung vom 23. Juni 1941 RMinBl. 1941 S. 170, RStBl. 1941 S. 481 Nr. 529.

3. Vereinfachungsmaßnahmen.

(1) Die Gewerbesteuer nach dem Gewerbeertrag und dem Gewerbekapital wird ab 1. April 1943 auch in den Fällen, in denen nach bisherigem Recht eine Zerlegung des einheitlichen Steuermeßbetrags erforderlich war, auf Grund des einheitlichen Steuermeßbetrags erhoben. Eine Zerlegung kommt demgemäß bei der Gewerbesteuer nach dem Gewerbeertrag und dem Gewerbekapital für Erhebungszeiträume, die nach dem 31. März 1943 beginnen, nicht mehr in Betracht. Die Vorschriften über die Zerlegung sind aber bei der Ermittlung des Durchschnitthebesatzes, nach dem in den bezeichneten Fällen die Gewerbesteuer nach dem Gewerbeertrag und dem Gewerbekapital festgesetzt und erhoben wird, entsprechend anzuwenden. Hinweis auf Abschnitt 5 Absätze 6 bis 8 zu § 16.

(2) Für Erhebungszeiträume, die vor dem 1. April 1943 enden, kommt eine Zerlegung des einheitlichen Steuermeßbetrags nach dem 31. März 1943 nur noch in Betracht, wenn der einheitliche Steuermeßbetrag nach diesem Zeitpunkt erstmalig festgesetzt wird. Wird der einheitliche Steuermeßbetrag für einen solchen Erhebungszeitraum nach dem 31. März 1943 geändert, kommt eine neue Zerlegung (§ 387 Absatz 2 AO.) nicht in Betracht. Wegen der Steuerfestsetzung in diesem Fall Hinweis auf Abschnitt 5 Absätze 14 bis 18 zu § 16. Änderungen der Zerlegung des einheitlichen Steuermeßbetrags für einen solchen Erhebungszeitraum, die nicht durch eine Änderung des Steuermeßbetrags bedingt sind, sind auch nach dem

31. März 1943 durchzuführen. Die Steuerfestsetzung ist für diese Fälle vereinfacht. Hinweis auf Abschnitt 5 Absätze 19 und 20 zu § 16.

(3) Die Zerlegung des Steuermeßbetrags nach der Lohnsumme ist auch künftig vorzunehmen. Es gilt insoweit ein vereinfachtes Verfahren. Hinweis auf Abschnitt 1 zu § 35.

Aus der Rechtsprechung des RFH.

Zu § 28 GewStG.

An der Entscheidung des RFH. Bd. 48 S. 72, RStBl. 1940 S. 25, 26 über die Eigenschaft von Wohnungen der Versicherungsagenten als Betriebstätten des Versicherungsunternehmens, falls dem Unternehmen eine gewisse nicht nur vorübergehende Verfügungsgewalt über die Räume zusteht, wird festgehalten.

(RFH.-Urteil vom 23. November 1943 I B 71/43, RStBl. 1944 Nr. 11.)

Bei der Zerlegung des einheitlichen Steuermeßbetrags auf die einzelnen Betriebsstättengemeinden können in der Regel nur solche Gemeindelasten berücksichtigt werden, die den Gemeinden durch das Vorhandensein der Betriebstätten in ihrem Bezirk erwachsen.

(RFH. vom 7. März 1939 I 50/39, RStBl. 1939 Nr. 1045.)

§ 29.

Zerlegungsmaßstab.

(1) Zerlegungsmaßstab ist:

1. bei Versicherungs-, Bank- und Kreditunternehmen:

   das Verhältnis, in dem die Summe der in allen inländischen Betriebstätten erzielten Betriebseinnahmen zu den in den Betriebstätten der einzelnen Gemeinden erzielten Betriebseinnahmen steht;

2. in den übrigen Fällen, vorbehaltlich der Ziffer 3:

   das Verhältnis, in dem die Summe der

Arbeitslöhne, die an die bei allen inländischen Betriebstätten beschäftigten Arbeitnehmer gezahlt worden sind, zu den Arbeitslöhnen steht, die an die bei den Betriebstätten der einzelnen Gemeinden beschäftigten Arbeitnehmer gezahlt worden sind,

3. bei Wareneinzelhandelsunternehmen:
zur Hälfte das in Ziffer 1 und zur Hälfte das in Ziffer 2 bezeichnete Verhältnis.

(2) Bei der Zerlegung nach Absatz 1 sind die Betriebseinnahmen oder Arbeitslöhne anzusetzen, die in dem nach § 10 Absatz 1 maßgebenden Kalenderjahr (Wirtschaftsjahr) erzielt oder gezahlt worden sind. In den Fällen des § 10 Absätze 2 bis 4 sind die mutmaßlichen Betriebseinnahmen oder Arbeitslöhne der ersten zwölf Monate zugrunde zu legen.

(3) Bei Ermittlung der Verhältniszahlen sind die Betriebseinnahmen oder Arbeitslöhne auf volle 1000 RM abzurunden.

Dritte GewStDV.

§ 36.

Wareneinzelhandelsunternehmen.

(1) Wareneinzelhandelsunternehmen im Sinn des § 29 Absatz 1 Ziffer 3 des Gesetzes sind Unternehmen, die ausschließlich Lieferungen im Einzelhandel bewirken. Der Eigenverbrauch (§ 1 Ziffer 2 des Umsatzsteuergesetzes) bleibt dabei außer Betracht.

(2) Lieferungen im Einzelhandel im Sinn des Absatzes 1 sind die im § 11 Absatz 3 der Durchführungsbestimmungen zum Umsatzsteuergesetz vom 23. Dezember 1938 (RGBl. I S. 1935) bezeichneten Lieferungen mit Ausnahme der im § 53 Absatz 1 der Durchführungsbestimmungen zum Umsatzsteuergesetz bezeichneten Lieferungen.

GewStR. 1943.

1. Versicherungsunternehmen.

Bei der Zerlegung des Gewerbesteuermeßbetrags von Versicherungsunternehmen ist in der Regel von den gesamten

Betriebseinnahmen, nicht nur von den Prämieneinnahmen auszugehen. Hinweis auf den RFH.-Beschluß vom 28. Oktober 1941 RStBl. 1942 S. 67 Nr. 78.

2. Betriebseinnahmen.

Die Betriebseinnahmen gelten im Sinn des § 29 Absatz 1 Ziffer 1 GewStG. als in der Betriebstättengemeinde erzielt, in der der Schwerpunkt der Tätigkeit liegt, der die Einnahmen entstammen. Hinweis auf das RFH.-Urteil vom 11. Juli 1939 RStBl. 1940 S. 331 Nr. 207.

3. Wareneinzelhandelsunternehmen.

(1) Wareneinzelhandelsunternehmen im Sinn des § 29 Absatz 1 Ziffer 3 GewStG. sind § 36 der Dritten GewStDV. gemäß Unternehmen, die ausschließlich Lieferungen im Einzelhandel bewirken. Es sind demgemäß auch solche Unternehmen als Wareneinzelhandelsunternehmen zu behandeln, die selbst Waren herstellen und diese Waren ausschließlich durch Lieferungen im Einzelhandel, zum Beispiel in eigenen Ladengeschäften, absetzen. Unternehmen, die neben Lieferungen im Einzelhandel andere Umsätze bewirken (gemischte Unternehmen), gehören nicht zu den Wareneinzelhandelsunternehmen im Sinn des § 29 Absatz 1 Ziffer 3 GewStG. Bei der Beurteilung der Frage, ob ausschließlich Lieferungen im Einzelhandel bewirkt werden, ist der Eigenverbrauch (§ 1 Ziffer 2 UStG.) außer Betracht zu lassen.

(2) Lieferungen im Einzelhandel sind die im § 11 Absatz 3 UStDB. 1938 bezeichneten Lieferungen. Danach liegt eine Lieferung im Einzelhandel vor, wenn die Lieferung keine Lieferung im Großhandel ist. Eine Lieferung im Großhandel liegt vor, wenn der Unternehmer einen Gegenstand an einen anderen Unternehmer zur Verwendung in dessen Unternehmen liefert (zur gewerblichen Weiterveräußerung — sei es in derselben Beschaffenheit, sei es nach vorheriger Bearbeitung oder Verarbeitung — oder zur gewerblichen Herstellung anderer Gegenstände oder zur Bewirkung gewerblicher oder beruflicher Leistungen). Wird ein Gegenstand teils zu den bezeichneten Zwecken, teils zu anderen Zwecken erworben, ist der Haupterwerbszweck maßgebend. Eine Änderung des Erwerbszwecks nach der Lieferung bleibt unberücksichtigt (§ 11 Absatz 1 UStDB. 1938). Die Lieferungen an das Reich oder an andere Körperschaften des öffentlichen Rechts (§ 11 Absatz 2 UStDB. 1938), die Lieferungen von Wasser, Gas, Elektrizität oder Wärme und die Lieferungen von Brennstoffen, und zwar von Steinkohle, Braunkohle, Preßkohle (Briketts) und aus Kohle hergestelltem Koks (§ 53 Absatz 1 UStDB. 1938) sind niemals Lieferungen im Einzelhandel.

4. Zeitraum für die Zerlegung.

Bei der Ermittlung der Verhältniszahlen für die Zerlegung sind stets die Betriebseinnahmen oder die Arbeitslöhne eines Zeitraums von zwölf Monaten zugrunde zu legen. Es sind in der Regel die Betriebseinnahmen oder die Arbeitslöhne anzusetzen, die in dem Wirtschaftsjahr erzielt oder gezahlt worden sind, das § 10 Absatz 1 GewStG. gemäß für die Ermittlung des Gewerbeertrags maßgebend ist. Bei Beginn der Steuerpflicht und bei Umstellung des Wirtschaftsjahres (§ 10 Absätze 2 bis 4 GewStG.) sind die mutmaßlichen Betriebseinnahmen oder Arbeitslöhne des Zeitraums anzusetzen, dessen Ergebnis der Ermittlung des Gewerbeertrags zugrunde gelegt wird. Hinweis auf die Abschnitte 2 und 3 zu § 10. Ist eine am Zerlegungtstichtag (Hinweis auf Abschnitt 1 zu § 28) bestehende Betriebstätte erst nach dem Beginn des Bemessungszeitraums neu errichtet worden, sind die Betriebseinnahmen oder Arbeitslöhne zugrunde zu legen, die in dieser Betriebstätte in den auf die Errichtung folgenden zwölf Monaten mutmaßlich erzielt oder gezahlt werden. Hinweis auf § 32 GewStG.

Aus der Rechtsprechung des RFH.

Zu § 29 GewStG.

Der Grundsatz, daß der einheitliche Gewerbesteuermeßbetrag die unangreifbare Grundlage des Zerlegungsverfahrens bildet, kann nicht auf dem Umweg des § 33 GewStG. durchbrochen werden.

(RFH.-Urteil vom 19. August 1942 VI B 9/42, RStBl. 1942 Nr. 739.)

Zu § 29 Absatz 1 Ziffer 1 GewStG.

Bei der Zerlegung des Gewerbesteuermeßbetrags von Versicherungsunternehmen ist für die Regel von den gesamten Betriebseinnahmen, nicht nur den Prämieneinnahmen auszugehen.

(RFH.-Urteil vom 28. Oktober 1941 I 93/40, RStBl. 1942 Nr. 78.)

Für die Zerlegung des Gewerbesteuermeßbetrags bei Versicherungsunternehmen sind als Betriebseinnahmen nur die Prämieneinnahmen, nicht auch die sonstigen im Betrieb anfallenden Einnahmen anzusetzen.

Betriebseinnahmen haben im Sinn des § 29 Absatz 1 Ziffer 1 GewStG. in derjenigen Bestriebsstättengemeinde als erzielt zu gelten, in welcher der Schwerpunkt der Tätigkeit liegt, die zum Abschluß der Rechtsgeschäfte, denen die Einnahmen entstammen, geführt hat. Bei Versicherungsunternehmen wird dieser Schwerpunkt im allgemeinen bei den Stellen zu suchen sein, von denen die Werbung ausgeht.

Sollte bei einem Versicherungsunternehmen die Zerlegung des Steuermeßbetrags nach dem Maßstab des § 29 Abs. 1 Ziffer 1 GewStG. zu einem offenbar unbilligen Ergebnis für die Gemeinde führen, in der sich die Hauptverwaltung des Unternehmens befindet, so kann unter Umständen ein billiger Ausgleich darin gefunden werden, daß der Steuermeßbetrag zur Hälfte nach den Betriebseinnahmen und zur Hälfte nach der Kopfzahl der in den einzelnen Betriebsstättengemeinden wohnenden Arbeitnehmer zerlegt wird.

(RFH. vom 11. Juli 1939 I 150/39, RStBl. 1940 Nr. 207.)

Zu § 29 Absatz 1 Ziffer 2 GewStG.

Die Schiffsmannschaften eines Reedereibetriebs haben im Sinn des § 29 Absatz 1 Ziffer 2 GewStG. bei der Betriebstätte der Gemeinde als beschäftigt zu gelten, in der sich die Leitung des Reedereibetriebs befindet.

Wenn bei der Verhältnisrechnung des § 29 Absatz 1 Ziffer 2 GewStG. zum Zweck der Zerlegung des Gewerbesteuermeßbetrags einer Gesellschaft, die lediglich die Binnenschiffahrt betreibt, in Anwendung des § 33 Absatz 1 a. a. O. die Löhne der Schiffsmannschaften außer Ansatz gelassen werden, so ist das regelmäßig nicht unbillig.

(RFH. vom 28. Oktober 1939 I 169/39, RStBl. 1940 Nr. 307.)

Wie ist der Steuermeßbetrag in billiger Weise zu erlegen, wenn ein Bergwerksunternehmen u. a. eine Binnenschiffahrtsgesellschaft mit mehreren Betriebstätten als Organgesellschaft besitzt?

(RFH. vom 8. November 1938 I 311/38, RStBl. 1939 Nr. 487.)

§ 30.

Zerlegung bei mehrgemeindlichen Betriebstätten.

Erstreckt sich die Betriebstätte auf mehrere Gemeinden, so ist der einheitliche Steuermeßbetrag oder Zerlegungsanteil auf die Gemeinden zu zerlegen, auf die sich die Betriebstätte erstreckt, und zwar nach der Lage der örtlichen Verhältnisse unter Berücksichtigung der durch das Vorhandensein der Betriebstätte erwachsenden Gemeindelasten.

§ 31.

Begriff der Arbeitslöhne für die Zerlegung.

Arbeitslöhne sind die Vergütungen im Sinn des § 24 Absätze 2 bis 5 mit folgenden Abweichungen:

1. nach dem Gewinn berechnete einmalige Vergütungen (z. B. Tantiemen, Gratifikationen) sind nicht anzusetzen. Das gleiche gilt für sonstige Vergütungen, soweit sie bei dem einzelnen Arbeitnehmer 40000 Reichsmark übersteigen;
2. bei Unternehmen, die nicht von einer juristischen Person betrieben werden, sind für die im Betrieb tätigen Unternehmer (Mitunternehmer) insgesamt 6000 Reichsmark jährlich anzusetzen;
3. bei Eisenbahnunternehmen sind die Vergütungen, die an die in der Werkstättenverwaltung und im Fahrdienst beschäftigten Arbeitnehmer gezahlt worden sind, mit dem um ein Drittel erhöhten Betrag anzusetzen.

§ 32.

Zeitraum für die Zerlegung in besonderen Fällen.

Ist in der Zeit nach dem Beginn des Zeitraums, der für die Ermittlung des Gewerbeertrags maßgebend ist (§ 10 Absätze 1 bis 3), und vor dem Beginn des Erhebungszeitraums eine Betriebstätte neu errichtet worden, so sind bei der Ermittlung der Verhältniszahlen für den Erhebungszeitraum die Betriebseinnahmen oder Arbeitslöhne zu berücksichtigen, die in den auf die Errichtung folgenden zwölf Monaten mutmaßlich in dieser Betriebstätte erzielt oder gezahlt werden.

§ 33.

Zerlegung in besonderen Fällen.

(1) Führt die Zerlegung nach §§ 28 bis 32 zu einem offenbar unbilligen Ergebnis, so ist nach einem Maßstab zu zerlegen, der die tatsächlichen Verhältnisse besser berücksichtigt. In dem Zerlegungsbescheid hat das Finanzamt darauf hinzuweisen, daß bei der Zerlegung Satz 1 angewendet worden ist.

(2) Einigen sich die Gemeinden mit dem Steuerschuldner über die Zerlegung, so ist der Steuermeßbetrag nach Maßgabe der Einigung zu zerlegen.

§ 34.

Kleinbeträge.

(1) Übersteigt der einheitliche Steuermeßbetrag nicht den Betrag von 10 Reichsmark, so ist er in voller Höhe der Gemeinde zuzuweisen, in der sich

die Geschäftsleitung befindet. Befindet sich die Geschäftsleitung im Ausland, so ist der Steuermeßbetrag der Gemeinde zuzuweisen, in der sich die wirtschaftlich bedeutendste der inländischen Betriebstätten befindet.

(2) Übersteigt der Steuermeßbetrag zwar den Betrag von 10 Reichsmark, würde aber nach den Zerlegungsvorschriften einer Gemeinde ein Zerlegungsanteil von nicht mehr als 10 Reichsmark zuzuweisen sein, so ist dieser Anteil der Gemeinde zuzuweisen, in der sich die Geschäftsleitung befindet. Absatz 1 Satz 2 ist entsprechend anzuwenden.

§ 35.

Zerlegung bei der Lohnsummensteuer.

Erstreckt sich eine Betriebstätte über mehrere Gemeinden, so ist der unter Zugrundelegung der Lohnsumme berechnete Steuermeßbetrag durch den Unternehmer auf die beteiligten Gemeinden in entsprechender Anwendung der §§ 30 und 31 zu zerlegen. Auf Antrag einer beteiligten Gemeinde setzt das Finanzamt den Zerlegungsanteil fest.

Zweite GewStVV.

§ 4.

Zerlegung bei der Lohnsummensteuer.

(1) Der Steuermeßbetrag nach der Lohnsumme ist nur auf diejenigen Gemeinden zu zerlegen, die an der Zerlegung des Steuermeßbetrags nach der Lohnsumme für das Rechnungsjahr 1942 zu beteiligen waren und auf deren Gebiet die Betriebstätte sich noch am 30. September 1943 erstreckte. Der Zerlegungsanteil der einzelnen Gemeinde ist dabei nach dem Verhältnis zu berechnen, in dem für das Rechnungsjahr 1942 ihr Zerlegungsanteil zu der Summe der Zerlegungsanteile aller im Satz 1 bezeichneten Gemeinden stand.

(2) Ein Anteil am Steuermeßbetrag von nicht mehr als fünf Reichsmark für ein Kalendervierteljahr, der sich bei der Zerlegung Absatz 1 gemäß für eine Gemeinde, die die Lohnsummensteuer erhebt, ergeben würde, ist dieser Gemeinde nicht zuzuweisen. Er ist der Gemeinde zuzuweisen, die den größten Anteil am Steuermeßbetrag hat und Lohnsummensteuer erhebt.

(3) Das Finanzamt setzt auf Antrag des Steuerschuldners oder einer beteiligten Gemeinde den Zerlegungsanteil fest, wenn geltend gemacht wird, die Zerlegung Absätzen 1 und 2 gemäß führe zu einem offensichtlich unbilligen Ergebnis.

GewStR. 1943.

1. Vereinfachungsmaßnahmen.

(1) § 4 der Zweiten GewStVV. ändert grundsätzlich nichts an der Vorschrift im § 35 GewStG., nach der bei einer mehrgemeindlichen Betriebstätte der Steuermeßbetrag durch den Unternehmer auf die beteiligten Gemeinden zu zerlegen ist. Diese Zerlegung wird für die Zeit ab 1. Oktober 1943 dadurch vereinfacht, daß

a) der Kreis der Gemeinden, die an der Zerlegung des Steuermeßbetrags zu beteiligen sind, und

b) das Beteiligungsverhältnis dieser Gemeinden

für die Geltungsdauer der Zweiten GewStVV. ein für allemal festgelegt werden.

(2) Der Steuermeßbetrag nach der Lohnsumme ist § 4 Absatz 1 Satz 1 der Zweiten GewStVV. gemäß nur auf diejenigen Gemeinden zu zerlegen, die an der Zerlegung des Steuermeßbetrags nach der Lohnsumme für das Rechnungsjahr 1942 zu beteiligen waren und auf deren Gebiet die Betriebstätte sich noch am 30. September 1943 erstreckte. An der Zerlegung des Steuermeßbetrags für das Rechnungsjahr 1942 waren alle Gemeinden zu beteiligen, auf deren Gebiet sich die Betriebstätte im Rechnungsjahr 1942, wenn auch nur zeitweise, erstreckt hat, und zwar ohne Rücksicht darauf, ob diese Gemeinden für das Rechnungsjahr 1942 die Lohnsummensteuer erhoben oder nicht erhoben haben. Ausgeschieden aus dem Kreis der danach in Betracht kommenden Gemeinden werden durch § 4 Absatz 1 Satz 1 der Zweiten GewStVV. die Gemeinden, auf deren Gebiet die Betriebstätte sich am 30. September 1943 nicht mehr erstreckte. Alle anderen Veränderungen der mehrgemeindlichen Betriebstätte, das heißt die Einstellung der Betriebstätte in danach beteiligten Gemeinden in der Zeit nach dem 30. September 1943 und Erweiterungen der Betriebstätte auf andere Gemeinden in der Zeit nach dem 31. März 1943, bleiben außer Betracht.

Beispiel:

Eine mehrgemeindliche Bestriebstätte erstreckte sich

ab dem Beginn des Rechnungsjahres 1942 bis 31. August 1942 auf die Gemeinden A, B, C und D,
ab 1. September 1942 auf die Gemeinden A, B, C, D und E,
ab 1. Februar 1943 bis zum Ende des Rechnungsjahres 1942 auf die Gemeinden B, C, D und E und
am 30. September 1943 auf die Gemeinden B, C, D und F.

An der Zerlegung des Steuermeßbetrages nach der Lohnsumme ab 1. Oktober 1943 sind nur die Gemeinden B, C und D zu beteiligen. Die Gemeinde F scheidet aus, weil sie an der Zerlegung des Steuermeßbetrags nach der Lohnsumme für das Rechnungsjahr 1942 nicht zu beteiligen war. Die Gemeinden A und E waren zwar an der Zerlegung des Steuermeßbetrags nach der Lohnsumme für das Rechnungsjahr 1942 zu beteiligen, sie scheiden aber für die Zerlegung ab 1. Oktober 1943 aus, weil die Betriebstätte am 30. September 1943 sich auf das Gebiet dieser Gemeinde nicht mehr erstreckte.

(3) Das Beteiligungsverhältnis der einzelnen Gemeinde an der Zerlegung des Steuermeßbetrags nach der Lohnsumme für die Zeit ab 1. Oktober 1943 ist § 4 Absatz 1 Satz 2 der Zweiten GewStVV. gemäß nach dem Verhältnis zu berechnen, in dem für das Rechnungsjahr 1942 ihr Zerlegungsanteil zu der Summe der Zerlegungsanteile aller derjenigen Gemeinden stand, die an der Zerlegung ab 1. Oktober 1943 zu beteiligen sind. Bezieht sich der Zerlegungsanteil einer Gemeinde nur auf einen Teil des Rechnungsjahres 1942, ist dieser Zerlegungsanteil auf einen Jahresbetrag umzurechnen.

Beispiel:

In dem Beispiel im Absatz 2 sollen an der Zerlegung des Steuermeßbetrags nach der Lohnsumme für das Rechnungsjahr 1942 die folgenden Gemeinden wie folgt beteiligt gewesen sein:

Gemeinde A	150 RM
Gemeinde B	200 RM
Gemeinde C	300 RM

Gemeinde D . . . . 500 RM
Gemeinde E . . . . 100 RM

Die Summe der Zerlegungsanteile 1942 der Gemeinden, die ab 1. Oktober 1943 an der Zerlegung zu beteiligen sind (Gemeinden B, C und D), beträgt (200 Reichsmark + 300 Reichsmark + 500 Reichsmark =) 1000 Reichsmark. Das Beteiligungsverhältnis der Gemeinden B, C und D an dem Steuermeßbetrag nach der Lohnsumme ab 1. Oktober 1943 beträgt ein für allemal

für die Gemeinde B . . . . $\frac{200}{1000}$ = 20 vH.

für die Gemeinde C . . . . $\frac{300}{1000}$ = 30 vH.

für die Gemeinde D . . . . $\frac{500}{1000}$ = 50 vH.

(4) Die Anwendung der Kleinbetragsvorschrift im § 4 Absatz 2 der Zweiten GewStVV. ergibt sich aus dem folgenden

Beispiel:

Die Lohnsumme einer mehrgemeindlichen Bestriebstätte im ersten Kalenderjahr 1944 beträgt 60000 Reichsmark, der Steuermeßbetrag demgemäß 120 Reichsmark. An der Zerlegung dieses Meßbetrags sind auf Grund der Vorschrift im § 4 Absatz 1 der Zweiten GewStVV. die folgenden Gemeinden wie folgt zu beteiligen:

Gemeinde A mit 40 vH. . . . . = 48,— RM
Gemeinde B mit 30 vH. . . . . = 36,— RM
Gemeinde C mit 15 vH. . . . . = 18,— RM
Gemeinde D mit 11 vH. . . . . = 13,20 RM
Gemeinde E mit 4 vH. . . . . = 4,80 RM

Erhebt die Gemeinde E im ersten Kalendervierteljahr 1944 die Lohnsummensteuer, ist ihr Zerlegungsanteil von 4,80 Reichsmark der Gemeinde A zuzuweisen. Voraussetzung ist, daß auch die Gemeinde A im ersten Kalendervierteljahr 1944 die Lohnsummensteuer erhebt. Ist das nicht der Fall, wächst der Anteil von 4,80 Reichsmark der Gemeinde zu, die den nächsthöheren Anteil hat, das heißt der Gemeinde B, wenn diese im ersten Kalendervierteljahr 1944 die Lohnsummensteuer erhebt.

Erhebt die Gemeinde E im ersten Kalendervierteljahr 1944 die Lohnsummensteuer nicht, ist ihr Zerlegungsanteil einer anderen Gemeinde nicht zuzuweisen.

(5) Bei der Zerlegung § 4 Absatz 1 der Zweiten GewStVV. gemäß wird in der Regel mindestens einer von den Gemeinden, die die Lohnsummensteuer erheben, ein Zerlegungsanteil von mehr als fünf Reichsmark für ein Kalendervierteljahr zustehen. Ist das nicht der Fall, ist § 4 Absatz 2 der Zweiten GewStVV. gemäß die Summe der Zerlegungsanteile aller Gemeinden, die die Lohnsummensteuer erheben, derjenigen dieser Gemeinden zuzuweisen, der der größte Anteil zusteht. Es kann auch vorkommen, daß nicht einer Gemeinde der größte Zerlegungsanteil zusteht, sondern auf mehrere Gemeinden, die die Lohnsummensteuer erheben, ein gleich großer Anteil entfällt, der größer ist als die Anteile, die auf die einzelnen anderen Gemeinden entfallen. In einem solchen Fall ist die Summe der Kleinbeträge auf die Gemeinden mit gleich großen Anteilen am Steuermeßbetrag zu gleichen Teilen aufzuteilen.

(6) Dem Sinn und Zweck der Vereinfachungsmaßnahmen entsprechend kann die anderweite Festsetzung des Zerlegungsanteils § 4 Absatz 3 der Zweiten GewStVV. gemäß nur in besonders gelagerten Ausnahmefällen in Betracht kommen. Beteiligte Gemeinden im Sinn dieser Vorschrift sind alle Gemeinden, denen ein Anteil am Steuermeßbetrag nach der Lohnsumme zustehen würde, wenn die Vorschriften im § 4 Absätzen 1 und 2 der Zweiten GewStVV. nicht erlassen worden wären. Beteiligt in diesem Sinn sind auch diejenigen Gemeinden, denen ein Anteil am Steuermeßbetrag nach der Lohnsumme für das Rechnungsjahr 1942 nicht zuzuweisen war.

(7) Die Regelung im § 4 der Zweiten GewStVV. bezieht sich nur auf die Fälle, in denen eine mehrgemeindliche Betriebstätte bereits im Rechnungsjahr 1942 bestanden hat. Ich bestimme für die Fälle, in denen eine mehrgemeindliche Betriebstätte erst nach dem 31. März 1943 gegründet worden ist, das folgende: Es ist für das Rechnungsjahr, in dem die mehrgemeindliche Betriebstätte gegründet worden ist, und für das folgende Rechnungsjahr in vollem Umfang nach den bisherigen Vorschriften zu verfahren. Vom Beginn des nächsten Rechnungsjahres ist die Vorschrift im § 4 der Zweiten GewStVV. entsprechend anzuwenden. Dabei treten an die Stelle des Rechnungsjahres 1942 das Rechnungsjahr, das der Gründung der mehrgemeindlichen Betriebstätte folgt, und an die Stelle des 30. September 1943 das Ende des zuletzt bezeichneten Rechnungsjahres.

Abschnitt V:
Übergangs- und Schlußvorschriften.

§ 36.

Erstmalige Anwendung des Gesetzes.

(1) Das Gesetz ist erstmalig für das am 1. April 1937 beginnende Rechnungsjahr anzuwenden.

(2) Bis zur Bekanntgabe des ersten Steuerbescheids auf Grund dieses Gesetzes hat der Steuerschuldner zu den im § 18 Absatz 1 bezeichneten Zeitpunkten Vorauszahlungen auf die Gewerbesteuer nach dem Gewerbeertrag und dem Gewerbekapital von je einem Viertel der nach dem Landesrecht zuletzt festgesetzten gesamten Jahressteuerschuld zu entrichten. Ergeben sich unter Zugrundelegung der zuletzt festgesetzten Jahressteuerschuld nach § 18 Absatz 2 andere Fälligkeitstage und andere Teilbeträge, so sind diese für die Vorauszahlungen maßgebend

Dritte GewStDV.

Übergangs- und Schlußbestimmungen.

§ 37.

Wohnungs- und Siedlungsunternehmen.

Von der Gewerbesteuer sind befreit:

1. Wohnungsunternehmen, solange sie auf Grund der Gemeinnützigkeitsverordnung vom 1. Dezember 1930 (RGBl. I S. 593) und der sie ergänzenden Bestimmungen als gemeinnützig anerkannt sind,
2. Unternehmen, solange sie als Organe der staatlichen Wohnungspolitik (§ 28 der Gemeinnützigkeitsverordnung) anerkannt sind,
3. die von den zuständigen Reichs- und Landesbehörden begründeten oder anerkannten gemeinnützigen Siedlungsunternehmen im Sinn des Reichssiedlungsgesetzes,
4. die von den obersten Landesbehörden zur Ausgabe von Heimstätten zugelassenen gemeinnützigen Unternehmen im Sinn des Reichsheimstättengesetzes.

§ 38.

Warenhaussteuer.

Besteht Streit darüber, ob eine Betriebstätte ganz oder zu einem Teil (gegebenenfalls zu welchem Teil) der Warenhaussteuer (§ 11 des Einführungsgesetzes zu den Realsteuergesetzen) unterliegt, so gelten für das Rechtsmittelverfahren die landesrechtlichen Vorschriften über die Rechtsmittel gegen Gemeindeabgaben.

§ 42.

Inkrafttreten.

(1) Diese Verordnung gilt erstmals für das Rechnungsjahr 1940. Mit dieser Wirkung tritt sie an die Stelle der Zweiten Verordnung zur Durchführung des Gewerbesteuergesetzes vom 20. Februar 1938 (RGBl. I S. 209).

(2) Die Bestimmungen der §§ 4, 17 Absatz 2, 19, 31, 32 und 36 sind bereits für das Rechnungsjahr 1939 anzuwenden. Rechtskräftige Festsetzungen des einheitlichen Steuermeßbetrags für das Rechnungsjahr 1939 werden dadurch nicht berührt.

(3) Die Bestimmungen des § 37 gelten für die Rechnungsjahre 1939 und 1940.

GewStVV.

§ 15.

Die Vorschriften dieser Verordnung mit Ausnahme der Vorschriften des § 10 Absätze 1 bis 3 treten mit Ablauf des zweiten Kalenderjahres nach Beendigung des Krieges außer Kraft.

Zweite GewStVV.

§ 7.

Schlußvorschriften.

(1) Die Vorschriften dieser Verordnung sind, vorbehaltlich der Vorschriften im Absatz 2, im § 3 Absatz 2 und im § 6, erstmals bei der Festsetzung des einheitlichen Steuermeßbetrags für das Kalenderjahr 1943 anzuwenden.

(2) Die Vorschriften im § 4 sind erstmals auf den Steuermeßbetrag nach der Lohnsumme für das vierte Kalendervierteljahr 1943 anzuwenden.

(3) Die Vorschriften dieser Verordnung treten mit Ablauf des zweiten Kalenderjahres nach Beendigung des Krieges außer Kraft.

GewStR. 1943.

1. Wohnungs- und Siedlungsunternehmen.

Hinweis auf Abschnitt 7 zu § 3.

2. Warenhaussteuer.

Warenhaussteuer wird ab 1. April 1940 nicht mehr erhoben. Hinweis auf § 11 des Einführungsgesetzes zu den Realsteuergesetzen.

3. Vereinfachungsmaßnahmen.

Die Vorschriften der GewStVV. vom 31. März 1943 und die Vorschriften der Zweiten GewStVV. vom 16. November 1943 treten mit Ablauf des zweiten Kalenderjahres nach Beendigung des Krieges außer Kraft. Ausgenommen von diesem Außerkrafttreten sind die Vorschriften über die Einbeziehung der Wandergewerbesteuer in die allgemeine Gewerbesteuer. Hinweis auf Abschnitt 1 zu § 2.

Tabelle der Steuermeßbeträge

nach dem Gewerbeertrag bei natürlichen Personen und bei Gesellschaften im Sinne des § 2 Absatz 2 Ziffer 1 GewStG.*)

Abgerundeter Gewerbeertrag		100	200	300	400	500	600	700	800	900
	Steuermeßbetrag									
RM	RM	RM	RM	RM	RM	RM	RM	RM	RM	RM
1 000	—	—	—	1	2	3	4	5	6	7
2 000	8	9	10	11	12	14	16	18	20	22
3 000	24	26	28	30	32	34	36	39	42	45
4 000	48	51	54	57	60	63	66	69	72	76
5 000	80	84	88	92	96	100	104	108	112	116
6 000	120	125	130	135	140	145	150	155	160	165
7 000	170	175	180	185	190	195	200	205	210	215
8 000	220	225	230	235	240	245	250	255	260	265
9 000	270	275	280	285	290	295	300	305	310	315
10 000	320	325	330	335	340	345	350	355	360	365
11 000	370	375	380	385	390	395	400	405	410	415
12 000	420	425	430	435	440	445	450	455	460	465
13 000	470	475	480	485	490	495	500	505	510	515
14 000	520	525	530	535	540	545	550	555	560	565
15 000	570	575	580	585	590	595	600	605	610	615

*) Bei Hausgewerbetreibenden und bei Zwischenmeistern beträgt bei einem abgerundeten Gewerbeertrag von nicht mehr als 4000 Reichsmark der Steuermeßbetrag nur die Hälfte der in der Tabelle angegebenen Beträge (§ 11 Absatz 3 GewStG., § 26 der Dritten GewStDV.).

Abgerundeter Gewerbeertrag		100	200	300	400	500	600	700	800	900
	Steuermeßbetrag									
RM	RM	RM	RM	RM	RM	RM	RM	RM	RM	RM
16 000	620	625	630	635	640	645	650	655	660	665
17 000	670	675	680	685	690	695	700	705	710	715
18 000	720	725	730	735	740	745	750	755	760	765
19 000	770	775	780	785	790	795	800	805	810	815
20 000	820	825	830	835	840	845	850	855	860	865
21 000	870	875	880	885	890	895	900	905	910	915
22 000	920	925	930	935	940	945	950	955	960	965
23 000	970	975	980	985	990	995	1 000	1 005	1 010	1 015
24 000	1 020	1 025	1 030	1 035	1 040	1 045	1 050	1 055	1 060	1 065
25 000	1 070	1 075	1 080	1 085	1 090	1 095	1 100	1 105	1 110	1 115
26 000	1 120	1 125	1 130	1 135	1 140	1 145	1 150	1 155	1 160	1 165
27 000	1 170	1 175	1 180	1 185	1 190	1 195	1 200	1 205	1 210	1 215
28 000	1 220	1 225	1 230	1 235	1 240	1 245	1 250	1 255	1 260	1 265
29 000	1 270	1 275	1 280	1 285	1 290	1 295	1 300	1 305	1 310	1 315
30 000	1 320	1 325	1 330	1 335	1 340	1 345	1 350	1 355	1 360	1 365
31 000	1 370	1 375	1 380	1 385	1 390	1 395	1 400	1 405	1 410	1 415
32 000	1 420	1 425	1 430	1 435	1 440	1 445	1 450	1 455	1 460	1 465
33 000	1 470	1 475	1 480	1 485	1 490	1 495	1 500	1 505	1 510	1 515
34 000	1 520	1 525	1 530	1 535	1 540	1 545	1 550	1 555	1 560	1 565
35 000	1 570	1 575	1 580	1 585	1 590	1 595	1 600	1 605	1 610	1 615
36 000	1 620	1 625	1 630	1 635	1 640	1 645	1 650	1 655	1 660	1 665
37 000	1 670	1 675	1 680	1 685	1 690	1 695	1 700	1 705	1 710	1 715
38 000	1 720	1 725	1 730	1 735	1 740	1 745	1 750	1 755	1 760	1 765
39 000	1 770	1 775	1 780	1 785	1 790	1 795	1 800	1 805	1 810	1 815
40 000	1 820	1 825	1 830	1 835	1 840	1 845	1 850	1 855	1 860	1 865
41 000	1 870	1 875	1 880	1 885	1 890	1 895	1 900	1 905	1 910	1 915
42 000	1 920	1 925	1 930	1 935	1 940	1 945	1 950	1 955	1 960	1 965
43 000	1 970	1 975	1 980	1 985	1 990	1 995	2 000	2 005	2 010	2 015
44 000	2 020	2 025	2 030	2 035	2 040	2 045	2 050	2 055	2 060	2 065
45 000	2 070	2 075	2 080	2 085	2 090	2 095	2 100	2 105	2 110	2 115
46 000	2 120	2 125	2 130	2 135	2 140	2 145	2 150	2 155	2 160	2 165
47 000	2 170	2 175	2 180	2 185	2 190	2 195	2 200	2 205	2 210	2 215
48 000	2 220	2 225	2 230	2 235	2 240	2 245	2 250	2 255	2 260	2 265
49 000	2 270	2 275	2 280	2 285	2 290	2 295	2 300	2 305	2 310	2 315
50 000	2 320	2 325	2 330	2 335	2 340	2 345	2 350	2 355	2 360	2 365
51 000	2 370	2 375	2 380	2 385	2 390	2 395	2 400	2 405	2 410	2 415
52 000	2 420	2 425	2 430	2 435	2 440	2 445	2 450	2 455	2 460	2 465
53 000	2 470	2 475	2 480	2 485	2 490	2 495	2 500	2 505	2 510	2 515
54 000	2 520	2 525	2 530	2 535	2 540	2 545	2 550	2 555	2 560	2 565
55 000	2 570	2 575	2 580	2 585	2 590	2 595	2 600	2 605	2 610	2 615
56 000	2 620	2 625	2 630	2 635	2 640	2 645	2 650	2 655	2 660	2 665
57 000	2 670	2 675	2 680	2 685	2 690	2 695	2 700	2 705	2 710	2 715
58 000	2 720	2 725	2 730	2 735	2 740	2 745	2 750	2 755	2 760	2 765
59 000	2 770	2 775	2 780	2 785	2 790	2 795	2 800	2 805	2 810	2 815
60 000	2 820	2 825	2 830	2 835	2 840	2 845	2 850	2 855	2 860	2 865
61 000	2 870	2 875	2 880	2 885	2 890	2 895	2 900	2 905	2 910	2 915

Abgerundeter Gewerbeertrag		100	200	300	400	500	600	700	800	900
	Steuermeßbetrag									
RM	RM	RM	RM	RM	RM	RM	RM	RM	RM	RM
62 000	2 920	2 925	2 930	2 935	2 940	2 945	2 950	2 955	2 960	2 965
63 000	2 970	2 975	2 980	2 985	2 990	2 995	3 000	3 005	3 010	3 015
64 000	3 020	3 025	3 030	3 035	3 040	3 045	3 050	3 055	3 060	3 065
65 000	3 070	3 075	3 080	3 085	3 090	3 095	3 100	3 105	3 110	3 115
66 000	3 120	3 125	3 130	3 135	3 140	3 145	3 150	3 155	3 160	3 165
67 000	3 170	3 175	3 180	3 185	3 190	3 195	3 200	3 205	3 210	3 215
68 000	3 220	3 225	3 230	3 235	3 240	3 245	3 250	3 255	3 260	3 265
69 000	3 270	3 275	3 280	3 285	3 290	3 295	3 300	3 305	3 310	3 315
70 000	3 320	3 325	3 330	3 335	3 340	3 345	3 350	3 355	3 360	3 365
71 000	3 370	3 375	3 380	3 385	3 390	3 395	3 400	3 405	3 410	3 415
72 000	3 420	3 425	3 430	3 435	3 440	3 445	3 450	3 455	3 460	3 465
73 000	3 470	3 475	3 480	3 485	3 490	3 495	3 500	3 505	3 510	3 515
74 000	3 520	3 525	3 530	3 535	3 540	3 545	3 550	3 555	3 560	3 565
75 000	3 570	3 575	3 580	3 585	3 590	3 595	3 600	3 605	3 610	3 615
76 000	3 620	3 625	3 630	3 635	3 640	3 645	3 605	3 655	3 660	3 665
77 000	3 670	3 675	3 680	3 685	3 690	3 695	3 700	3 705	3 710	3 715
78 000	3 720	3 725	3 730	3 735	3 740	3 745	3 750	3 755	3 760	3 765
79 000	3 770	3 775	3 780	3 785	3 790	3 795	3 800	3 805	3 810	3 815
80 000	3 820	3 825	3 830	3 835	3 840	3 845	3 850	3 855	3 860	3 865
81 000	3 870	3 875	3 880	3 885	3 890	3 895	3 900	3 905	3 910	3 915
82 000	3 920	3 925	3 930	3 935	3 940	3 945	3 950	3 955	3 960	3 965
83 000	3 970	3 975	3 980	3 985	3 990	3 995	4 000	4 005	4 010	4 015
84 000	4 020	4 025	4 030	4 035	4 040	4 045	4 050	4 055	4 060	4 065
85 000	4 070	4 075	4 080	4 085	4 090	4 095	4 100	4 105	4 110	4 115
86 000	4 120	4 125	4 130	4 135	4 140	4 145	4 150	4 155	4 160	4 165
87 000	4 170	4 175	4 180	4 185	4 190	4 195	4 200	4 205	4 210	4 215
88 000	4 220	4 225	4 230	4 235	4 240	4 245	4 250	4 255	4 260	4 265
89 000	4 270	4 275	4 280	4 285	4 290	4 295	4 300	4 305	4 310	4 315
90 000	4 320	4 325	4 330	4 335	4 340	4 345	4 350	4 355	4 360	4 365
91 000	4 370	4 375	4 380	4 385	4 390	4 395	4 400	4 405	4 410	4 415
92 000	4 420	4 425	4 430	4 435	4 440	4 445	4 450	4 455	4 460	4 465
93 000	4 470	4 475	4 480	4 485	4 490	4 495	4 500	4 505	4 510	4 515
94 000	4 520	4 525	4 530	4 535	4 540	4 545	4 550	4 555	4 560	4 565
95 000	4 570	4 575	4 580	4 585	4 590	4 595	4 600	4 605	4 610	4 615
96 000	4 620	4 625	4 630	4 635	4 640	4 645	4 650	4 655	4 660	4 665
97 000	4 670	4 675	4 680	4 685	4 690	4 695	4 700	4 705	4 710	4 715
98 000	4 720	4 725	4 730	4 735	4 740	4 745	4 750	4 755	4 760	4 765
99 000	4 770	4 775	4 780	4 785	4 790	4 795	4 800	4 805	4 810	4 815
100 000	4 820	4 825	4 830	4 835	4 840	4 845	4 850	4 855	4 860	4 865

Bei Gewerbeerträgen über 100 000 Reichsmark beträgt der Steuermeßbetrag 5 vom Hundert des abgerundeten Gewerbeertrags abzüglich 180 Reichsmark.

Beispiel: Abgerundeter Gewerbeertrag . . . . . 249 800 RM,
davon 5 vom Hundert . . 12 490 RM,
abzuziehen . . . . 180 RM,
Steuermeßbetrag 12 310 RM.

Sachwortverzeichnis.

Es bedeuten: Die fettgedruckten Zahlen die Paragraphen des Gewerbesteuergesetzes, die dahinter stehenden mager gedruckten Zahlen die Abschnitte und Absätze der Gewerbesteuer-Richtlinien.

Beispiel: 2 5 (4) = § 2 Abschnitt 5 Absatz 4.

A

H

L

M

R

T

(895) 8657. Druck: A. W. Hayn's Erben, Berlin SO 36. 3300. 11.47.

FSC
www.fsc.org
MIX
Papier | Fördert
gute Waldnutzung
FSC® C083411

Kolibri 360 GmbH
Ferdinand-Jühlke-Straße 7
99095 Erfurt, Deutschland
produktsicherheit@kolibri360.de